HOROSCOPE
2004

Distribution pour le Canada:

2185, autoroute des Laurentides
Laval (Québec) H7S 1Z6
Téléphone: (450) 687-1210
Télécopieur: (450) 687-1331

Anne-Marie Chalifoux D.N.

HOROSCOPE 2004

amour • santé • travail • argent
prédictions mondiales

LES ÉDITIONS
PUBLISTAR
QUEBECOR MEDIA

LES ÉDITIONS PUBLISTAR
Une division des Éditions TVA inc.

7, chemin Bates
Outremont (Québec) H2V 4V7

Directrice des éditions:	Annie Tonneau
Révision:	Corinne De Vailly, Paul Lafrance, Valérie Quintal
Couverture:	Michel Denommée
Infographie:	Roger Des Roches, SÉRIFSANSERIF
Illustrations (horoscope chinois):	Sophie Cloutier
Photo de l'auteure:	Georges Dutil
Maquillage, coiffure et coordination:	Macha Colas

© Les Éditions TVA inc., 2003
Dépôt légal: troisième trimestre 2003
Bibliothèque nationale du Québec
Bibliothèque nationale du Canada
ISBN: 2-89562-081-4

 Cet ouvrage a été imprimé
sur du papier recyclé

Ce livre appartient à

Marie Paule Lemieux

Puisse votre route être douce et paisible!
Paix, harmonie, lumière!

Anne-Marie Chalifoux, D.N.

Sommaire

Préface

J'accorde énormément d'importance à l'écriture d'un livre, c'est un travail que j'aborde toujours avec sérieux et respect. Cette année, je me suis investie plus que jamais dans ce projet. Je crois fermement que mes lecteurs méritent ce qu'il y a de mieux, car, même si je ne vous connais pas tous personnellement, je vous considère comme des amis. Au fait, j'en profite pour vous remercier de toute la confiance que vous m'avez témoignée dès la publication de mon premier ouvrage, il y a de ça plus de vingt ans.

Le vrai travail de l'astrologue n'est pas de s'immiscer dans la vie des gens ni de leur dicter leur conduite, mais plutôt de tenter d'entrevoir ce qui s'en vient, en toute humilité. J'essaie d'être un phare, d'apporter un peu de lumière sur votre route afin que vous puissiez faire des choix éclairés. Mais rappelez-vous que ces choix, c'est à vous qu'ils appartiennent, et à vous seul.

L'astrologie nous révèle ce qui est susceptible de se produire à l'extérieur de nous, elle nous parle de notre destinée, mais elle ne devrait jamais adopter le ton du fatalisme. Le destin existe, c'est vrai, mais il n'est pas immuable; par nos interventions et notre volonté, nous pouvons toujours modifier le cours des événements. En sachant d'avance ce qui s'en vient, nous pouvons nous y préparer. Nous évitons ainsi les pépins et, surtout, nous sommes en mesure de profiter pleinement des occasions qui s'offrent à nous. Voilà exactement ce que je vous souhaite en 2004. Puissiez-vous avancer sans difficulté et profiter au maximum de tout ce que la Vie vous réserve de beau et de bon!

Amicalement,

Spécial loterie et jeux de hasard

D ans notre carte du ciel, certains éléments peuvent déterminer notre potentiel de chance, peu importe notre signe ou notre ascendant. Afin de découvrir votre potentiel de chance, commencez par établir à quel groupe vous appartenez dans les tableaux suivants. Une fois en possession de votre numéro de groupe, vous n'aurez qu'à repérer vos meilleures périodes en 2004.

Si vous êtes né

ENTRE LE	ET LE	VOTRE GROUPE EST LE
1er jan. 1910	11 nov. 1910	7
12 nov. 1910	9 déc. 1911	8
10 déc. 1911	2 jan. 1913	9
3 jan. 1913	21 jan. 1914	10
22 jan. 1914	3 fév. 1915	11
4 fév. 1915	11 fév. 1916	12
12 fév. 1916	25 juin 1916	1
26 juin 1916	26 oct. 1916	2
27 oct. 1916	12 fév. 1917	1
13 fév. 1917	29 juin 1917	2
30 juin 1917	12 juillet 1918	3
13 juillet 1918	1er août 1919	4
2 août 1919	26 août 1920	5
27 août 1920	25 sept. 1921	6
26 sept. 1921	26 oct. 1922	7
27 oct. 1922	24 nov. 1923	8
25 nov. 1923	17 déc. 1924	9
18 déc. 1924	5 janv. 1926	10
6 janv. 1926	17 janv. 1927	11
18 janv. 1927	5 juin 1927	12
6 juin 1927	10 sept. 1927	1
11 sept. 1927	22 janv. 1928	12
23 janv. 1928	4 juin 1928	1
5 juin 1928	12 juin 1929	2
13 juin 1929	26 juin 1930	3
27 juin 1930	16 juillet 1931	4
17 juilllet 1931	10 août 1932	5
11 août 1932	9 sept. 1933	6
10 sept. 1933	10 oct. 1934	7
11 oct. 1934	8 nov. 1935	8
9 nov. 1935	1er déc. 1936	9
2 déc. 1936	19 déc. 1937	10
20 déc. 1937	13 mai 1938	11
14 mai 1938	29 juillet 1938	12
30 juillet 1938	29 déc. 1938	11
30 déc. 1938	11 mai 1939	12
12 mai 1939	29 oct. 1939	1
30 oct. 1939	20 déc. 1939	12
21 déc. 1939	15 mai 1940	1
16 mai 1940	26 mai 1941	2

Si vous êtes né

ENTRE LE	ET LE	VOTRE GROUPE EST LE
27 mai 1941	9 juin 1942	3
10 juin 1942	30 juin 1943	4
1er juillet 1943	25 juillet 1944	5
26 juillet 1944	24 août 1945	6
25 août 1945	24 sept. 1946	7
25 sept. 1946	23 oct. 1947	8
24 oct. 1947	14 nov. 1948	9
15 nov. 1948	12 avril 1949	10
13 avril 1949	27 juin 1949	11
28 juin 1949	30 nov. 1949	10
1er déc. 1949	14 avril 1950	10
15 avril 1950	14 sept. 1950	11
15 sept. 1950	1er déc. 1950	11
2 déc. 1950	21 avril 1951	12
22 avril 1951	28 avril 1952	1
29 avril 1952	9 mai 1953	2
10 mai 1953	23 mai 1954	3
24 mai 1954	12 juin 1955	4
13 juin 1955	16 nov. 1955	5
17 nov. 1955	17 janv. 1956	6
18 janv. 1956	7 juillet 1956	5
8 juillet 1956	12 déc. 1956	6
13 déc. 1956	19 fév. 1957	7
20 fév. 1957	6 août 1957	6
7 août 1957	13 janv. 1958	7
14 janv. 1958	20 mars 1958	8
21 mars 1958	6 sept. 1958	7
7 sept. 1958	10 fév. 1959	8
11 fév. 1959	24 avril 1959	9
25 avril 1959	5 oct. 1959	8
6 oct. 1959	1er mars 1960	9
2 mars 1960	9 juin 1960	10
10 juin 1960	25 oct. 1960	9
26 oct. 1960	14 mars 1961	10
15 mars 1961	11 août 1961	11
12 août 1961	3 nov. 1961	10
4 nov. 1961	25 mars 1962	11
26 mars 1962	3 avril 1963	12
4 avril 1963	11 avril 1964	1
12 avril 1964	22 avril 1965	2
23 avril 1965	20 sept. 1965	3

Si vous êtes né

ENTRE LE	ET LE	VOTRE GROUPE EST LE
21 sept. 1965	16 nov. 1965	4
17 nov. 1965	5 mai 1966	3
6 mai 1966	27 sept. 1966	4
28 sept. 1966	15 janv. 1967	5
16 janv. 1967	22 mai 1967	4
23 mai 1967	18 oct. 1967	5
19 oct. 1967	26 fév. 1968	6
27 fév. 1968	15 juin 1968	5
16 juin 1968	15 nov. 1968	6
16 nov. 1968	30 mars 1969	7
31 mars 1969	15 juillet 1969	6
16 juillet 1969	16 déc. 1969	7
17 déc. 1969	28 avril 1970	8
29 avril 1970	15 août 1970	7
16 août 1970	13 janvier 1971	8
14 janvier 1971	4 juin 1971	9
5 juin 1971	11 sept. 1971	8
12 sept. 1971	6 fév. 1972	9
7 fév. 1972	24 juillet 1972	10
25 juillet 1972	25 sept. 1972	9
26 sept. 1972	22 fév. 1973	10
23 fév. 1973	7 mars 1974	11
8 mars 1974	18 mars 1975	12
19 mars 1975	25 mars 1976	1
26 mars 1976	22 août 1976	2
23 août 1976	16 oct. 1976	3
17 oct. 1976	3 avril 1977	2
4 avril 1977	20 août 1977	3
21 août 1977	30 déc. 1977	4
31 déc. 1977	11 avril 1978	3
12 avril 1978	4 sept. 1978	4
5 sept. 1978	28 fév. 1979	5
1er mars 1979	19 avril 1979	4
20 avril 1979	28 sept. 1979	5
29 sept. 1979	26 oct. 1980	6
27 oct. 1980	26 nov. 1981	7
27 nov. 1981	25 déc. 1982	8
26 déc. 1982	19 janv. 1984	9
20 janv. 1984	6 fév. 1985	10
7 fév. 1985	20 fév. 1986	11
21 fév. 1986	2 mars 1987	12

Si vous êtes né

ENTRE LE	ET LE	VOTRE GROUPE EST LE
3 mars 1987	8 mars 1988	1
9 mars 1988	21 juillet 1988	2
22 juillet 1988	30 nov. 1988	3
1er déc. 1988	10 mars 1989	2
11 mars 1989	30 juillet 1989	3
31 juillet 1989	17 août 1990	4
18 août 1990	11 sept 1991	5
12 sept. 1991	10 oct. 1992	6
11 oct. 1992	9 nov. 1993	7
10 nov. 1993	8 déc. 1994	8
9 déc. 1994	2 janv. 1996	9
3 janv. 1996	21 janv. 1997	10
22 janv. 1997	3 fév. 1998	11
4 fév. 1998	11 fév. 1999	12
12 fév. 1999	27 juin 1999	1
28 juin 1999	24 oct. 1999	2
25 oct. 1999	31 déc. 1999	1
1er janv. 2000	13 fév. 2000	1
14 fév. 2000	29 juin 2000	2
30 juin 2000	31 déc. 2000	3
1er janv. 2001	11 juillet 2001	3
12 juillet 2001	31 déc. 2001	4
1er janvier 2002	31 juillet 2002	4
1er août 2002	31 déc. 2002	5
1er janv. 2003	26 août 2003	5
27 août 2003	31 déc. 2003	6

Vous venez de déterminer à quel groupe vous appartenez; il vous suffit de consulter le tableau qui suit pour savoir quelles sont vos périodes de chance cette année.

PÉRIODE	Signes ou ascendants TRÈS favorisés	Signes ou ascendants MOYENNEMENT favorisés	Signes ou ascendants LÉGÈREMENT favorisés
1er janvier au 2 février		Taureau, Vierge, surtout des groupes 1, 5, 9	Capricorne, surtout des groupes 1, 5, 9
3 février au 20 mars	Taureau, Vierge, Capricorne, appartenant aux groupes 2, 6, 10	Taureau, Vierge Capricorne appartenant aux groupes 4, 12	Taureau, Vierge, Capricorne, appartenant aux groupes 1, 3, 5, 7, 8, 9, 11, ainsi que Poissons, Cancer des groupes 2, 6, 10
21 mars au 6 mai		Taureau, Capricorne, surtout des groupes 3, 7, 11	Vierge, surtout des groupes 3, 7, 11
7 mai au 22 juin		Taureau, Vierge, Capricorne, surtout des groupes 4, 8, 12	Cancer, Scorpion, surtout des groupes 4, 8, 12
23 juin au 9 août		Taureau, Vierge, Capricorne surtout des groupes 1, 5, 9	Bélier, surtout des groupes 1, 5, 9
10 août au 25 septembre	Taureau, Vierge, Capricorne, appartenant aux groupes 2, 6, 10	Taureau, Vierge, Capricorne, appartenant aux groupes 4, 8	Taureau, Vierge Capricorne, appartenant aux groupes 1, 3, 5, 7, 9, 11, 12, ainsi que Cancer, Scorpion des groupes 2, 6, 10
26 septembre au 10 novembre	Gémeaux, Balance, Verseau appartenant aux groupes 3, 7, 11	Gémeaux, Balance, Verseau appartenant aux groupes 5, 9	Gémeaux, Balance, Verseau appartenant aux groupes 1, 2, 4, 6 8, 10, 12, ainsi que Lion, Sagittaire des groupes 3, 7, 11
11 novembre au 15 décembre		Gémeaux, Balance, Verseau, surtout des groupes 4, 8, 12	Vierge, surtout des groupes 4, 8, 12
16 décembre au 31 décembre		Gémeaux, Balance, Verseau, surtout des groupes 1, 5, 9	Lion, surtout des groupes 1, 5, 9

Si votre signe **et** votre groupe se retrouvent dans ce tableau, vos chances sont meilleures que si votre signe seul est mentionné.

Exemple: Si vous êtes né le 14 mai 1969, vous êtes un Taureau du groupe 6. Vos chances au jeu sont donc: **élevées** du 3 février au 20 mars et **élevées** à nouveau du 10 août au 25 septembre.

La Lune et ses mystères

L a Lune et le Soleil exercent une influence déterminante sur notre planète et sur les êtres qui y vivent que l'on parle des plantes, des animaux ou des êtres humains. En effet, l'attraction gravitationnelle de
ces astres se fait sentir sur tous les éléments liquides, et toute vie est composée essentiellement d'eau, notamment le corps humain, qui en contient
environ 70 %.

Le cycle lunaire

L a Lune possède un cycle de 28 jours divisé en quatre phases d'une semaine:
La lunaison constitue la première phase; c'est ce qu'on appelle communément la nouvelle lune. Invisible dans le ciel, elle est représentée par un
cercle noir dans les calendriers. ●

Puis, le premier quartier de lune survient dans la deuxième phase, c'està-dire sept jours après la nouvelle lune. Cette fois, elle est illustrée par un
croissant de lune en forme de D. Cette phase dure également sept jours. ☽

La troisième phase est sans contredit le moment le plus spectaculaire et
celui dont on parle le plus: il s'agit de la pleine lune, représentée par un
cercle blanc. ○

Puis, arrive la quatrième et dernière phase, le dernier quartier de lune, illustré par un croissant en forme de C. D'une durée d'une semaine également,
cette phase précède la nouvelle lunaison. ☾

Les éclipses en quelques mots

A u cours des millénaires et selon les civilisations, les astres ont souvent
fait figure de divinités. Par ailleurs, les éclipses étaient souvent sources
de crainte. Ainsi, chez les Mayas, une éclipse était vécue comme un conflit

entre les astres, et ce conflit impliquait un conflit social chez les hommes, annonçant une période de malheur.

Sur un plan étymologique, le mot éclipse vient du grec et signifie «abandon». Dans les civilisations antiques, l'éclipse était perçue comme l'expression du Soleil abandonnant la Terre.

Sachant que le Soleil est source de toute vie et qu'il réapparaît chaque jour, il est normal qu'on ait craint de le perdre au moment où se produisait une éclipse solaire. Ce phénomène ne pouvait être qu'une chose terrible.

De nos jours, c'est surtout l'émerveillement, et non la crainte, qui prévaut pendant une éclipse, même s'il s'agit essentiellement d'un phénomène optique. Si, pendant un moment, on ne voit plus le Soleil ou la Lune, cela est causé par l'interposition de la Terre qui leur fait de l'ombre. Une éclipse de Soleil se produit toujours durant la nouvelle lune; tandis qu'une éclipse de la Lune survient en phase de pleine lune.

Comment utiliser le pouvoir de la Lune

De tout temps, les êtres humains ont cherché à tirer parti des pouvoirs de la Lune. Nos grands-mères, femmes éclairées, et les cultivateurs, en relation étroite avec la nature et les phénomènes célestes, nous ont transmis croyances et astuces.

La semaine qui suit le jour de la nouvelle lune est propice pour trouver du travail et se lancer dans de nouveaux projets. On dit qu'un enfant né le premier jour de la nouvelle lune connaîtra une vie heureuse. Par contre, si quelqu'un tombe malade ce jour-là, il le restera durant toute la première phase de la lune. La lunaison est également la période idéale pour labourer, pour tailler ses plantes ou ses arbustes et pour enlever les mauvaises herbes. Si on souhaite que ses cheveux ou ses ongles repoussent avec davantage de vigueur, c'est le moment de les couper. Cette phase lunaire ne convient pas beaucoup aux questions amoureuses; par contre, elle est formidable pour amorcer une cure de nettoyage.

Le premier quartier annonce une semaine où le sommeil de beaucoup d'entre nous est plus léger. La chance sourira à ceux qui vendront un bien ou effectueront une transaction quelconque. D'autres connaîtront une motivation accrue dans leurs activités professionnelles et pourraient avoir une promotion. En règle générale, les relations interpersonnelles sont plus faciles. Les amoureux se rapprochent, font table rase des divergences d'opinion et prennent des engagements sérieux. La plupart des semis, à quelques exceptions près, doivent être effectués pendant la période de la lune croissante. Par ailleurs, les vieux jardiniers avaient coutume de dire que les légumes poussant au-dessus de la terre comme les choux et salades devaient être plantés au cours d'une phase de premier quartier de lune. Puisque les plantes sont en pleine période de croissance et demandent par conséquent un surcroît d'attention, c'est le moment de semer, de fertiliser, de diviser les plants et d'arroser davantage. Les ongles ou les cheveux profiteront également d'une bonne coupe. Une mise en garde cependant à ceux qui ont des problèmes émotionnels ou psychiques, ils risquent de faire durant cette période des gestes qu'ils regretteront.

○ La semaine qui suit le jour de la pleine lune est une période où règne un sentiment de confusion généralisé. Heureusement, cela ne dure pas. Les questions d'argent et de travail nous préoccupent davantage. En amour, les querelles se font plus nombreuses; toutefois, scènes romantiques et prises de bec alternent souvent. Sur le plan social, la vie se fait souvent plus intéressante. Pour les plantes, il s'agit d'une période très active, bourgeons et racines croissent plus rapidement. Les mycologues ont aussi remarqué qu'ils trouvaient plus de champignons quelques jours après la pleine lune. Toutefois, semer ou rempoter n'est pas conseillé, car cela pourrait interrompre la période de croissance des végétaux. Ceux qui détestent aller chez le coiffeur devraient choisir cette semaine pour se faire couper les cheveux, car ils repousseront moins rapidement. Cette période se révèle faste pour ceux qui désirent entreprendre un régime amaigrissant.

☾ Quant à la semaine du dernier quartier, il s'agit d'une période d'introspection; on se cherche sans toujours bien savoir où l'on va. C'est également une semaine où l'on découvre que la persévérance est récompensée. Les efforts entrepris portent fruit. En fait, les actions et les gestes faits dans le passé nous rattrapent. On récolte ce que l'on a semé. Si l'Amour avec un grand A devient plus important que l'amour de son partenaire, il est temps de revenir sur terre pour améliorer sa vie de couple. Cette phase lunaire en est une également marquée du sceau de la spiritualité, de l'intuition et de la vie sociale. Dans le jardin, il faut en profiter pour enlever les fleurs fanées, les feuilles jaunies et les mauvaises herbes. Un bon nettoyage s'impose. Il est recommandé de semer ou de planter pendant cette période de lune décroissante tout ce qui se développe dans la terre: oignons, carottes, pommes de terre, etc. On dit aussi que c'est la meilleure période pour faire des confitures, car le sucre ne remontera pas à la surface, ce qui préviendra tout risque d'acidité et de fermentation.

Les phases de la Lune en 2004

7 janvier	Pleine lune	○
14 janvier	Dernier quartier	☾
21 janvier	Nouvelle lune	●
29 janvier	Premier quartier	☽
6 février	Pleine lune	○
13 février	Dernier quartier	☾
20 février	Nouvelle lune	●
27 février	Premier quartier	☽
6 mars	Pleine lune	○
13 mars	Dernier quartier	☾
20 mars	Nouvelle lune	●
28 mars	Premier quartier	☽
5 avril	Pleine lune	○
11 avril	Dernier quartier	☾
19 avril	Nouvelle lune et éclipse solaire partielle	●
27 avril	Premier quartier	☽
4 mai	Pleine lune et éclipse lunaire	○
11 mai	Dernier quartier	☾
18 mai	Nouvelle lune	●
27 mai	Premier quartier	☽
2 juin	Pleine lune	○
9 juin	Dernier quartier	☾
17 juin	Nouvelle lune	●
25 juin	Premier quartier	☽
2 juillet	Pleine lune	○
9 juillet	Dernier quartier	☾
17 juillet	Nouvelle lune	●
24 juillet	Premier quartier	☽
31 juillet	Pleine lune	○
7 août	Dernier quartier	☾
15 août	Nouvelle lune	●

23 août	Premier quartier	☽
29 août	Pleine lune	○
6 septembre	Dernier quartier	☾
14 septembre	Nouvelle lune	●
21 septembre	Premier quartier	☽
28 septembre	Pleine lune	○
6 octobre	Dernier quartier	☾
13 octobre	Nouvelle lune et éclipse solaire partielle	●
20 octobre	Premier quartier	☽
27 octobre	Pleine lune et éclipse lunaire	○
5 novembre	Dernier quartier	☾
12 novembre	Nouvelle lune	●
19 novembre	Premier quartier	☽
26 novembre	Pleine lune	○
4 décembre	Dernier quartier	☾
11 décembre	Nouvelle lune	●
18 décembre	Premier quartier	☽
26 décembre	Pleine lune	○

La carte du ciel en 2004

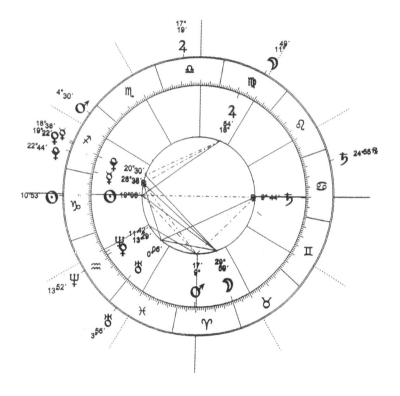

La position des planètes en 2004

Chacune de ces planètes exerce une influence sur vous et sur votre destinée, même si elle n'évolue pas directement dans votre signe. Le chapitre concernant vos prévisions annuelles et mensuelles vous donne une explication détaillée sur chaque transit. Il vous renseigne également sur l'influence du Soleil, de la Lune et des éclipses.

> **Jupiter** commence l'année en Vierge. Le 24 septembre, à 23 h 24, il entrera en Balance où il restera jusqu'au 31 décembre.
>
> **Saturne** évoluera toute l'année en Cancer.
>
> **Uranus** transitera par les Poissons.
>
> **Neptune** passera toute l'année en Verseau.
>
> **Pluton** poursuivra sa visite du Sagittaire.
>
> **Mars** visitera successivement les Gémeaux, le Cancer, le Lion, la Vierge, la Balance, le Scorpion et le Sagittaire.
>
> **Vénus** transitera par tous les signes à l'exception du Capricorne.
>
> **Mercure** fera le tour de tous les signes.

L'influence des planètes

Chaque planète possède ses attributs, ses caractéristiques et son symbolisme propre; elle exerce des effets particuliers sur l'existence humaine. Ces effets ont été étudiés et voici, en résumé, ce qu'on peut dire pour chacune d'entre elles, sans se lancer dans un long cours d'astrologie.

Le Soleil Il représente la personnalité, la force vitale; le désir de briller, la réussite sociale, l'élément masculin. Pour une femme, il s'agira de son conjoint ou de son père. C'est la position du Soleil dans le zodiaque qui détermine à quel signe on appartient.

La Lune Symbole de l'émotivité par excellence, elle exerce son influence sur les sentiments et les émotions, elle évoque les changements, l'intuition, les petits déplacements, la famille, la mère. Pour un homme, elle représentera son épouse ou sa conjointe.

Mercure   Il s'agit de la planète des enfants, de la jeunesse, mais aussi de l'intelligence, de la logique, du désir d'apprendre, des études, des communications et du commerce. Pour une personne en particulier, elle représentera ses propres enfants.

Vénus   Évidemment, il s'agit de la planète qui régit les amours, les sentiments, le bonheur, la vie de couple, le goût des belles choses, les arts et l'apparence.

Mars   Nommée en l'honneur du dieu romain de la guerre, elle est l'énergie, la force, l'extériorisation, le travail. Mais elle régit aussi les conflits, les blessures, les accidents et les opérations chirurgicales.

Jupiter   Planète de la vie matérielle, elle influence nos biens matériels, notre richesse, notre optimisme, nos honneurs. On l'associe souvent aux appuis gouvernementaux, aux relations avec la loi et aux contacts avec l'étranger.

Saturne   De tout temps, elle a représenté la sagesse et l'évolution mais aussi les restrictions, les épreuves et les pertes. Elle régit également la détermination, la patience, l'économie, le désir de sécurité et la fin de vie.

Uranus   Planète des changements brusques, elle joue un rôle sur l'imprévisible, l'originalité, l'esprit d'invention, les nouvelles technologies, la parapsychologie et les grands idéaux qui caractérisent un individu.

Neptune   Génie créatif, inspiration, vie émotive, croyances mystiques, secrets, mystères, dépendances et illusions sont les domaines placés sous l'influence de cette planète.

Pluton   Lorsque des changements profonds et radicaux, des transformations, des catastrophes, des nouveaux départs surviennent, c'est que cette planète agit avec force. Elle régit aussi la sexualité.

A u moment de notre naissance, les planètes se situent à un endroit particulier du zodiaque. Leurs influences se font donc sentir simultanément, mais différemment, pour chacun d'entre nous. Ainsi, deux personnes peuvent avoir le même signe et le même ascendant, mais subir les influences planétaires de manière différente.

Par exemple, si le Soleil se trouvait en Bélier lors de votre naissance, vous serez un Bélier énergique et vif... Toutefois, vous pouvez en même temps avoir Vénus en Poissons, ce qui vous rend sensible et sentimental en amour. Si Jupiter se trouve en Capricorne, vous serez, en plus, prudent et avisé en affaires, etc. Votre thème de naissance, qu'on appelle également carte du ciel, permet donc de définir ce qui vous différencie des autres natifs du même signe.

Prévisions mondiales pour 2004

Les aspects planétaires semblent beaucoup plus encourageants qu'au cours des quatre ou cinq dernières années. Le destin terrestre devrait donc connaître une accalmie.

Avec la présence de Saturne en Cancer, on est obligé de se pencher davantage sur le sort des familles et des enfants. La société est en pleine mutation, et les dirigeants n'ont d'autre choix que de s'intéresser au sort des petites gens. De vieilles histoires qui ont perturbé de nombreux jeunes refont surface, faisant de plus en plus de bruit; encore là, les autorités ne peuvent plus jouer à l'autruche.

Certaines parties du globe sont touchées par la famine tandis qu'en d'autres endroits des récoltes sont presque entièrement détruites. L'eau potable se fait rare dans quelques régions. Heureusement, les plus favorisés viennent en aide à ceux qui sont dans la misère, on assiste même à des mouvements humanitaires impressionnants.

Les travailleurs en ont marre et décident de revendiquer fermement. D'importantes grèves se déclenchent, particulièrement entre le début de mars et la fin d'août; certains secteurs pourraient se trouver complètement paralysés. N'empêche que cela finit par faire bouger les choses!

Le chaos s'accroît dans le secteur de la santé. Les responsables de l'administration et les politiciens sont complètement dépassés par les événements, on ne sait plus à quel saint se vouer, en tout cas jusqu'au milieu de l'automne. Ici, l'implantation d'un système de santé privé gagne de plus en plus d'adeptes, le gouvernement finira probablement par se rendre à l'évidence. La percée des médecines douces se poursuit.

La présence de Pluton en Sagittaire continue d'ébranler les religions, plusieurs événements bouleversants se produisent. Les scandales de même que l'impopularité de certains diktats éloignent les fidèles.

Toujours à cause de Pluton, le monde des transports connaît des difficultés majeures entre janvier et la fin juin. Des épidémies affectent non seulement les humains mais les animaux. Par chance, l'automne apporte des solutions encourageantes. D'ailleurs, une belle percée dans le domaine de la recherche médicale devrait faire les manchettes dans le dernier quart de l'année.

Pas de guerre mondiale en vue, mais les conflits religieux ou visant à libérer certaines régions s'enveniment. Les élections sont de plus en plus serrées: fini le temps où un chef raflait une imposante majorité.

Sur le plan économique, les investisseurs demeurent extrêmement prudents mais, petit à petit, la Bourse remonte.

L'automne s'annonce prometteur du côté artistique. La mode fait jaser, certaines innovations font couler beaucoup d'encre. Bref, tous les créateurs sont inspirés. À la même époque, des remaniements importants touchent le système judiciaire.

On voit donc qu'au cours de 2004 plusieurs changements s'amorcent, et nombre d'entre eux se révèlent positifs. Il était temps!

Jusqu'en 2010 en un clin d'œil

Ce livre contient vos prévisions détaillées pour l'an 2004, mais j'ai pensé que vous aimeriez peut-être en savoir un peu plus. Dans le tableau qui suit, vous trouverez les grandes lignes de ce qui est susceptible de vous arriver d'ici 2010. N'oubliez jamais que les astres décrivent uniquement des tendances et que vous pouvez agir sur votre destinée en fournissant quelques efforts.

Pour vous servir du tableau, allez à la ligne correspondant à votre signe; pour chaque année, vous découvrirez une ou plusieurs lettres dont la signification apparaît dans la légende.

	2005	2006	2007	2008	2009	2010
Bélier	H M	Q	G L Q	H	G	R
Taureau	M N	H R	R	G L Q	H Q	G
Gémeaux	G L	M	H Q	R	I L	HQ
Cancer	N H	G L	S	H Q	Q	IL
Lion	G F	H R	R L	S	H	Q
Vierge	Q	G	H	G L Q	Q	H
Balance	I L	Q	G Q	H	G L	R
Scorpion	M P	I L R	R	G Q	H	G
Sagittaire	A O	Q	I L Q	R	I	HQ
Capricorne	H	G	S	I L Q	Q	I
Verseau	G L	H R	I	S	I L	Q
Poissons	Q	G L	H	I	R	IL

Légende

A. Les six premiers mois de l'année sont avantagés sur tous les plans, vous vous portez bien, on vous adore et tout marche comme sur des roulettes. Jusqu'en juillet, vous vous gâtez beaucoup. Bonne période aussi pour voyager.

B. Attention aux erreurs de jugement au cours des six premiers mois. En cette période, vous auriez tout intérêt à vous montrer prudent et circonspect en affaires. La gourmandise vous guette.

C. Des hauts et des bas marquent les six premiers mois; pensez donc à mettre des sous de côté pendant les périodes d'abondance. Gare aux excès de toutes sortes. Protégez ce qui vous est cher.

D. Les six derniers mois de l'année sont avantagés sur tous les plans, vous vous portez bien, on vous adore et tout marche comme sur des roulettes. De juillet à décembre, vous vous gâterez beaucoup. Bonne période aussi pour voyager.

E. Attention aux erreurs de jugement au cours des six derniers mois. En cette période, vous auriez tout intérêt à vous montrer prudent et circonspect en affaires. La gourmandise vous guette.

F. Des hauts et des bas marquent les six derniers mois; pensez donc à mettre des sous de côté pendant les périodes d'abondance. Gare aux excès de toutes sortes. Protégez ce qui vous est cher.

G. L'année s'annonce avantageuse sur tous les plans, vous vous portez bien, on vous adore et tout marche comme sur des roulettes. Vous vous gâterez beaucoup. Bonne période aussi pour voyager.

H. Attention aux erreurs de jugement cette année. Vous auriez tout intérêt à vous montrer prudent et circonspect en affaires. La gourmandise vous guette.

I. Des hauts et des bas marquent cette année; pensez donc à mettre des sous de côté pendant les périodes d'abondance. Gare aux excès de toutes sortes. Protégez ce qui vous est cher.

J. Chance au jeu durant les six premiers mois.

K. Chance au jeu durant la seconde moitié de l'année.

L. Chance au jeu.

M. Les six premiers mois sont excellents pour les projets à long terme et les entreprises sérieuses; pensez à consolider votre état, votre position et vos avoirs.

N. Vous traversez une phase d'importante remise en question durant les six premiers mois; ce n'est pas le moment de courir des risques. Optez plutôt pour la sagesse et faites attention à vous.

O. Les six derniers mois sont excellents pour les projets à long terme et les entreprises sérieuses; pensez à consolider votre état, votre position et vos avoirs.

P. Vous traversez une phase d'importante remise en question durant les six derniers mois; ce n'est pas le moment de courir des risques. Optez plutôt pour la sagesse et faites attention à vous.

Q. L'année s'annonce excellente pour les projets à long terme et les entreprises sérieuses; pensez à consolider votre état, votre position et vos avoirs.

R. Vous traversez une phase d'importante remise en question cette année; ce n'est pas le temps de prendre des risques. Optez plutôt pour la sagesse et faites attention à vous.

S. Cette année, vous êtes en pleine possession de vos moyens; tout est entre vos mains, à vous de bien jouer. De gros progrès sont même possibles.

Les cycles de Jupiter et de Saturne

Il y a déjà plusieurs années, Henri Gazon, astrologue réputé, a découvert que Jupiter effectue des cycles qui correspondent parfaitement à nos dates d'anniversaire. Pour cette raison, chaque année se trouve placée sous un thème différent. Ce thème correspond à un secteur précis de notre carte du ciel qu'on appelle «maison». Les prévisions annuelles et les tendances générales de l'année permettent d'interpréter correctement le cycle que nous traversons.

Guillermo Rivas a repris les calculs d'Henri Gazon, cette fois pour les appliquer à Saturne. Il s'est alors rendu compte qu'à la présence de cycles de 30 mois correspondent des intérêts ou des préoccupations plus marqués.

Pour découvrir les cycles que vous traversez, vous n'aurez pas besoin de reprendre tous ces calculs compliqués; il vous suffit de consulter les tableaux que je vous présente ici.

Le premier tableau vous indique la maison du cycle de Jupiter selon votre âge, et le second fait de même pour le cycle de Saturne.

Cycles de Jupiter

Maison	Âges
1	1, 13, 25, 37, 49, 61, 73, 85 ans
2	12, 24, 36, 48, 60, 72, 84 ans
3	11, 23, 35, 47, 59, 71, 83 ans
4	10, 22, 34, 46, 58, 70, 82 ans
5	9, 21, 33, 45, 57, 69, 81 ans
6	8, 20, 32, 44, 56, 68, 80 ans
7	7, 19, 31, 43, 55, 67, 79 ans
8	6, 18, 30, 42, 54, 66, 78 ans

9	5, 17, 29, 41, 53, 65, 77, 89 ans
10	4, 16, 28, 40, 52, 64, 76, 88 ans
11	3, 15, 27, 39, 51, 63, 75, 87 ans
12	2, 14, 26, 38, 50, 62, 74, 86 ans

Cycles de Saturne

Maison	Âges
1	de 0 à 2 ans $\frac{1}{2}$, de 30 à 32 ans $\frac{1}{2}$, de 60 à 62 ans $\frac{1}{2}$
2	de 27 ans $\frac{1}{2}$ à 30 ans, de 57 ans $\frac{1}{2}$ à 60 ans, de 87 ans $\frac{1}{2}$ à 90 ans
3	de 25 à 27 ans $\frac{1}{2}$, de 55 à 57 ans $\frac{1}{2}$, de 85 à 87 ans $\frac{1}{2}$
4	de 22 ans $\frac{1}{2}$ à 25 ans, de 52 ans $\frac{1}{2}$ à 55 ans, de 82 ans $\frac{1}{2}$ à 85 ans
5	de 20 à 22 ans $\frac{1}{2}$, de 50 à 52 ans $\frac{1}{2}$, de 80 à 82 ans $\frac{1}{2}$
6	de 17 ans $\frac{1}{2}$ à 20 ans, de 47 ans $\frac{1}{2}$ à 50 ans, de 77 ans $\frac{1}{2}$ à 80 ans
7	de 15 à 17 ans $\frac{1}{2}$, de 45 à 47 ans $\frac{1}{2}$, de 75 à 77 ans $\frac{1}{2}$
8	de 12 ans $\frac{1}{2}$ à 15 ans, de 42 ans $\frac{1}{2}$ à 45 ans, de 72 ans $\frac{1}{2}$ à 75 ans
9	de 10 à 12 ans $\frac{1}{2}$, de 40 à 42 ans $\frac{1}{2}$, de 70 à 72 ans $\frac{1}{2}$
10	de 7 ans $\frac{1}{2}$ à 10 ans, de 37 ans $\frac{1}{2}$ à 40 ans, de 67 ans $\frac{1}{2}$ à 70 ans
11	de 5 à 7 ans $\frac{1}{2}$, de 35 à 37 ans $\frac{1}{2}$, de 65 à 67 ans $\frac{1}{2}$
12	de 2 ans $\frac{1}{2}$ à 5 ans, de 32 ans $\frac{1}{2}$ à 35 ans, de 62 ans $\frac{1}{2}$ à 65 ans

Maintenant que vous avez déterminé vos deux cycles, pour Jupiter et pour Saturne, sachez que chacun d'eux correspond à une maison astrologique précise qui vous renseigne sur les tendances qui se dégagent de votre carte du ciel. Si vous constatez que les deux cycles se retrouvent dans la même maison, les tendances seront plus marquées.

Découvrons la signification du cycle de chaque maison astrologique en ce qui vous concerne.

CYCLE DE LA MAISON 1

Ce cycle accorde une énorme importance à votre personnalité et à vos actes. Vous vous cherchez, vous vous redéfinissez. Mûrissez toutefois vos gestes et vos décisions et prenez soin de vous. N'agissez pas dans la précipitation.

CYCLE DE LA MAISON 2

Du côté financier, vous traversez une période propice pour penser à long terme, pour les investissements sérieux. Méfiez-vous toutefois de votre entêtement.

CYCLE DE LA MAISON 3

Sortir, voir du monde, communiquer, voilà ce qui vous motive. Vos frères et sœurs occupent vos pensées; vous songez également à brasser des affaires. Distractions et éparpillement sont à surveiller.

CYCLE DE LA MAISON 4

Le passé vous rattrape. Il est temps de régler, une fois pour toutes, ces situations qui s'éternisent et vous empoisonnent la vie. Vous redécouvrez l'importance de la famille, du foyer et de la maisonnée. Malgré votre phase d'introspection, ne vous repliez pas trop sur vous-même.

CYCLE DE LA MAISON 5

Prendre la place qui vous revient, voilà votre but. Liberté et autonomie deviennent vos mots d'ordre; si on vous marche sur les pieds, vous serez prompt à répondre. Cette période s'annonce décisive pour vos amours et avec vos enfants. Du côté des affaires, prenez votre temps et ne faites pas confiance au premier venu.

CYCLE DE LA MAISON 6

Santé et travail ont la priorité. Si l'insécurité vous tenaille parfois, une solide confiance en vos capacités vous permettra de régler vos problèmes. Ne laissez pas la culpabilité vous envahir. Profitez du moment présent, sans vous attarder aux détails de moindre importance.

CYCLE DE LA MAISON 7

L'injustice et la chicane vous sont intolérables. Vos relations avec les autres abordent un nouveau tournant. La vie de couple devient une priorité. Et puisqu'on dit souvent que la première idée est toujours la meilleure, ne laissez pas l'indécision vous envahir, même si certains délais sont inévitables.

CYCLE DE LA MAISON 8

Vous amorcez un cycle de renouveau. Une étape se termine et une autre se pointe déjà à l'horizon. Ne laissez pas la crainte vous envahir, les changements n'en seront que meilleurs. Ne regardez plus derrière; allez de l'avant. Le passé est définitivement révolu.

CYCLE DE LA MAISON 9

Changer d'air, voilà votre programme. Un déménagement, un voyage ou de nouveaux défis vous attendent. Puisque la chance semble être de votre côté, profitez-en. Attention toutefois à la loi et à l'autorité, soyez indépendant mais pas téméraire.

CYCLE DE LA MAISON 10

La place que vous occupez dans l'échelle sociale et au sein de votre entourage semble être votre préoccupation majeure. Vous réfléchissez à votre avenir et songez sérieusement à vous lancer dans des projets d'envergure. Méfiez-vous d'un manque de confiance en vous et des chutes.

CYCLE DE LA MAISON 11

Vous vous sentez étouffé par les autres, et pourtant vous avez tendance à emprisonner ceux qui vous sont chers. Si votre liberté est votre bien le plus précieux, n'oubliez pas que l'amitié est primordiale dans votre vie. Votre soif d'apprendre est si grande que vous n'hésitez pas à tout chambarder. Allez-y en douceur, car la rebellion n'est pas toujours la meilleure solution.

CYCLE DE LA MAISON 12

Vous semblez souffrir d'un brin de paranoïa; vous croyez que le sort s'acharne contre vous. N'attendez pas que les autres règlent vos problèmes; reprenez votre vie en main et foncez sans crainte. Votre intuition est bonne. Ne pensez pas trop aux autres, car vous risquez, par le fait même, de vous perdre de vue.

L'harmonie entre les signes

Êtes-vous en harmonie?

S'il est une question qui revient souvent, c'est bien celle-ci: mon signe s'accorde-t-il bien avec tel ou tel autre? Répondre à une telle question, qui semble anodine, n'est pas si facile, et surtout la réponse ne peut être catégorique. C'est comme me demander si une personne aux yeux bleus peut s'entendre avec une autre ayant les yeux verts... la réponse demeure: «Ça dépend...»

La carte du ciel d'une personne est un système complexe où plusieurs éléments entrent en ligne de compte et non seulement le signe astrologique. L'ascendant, les planètes, les maisons et les aspects influencent plus ou moins la personnalité des individus. Il ne suffit pas de se baser sur le signe pour déterminer les affinités ou les antagonismes entre deux personnes.

Si toutefois la question vous préoccupe, et si vous connaissez votre ascendant et celui de l'être cher, vous pouvez constater, grâce au tableau qui suit, non seulement si vos signes sont compatibles, mais également si vos ascendants sont en harmonie. Vous pouvez voir si le signe de l'un a des affinités avec l'ascendant de l'autre, et vice versa. Cela vous permettra de juger de vos possibilités d'entente.

Puisque cela m'est demandé très souvent et que connaître les compatibilités entre les différents signes vous intéresse, je vous propose de découvrir les tendances générales. N'oubliez jamais que rien n'est définitif. Si vous avez rencontré l'homme de votre vie ou la femme de vos rêves, même si son signe ne semble pas être en totale harmonie avec le vôtre, dites-vous que la vie sera votre meilleur juge.

Mon petit test instantané

	BÉLIER	TAUREAU	GÉMEAUX	CANCER	LION	VIERGE
Bélier	1	6	5	3	2	6
Taureau	6	1	6	5	3	2
Gémeaux	5	6	1	6	5	3
Cancer	3	5	6	1	6	5
Lion	2	3	5	6	1	6
Vierge	6	2	3	5	6	1
Balance	4	6	2	3	5	6
Scorpion	6	4	6	2	3	5
Sagittaire	2	6	4	6	2	3
Capricorne	3	2	6	4	6	2
Verseau	5	3	2	6	4	6
Poissons	6	5	3	2	6	4

	BALANCE	SCORPION	SAGITTAIRE	CAPRICORNE	VERSEAU	POISSONS
Bélier	4	6	2	3	5	6
Taureau	6	4	6	2	3	5
Gémeaux	2	6	4	6	2	3
Cancer	3	2	6	4	6	2
Lion	5	3	2	6	4	6
Vierge	6	5	3	2	6	4
Balance	1	6	5	3	2	6
Scorpion	6	1	6	5	3	2
Sagittaire	5	6	1	6	5	3
Capricorne	3	5	6	1	6	5
Verseau	2	3	5	6	1	6
Poissons	6	2	3	5	6	1

Quel nombre avez-vous obtenu?

1- Puisque vous êtes tous les deux du même signe, les points communs entre vous ne manquent pas. Vous vous ressemblez comme deux vieux copains, vous vous comprenez sans vous dire un mot. Vous avez les mêmes qualités… mais aussi les mêmes défauts, et c'est là que, parfois, les étincelles surgissent. Vos travers se retrouvent chez l'autre et vous agacent. Vos propres points faibles vous sautent au visage. Toutefois, puisque vous avez en commun les mêmes buts, les mêmes idéaux, les mêmes opinions sur plusieurs sujets, cette connivence naturelle vous rapproche. Attention, par contre, car il peut s'agir d'une arme à double tranchant: vous vous connaissez tellement bien – vous êtes tirés du même moule – que rien ne vous étonne en l'autre, et vous risquez ainsi de percer tous ses mystères. Laissez-lui son jardin secret, et surtout ne le tenez pas pour acquis. Tâchez de le surprendre au moment où il s'y attend le moins; vous pourrez ainsi vivre tous deux une relation passionnante empreinte de complicité.

2- Vos deux signes relèvent du même élément. Vous avez la même sensibilité, la même façon d'aborder l'existence et le quotidien, la même intensité dans vos relations interpersonnelles; c'est d'ailleurs très probablement ce qui vous a plu chez l'autre. Malgré tout, vous possédez chacun votre individualité, vos différences. Au quotidien, l'entente est bonne, et la relation, vraiment harmonieuse. Votre façon d'agir, de résoudre les problèmes est à peu près la même. En règle générale, ensemble, c'est le paradis sur terre… Mais tout n'est pas parfait, loin de là. Vous avez tous deux le même entêtement, et il est impossible à l'un ou à l'autre de prendre le dessus. Lorsque les choses tournent mal, vous vous isolez chacun de votre côté, ce qui ne règle rien. Les discussions, les divergences d'opinion ou d'avis font partie du vécu de chaque couple. Apprenez à rester amis même lorsque vous n'êtes pas d'accord et à vous respecter mutuellement… Lorsque vous travaillez de concert, rien n'est impossible pour vous. Votre relation pourrait être tout simplement magnifique si vous savez travailler l'un avec l'autre et non chacun de votre côté.

3- Vos deux signes se retrouvent «en carré» ou en croix. Malgré des traits communs, vos personnalités sont très différentes l'une de l'autre; cette différence vous a intrigué, attiré au départ, souvenez-vous-en. Même vos objectifs et votre sens des valeurs sont différents; pourtant vous raisonnez de la même manière. Lorsque tout va bien, tout est merveilleux, mais en cas de conflit, ça peut chauffer. Les divergences d'opinion, les situations délicates ne manquent pas entre vous. S'il est normal de ne pas être toujours du même avis sur tout, il est cependant essentiel d'apprendre à s'écouter pour éviter les malentendus. Ce qui vous a séduit chez l'autre, c'est justement sa vision différente de la vie. Il est donc important d'allier respect et compréhension si vous voulez éviter les heurts. La passion entre vous est très importante, mais attention de ne pas vous enflammer à tout bout de champ. Laissez l'autre s'exprimer. Vous coupez facilement la parole à l'autre sans toujours vous rendre compte qu'un peu d'écoute et d'attention serait tellement plus profitable. Ouvrez votre cœur… et vos oreilles! Vous pourrez vivre une relation très enrichissante ensemble.

4- Vos deux signes sont en opposition; vous êtes aux antipodes l'un de l'autre… peut-être est-ce ce qui vous a fait vibrer lors de votre première rencontre. Même si vous êtes très différents, vous vous complétez magnifiquement, malgré quelques petites escarmouches sans conséquence. Puisque les forces de l'un comblent les points faibles de l'autre, vous avez l'impression de voir votre propre image, comme le négatif d'une photo. Votre conjoint vous permet de découvrir des horizons que vous n'imaginiez pas, de voir le monde sous un jour totalement différent, de vous surpasser. Votre conjoint vous permet aussi de percevoir vos faiblesses. Sans vous l'avouer, ce qui vous agace en lui (ou en elle) met en lumière vos propres défauts. Une telle perception des choses peut créer des frictions, mais vous sentez bien que votre union est très originale et particulière, et vous réussissez à surmonter vos problèmes. Votre couple est équilibré, complémentaire et harmonieux; vous vous apportez beaucoup l'un à l'autre, et vos chances qu'une stabilité et qu'un enrichissement mutuel s'installent dans votre couple sont excellentes.

5- Vos deux signes se trouvent en sextile: vos éléments sont donc compatibles. Votre union sera facile, agréable et sans problème insurmontable. Vous n'avez peut-être pas eu de coup de foudre l'un pour l'autre, et la passion ne vous a pas littéralement emportés. Mais avec le temps vous avez appris à vous connaître et à vous apprécier, et c'est là l'essentiel. Votre affection est profonde. L'amitié qui vous unit, votre compréhension et votre communication exceptionnelles vous permettent de dialoguer sans heurts et de vous expliquer: comme on dit, vous êtes sur la même longueur d'onde. Si votre vision des choses diffère, d'autres éléments et d'autres caractéristiques vous réunissent. Vos sensibilités et vos désirs se rejoignent. Par le dialogue, les petites difficultés s'aplanissent toujours. Le rire et l'humour vous rapprochent l'un de l'autre. Avec un minimum d'efforts, votre relation sera douce, tendre et revigorante. Vous irez là où vos pas vous porteront, main dans la main.

6- Seriez-vous étranger l'un à l'autre? Pour trouver des points communs entre vous, il faut bien chercher. Souvent, vous avez même l'impression de ne pas parler la même langue. Et pourtant... vous pourriez vous entendre, avec un peu d'efforts de part et d'autre. Le plus amusant est que cette différence peut se révéler un précieux atout au cours d'activités communes, dans vos loisirs ou même au travail. Le manque de communication dans votre couple est flagrant; vous le déplorez et aurez parfois l'impression que votre conjoint ne vous comprend pas et ne répond pas à vos attentes. Vos valeurs et vos objectifs divergent du tout au tout parfois. Dans de telles conditions, votre vie de couple repose sur vos efforts. Il est inutile d'essayer de changer votre partenaire. Acceptez-le, sans condition. Pour rendre votre vie à deux plus harmonieuse, vous pourriez jouer sur le romantisme. Sachez surprendre votre partenaire en proposant des sorties en amoureux, des dîners aux chandelles à l'improviste et des surprises de toutes sortes. Si votre partenaire n'arrive pas à cerner complètement votre personnalité, cela peut être un plus. Alliez cette carte «mystère» à la carte «romantisme» et, à coup sûr, vous ferez battre son cœur. Des liens psychiques très forts peuvent être tissés entre vous deux; une compréhension au-delà des mots, voire de la télépathie, n'est pas impossible. Voilà une autre énigme dont vous pourrez jouer pour stimuler votre couple.

Trouver son ascendant ... c'est facile!

Vous ne connaissez pas votre ascendant? Nous allons vous donner une méthode très simple pour le trouver.

De quoi avez-vous besoin?

De votre heure de naissance, c'est tout.

Comment faire?

1 prenez votre heure de naissance;
2 ajoutez le temps sidéral;
3 additionnez le tout.
Vous voyez, ce n'est pas bien compliqué.

Dans les lignes qui suivent, nous vous donnons:

1 quelques renseignements sur votre **heure de naissance**;
2 le **temps sidéral** qui correspond à votre **date de naissance**;
3 des **indications** pour additionner l'un à l'autre.

Avant d'aller plus loin, lisez donc les paragraphes qui suivent; vous serez sûr de ne pas faire d'erreur.

1 — Votre heure de naissance

L'ascendant se calcule à partir de l'heure de naissance; il faut donc que vous sachiez à quelle heure vous êtes né pour le calculer.

> **NOTE: Si vous ne connaissez pas votre heure de naissance**, seul un astrologue expérimenté pourrait trouver votre ascendant. Mais **informez-vous**: des parents, des proches, des frères ou sœurs, voire l'hôpital où vous êtes né peuvent vous renseigner sur votre heure de naissance.

Si votre heure de naissance est imprécise, vous pouvez essayer quand même. Évidemment, l'ascendant que vous obtiendrez alors sera imprécis, lui aussi.

Donc, vous savez maintenant que votre ascendant se calcule à partir de votre heure de naissance. Rappelez-vous cependant deux petites choses:

Si vous êtes né en après-midi ou en soirée, il faut que vous preniez votre heure en **système de 0 à 24 heures**. Donc, au lieu d'écrire 2 h de l'après-midi, vous écrivez 14 h; au lieu de 9 h du soir, vous écrivez 21 h.

C'est bien important, ne l'oubliez pas!

En effet, si vous êtes né en soirée ou en après-midi, vous n'aurez pas le même ascendant que si vous étiez né le matin.

En astrologie, il faut toujours prendre **l'heure réelle** et non pas l'heure avancée. Vous ne voulez pas calculer l'ascendant de quelqu'un qui serait né une heure plus tard que vous!

Savez-vous si vous êtes né pendant une période d'heure avancée? C'est facile: dans les lignes qui suivent, vous le verrez aisément.

Tableau de l'heure avancée

Avant 1918, il n'y avait pas d'heure avancée.

Si vous êtes né entre les dates suivantes, enlevez une heure à votre heure de naissance pour avoir votre heure réelle de naissance.

En 1918, du 14 avril au 31 octobre, dans toute la province de Québec.

De 1919 à 1927 inclusivement, l'heure était avancée à **Montréal seulement:**

- en 1919, du 31 mars au 25 octobre*;
- en 1920, du 2 mai au 3 octobre*;
- en 1921, du 1er mai au 2 octobre*;
- en 1922, du 30 avril au 1er octobre*;
- en 1923, du 13 mai au 30 septembre*;
- en 1924, du 18 mai au 28 septembre*;

- en 1925, du 3 mai au 27 septembre*;
- en 1926, du 2 mai au 26 septembre*;
- en 1927, du 1ᵉʳ mai au 25 septembre*.

* À Montréal seulement — pas dans le reste du Québec. Donc, si vous êtes né entre ces dates à Montréal, enlevez une heure. Si vous êtes né ailleurs dans la province, laissez votre heure telle quelle.

À partir de 1928, l'heure est avancée **à Montréal et dans tout le reste de la province** entre les dates suivantes:
- en 1928, du 29 avril au 30 septembre;
- en 1929, du 28 avril au 29 septembre;
- en 1930, du 27 avril au 28 septembre;
- en 1931, du 26 avril au 27 septembre;
- en 1932, du 24 avril au 25 septembre;
- en 1933, du 30 avril au 24 septembre;
- en 1934, du 29 avril au 30 septembre;
- en 1935, du 28 avril au 29 septembre;
- en 1936, du 26 avril au 27 septembre;
- en 1937, du 25 avril au 26 septembre;
- en 1938, du 24 avril au 25 septembre;
- en 1939, du 30 avril au 24 septembre;
- en 1940, du 28 avril au 31 décembre*;
- en 1941, TOUTE L'ANNÉE*;
- en 1942, TOUTE L'ANNÉE*;
- en 1943, TOUTE L'ANNÉE*;
- en 1944, TOUTE L'ANNÉE*;
- en 1945, du 1ᵉʳ janvier au 30 septembre*.

* L'heure fut avancée continuellement, hiver comme été, durant la guerre.

- en 1946, du 28 avril au 29 septembre;
- en 1947, du 27 avril au 28 septembre;
- en 1948, du 25 avril au 26 septembre;
- en 1949, du 24 avril au 25 septembre;
- en 1950, du 30 avril au 24 septembre;
- en 1951, du 29 avril au 30 septembre;
- en 1952, du 27 avril au 28 septembre;
- en 1953, du 26 avril au 27 septembre;
- en 1954, du 25 avril au 26 septembre;
- en 1955, du 24 avril au 25 septembre;
- en 1956, du 29 avril au 30 septembre;

- en 1957, du 28 avril au 27 octobre;
- en 1958, du 27 avril au 26 octobre;
- en 1959, du 26 avril au 25 octobre;
- en 1960, du 24 avril au 30 octobre;
- en 1961, du 30 avril au 29 octobre;
- en 1962, du 29 avril au 28 octobre;
- en 1963, du 28 avril au 27 octobre;
- en 1964, du 26 avril au 25 octobre;
- en 1965, du 25 avril au 31 octobre;
- en 1966, du 24 avril au 30 octobre;
- en 1967, du 30 avril au 29 octobre;
- en 1968, du 28 avril au 27 octobre;
- en 1969, du 27 avril au 26 octobre;
- en 1970, du 26 avril au 25 octobre;
- en 1971, du 25 avril au 31 octobre;
- en 1972, du 30 avril au 29 octobre;
- en 1973, du 29 avril au 28 octobre;
- en 1974, du 28 avril au 27 octobre;
- en 1975, du 27 avril au 26 octobre;
- en 1976, du 25 avril au 31 octobre;
- en 1977, du 24 avril au 30 octobre;
- en 1978, du 30 avril au 29 octobre;
- en 1979, du 29 avril au 28 octobre;
- en 1980, du 27 avril au 26 octobre;
- en 1981, du 26 avril au 25 octobre;
- en 1982, du 25 avril au 31 octobre;
- en 1983, du 24 avril au 30 octobre;
- en 1984, du 29 avril au 28 octobre;
- en 1985, du 28 avril au 27 octobre;
- en 1986, du 27 avril au 26 octobre;
- en 1987, du 5 avril au 25 octobre;
- en 1988, du 3 avril au 30 octobre;
- en 1989, du 2 avril au 29 octobre;
- en 1990, du 1er avril au 28 octobre;
- en 1991, du 7 avril au 29 octobre;
- en 1992, du 5 avril au 25 octobre;
- en 1993, du 4 avril au 31 octobre;
- en 1994, du 3 avril au 30 octobre;
- en 1995, du 2 avril au 29 octobre;
- en 1996, du 7 avril au 27 octobre;
- en 1997, du 6 avril au 26 octobre;

- en 1998, du 5 avril au 25 octobre;
- en 1999, du 4 avril au 31 octobre;
- en 2000, du 2 avril au 29 octobre;
- en 2001, du 1er avril au 28 octobre;
- en 2002, du 7 avril au 27 octobre;
- en 2003, du 6 avril au 26 octobre;
- en 2004, du 4 avril au 31 octobre.

Donc, si vous êtes né entre les dates que nous venons de donner, n'oubliez pas d'enlever une heure à votre heure de naissance pour obtenir votre heure réelle de naissance.

2 — Le temps sidéral

Comme nous l'avons vu précédemment, pour calculer l'ascendant, il suffit d'additionner votre heure réelle de naissance au temps sidéral qui correspond à votre journée de naissance.

Le temps sidéral est une heure qui correspond à une seule journée de l'année. Chaque journée a le sien; il n'y a pas deux journées qui ont le même temps.

Pour calculer votre ascendant, vous avez donc besoin de connaître le temps sidéral qui correspond au jour de votre fête. Comment faire? Rien de plus simple.

Aux pages 44 et 45, vous trouverez un tableau: à la première ligne du tableau figurent les 12 mois de l'année, chacun correspondant à une colonne. La première colonne comporte des chiffres allant de 1 à 31. Ces chiffres correspondent, bien sûr, aux quantièmes (jours) des mois.

Il vous suffit maintenant de trouver, dans la colonne qui correspond à votre mois de naissance, la ligne de votre jour de fête, et le tour est joué.

PAR EXEMPLE: Si vous êtes né le 1er janvier, vous cherchez sous janvier, à la première ligne, et vous voyez 6 h 36. Le temps sidéral qui correspond à votre jour de naissance est donc **6 h 36.**

De même, si vous êtes né le 14 mai, vous allez voir, sous la colonne de mai, la ligne qui correspond au 14, et vous trouvez votre temps sidéral, qui est **15 h 24.**

NOTE: Pour vous faciliter la tâche, les tableaux des pages 44 et 45 indiquent le temps sidéral corrigé et simplifié.

Suivez la ligne qui correspond à votre jour de fête jusqu'à la colonne de votre mois de naissance: vous avez maintenant le temps sidéral qui correspond à votre jour de naissance.

3 — Et puis, vous additionnez

Vous avez donc maintenant votre heure réelle de naissance et le temps sidéral qui correspond à votre journée de naissance: il vous suffit de faire une toute petite addition. Bien sûr, vous avez pris soin de vous assurer que votre heure de naissance est inscrite **en système de 0 à 24 heures,** surtout si vous êtes né en après-midi ou en soirée.

> **ATTENTION:** Vous avez des heures et des minutes. Vous savez qu'il y a **60 minutes** dans une heure et **24 heures** dans une journée.
>
> Donc si, en additionnant, vous avez un total de minutes supérieur à 60, vous soustrayez 60 du nombre des minutes et vous ajoutez 1 au nombre des heures.
>
> De même, si, en additionnant, vous avez un total d'heures supérieur à 24, vous soustrayez 24.
>
> Vous avez maintenant un total en heures et en minutes; vous n'avez plus qu'à consulter le petit tableau de la page 46, à trouver la section qui correspond à la vôtre et à LIRE votre ascendant.

Voici un exemple pour illustrer cette méthode. Supposons qu'une personne soit née le 24 juin 1967, à 2 h 25 de l'après-midi.

Nous savons que, pour calculer l'ascendant, il faut utiliser l'heure en système de 0 à 24 heures. Donc, 2 h 25 de l'après-midi, c'est en réalité 14 h 25. Comme l'heure était avancée (voir tableau de l'heure avancée), il faut donc soustraire 1 heure, ce qui donne 14 h 25 – 1 h 00 = 13 h 25.

Maintenant que nous avons l'heure réelle de naissance, faisons le calcul:

Heure réelle de naissance		13 h 25
Temps sidéral (du 24 juin)	+	18 h 06
Total		31 h 31

Comme le nombre des heures est supérieur à 24, nous soustrayons 24 heures à 31 h 31, ce qui donne:

$$31 \text{ h } 31$$
$$- \quad 24 \text{ h } 00$$
$$7 \text{ h } 31$$

En consultant la **Table des ascendants** (en page 46), on voit bien que l'ascendant de cette personne est Balance.

Faites vous-même vos calculs

1 Inscrivez votre heure de naissance _____ h _____
   (en système de 0 à 24 heures)

2 Enlevez 1 heure   (− 1 heure)
   mais seulement si vous êtes né
   en période d'heure avancée   = _____ h _____

Ceci vous donne votre heure
de naissance réelle

3 Inscrivez le temps sidéral
   qui correspond à votre jour de naissance   + _____ h _____

4 Additionnez les deux lignes
   précédentes   = _____ h _____

5 Si le nombre des minutes dépasse 60,
   enlevez 60 minutes et ajoutez 1 heure;
   sinon, laissez tel quel.

   Si le nombre des heures dépasse 24,
   enlevez 24 heures; sinon, laissez tel quel.

Vous obtenez   _____ h _____

Maintenant, consultez la table des
ascendants et trouvez le vôtre.

Temps sidéral

Du 1er janvier au 30 juin

JR	JANV.	FÉVR.	MARS	AVRIL	MAI	JUIN
1	6 h 36	8 h 38	10 h 33	12 h 36	14 h 33	16 h 36
2	6 h 40	8 h 42	10 h 37	12 h 40	14 h 37	16 h 40
3	6 h 44	8 h 46	10 h 40	12 h 44	14 h 41	16 h 43
4	6 h 48	8 h 50	10 h 44	12 h 48	14 h 45	16 h 47
5	6 h 52	8 h 54	10 h 48	12 h 52	14 h 49	16 h 51
6	6 h 56	8 h 58	10 h 52	12 h 55	14 h 53	16 h 55
7	7 h 00	9 h 02	10 h 56	12 h 58	14 h 57	16 h 59
8	7 h 04	9 h 06	11 h 00	13 h 02	15 h 01	17 h 03
9	7 h 08	9 h 10	11 h 04	13 h 06	15 h 05	17 h 07
10	7 h 12	9 h 14	11 h 08	13 h 10	15 h 09	17 h 11
11	7 h 15	9 h 18	11 h 12	13 h 14	15 h 13	17 h 15
12	7 h 19	9 h 22	11 h 16	13 h 18	15 h 17	17 h 19
13	7 h 23	9 h 26	11 h 20	13 h 22	15 h 21	17 h 23
14	7 h 27	9 h 30	11 h 24	13 h 26	15 h 24	17 h 27
15	7 h 31	9 h 33	11 h 28	13 h 30	15 h 28	17 h 31
16	7 h 35	9 h 37	11 h 32	13 h 34	15 h 32	17 h 34
17	7 h 39	9 h 41	11 h 36	13 h 38	15 h 36	17 h 38
18	7 h 43	9 h 45	11 h 40	13 h 42	15 h 40	17 h 42
19	7 h 47	9 h 49	11 h 44	13 h 46	15 h 44	17 h 46
20	7 h 51	9 h 53	11 h 48	13 h 50	15 h 48	17 h 50
21	7 h 55	9 h 57	11 h 52	13 h 54	15 h 52	17 h 54
22	7 h 59	10 h 01	11 h 55	13 h 58	15 h 56	17 h 58
23	8 h 03	10 h 05	11 h 58	14 h 02	16 h 00	18 h 02
24	8 h 07	10 h 09	12 h 02	14 h 06	16 h 04	18 h 06
25	8 h 11	10 h 13	12 h 06	14 h 10	16 h 08	18 h 10
26	8 h 15	10 h 17	12 h 10	14 h 14	16 h 12	18 h 14
27	8 h 19	10 h 21	12 h 14	14 h 18	16 h 16	18 h 18
28	8 h 23	10 h 25	12 h 18	14 h 22	16 h 20	18 h 22
29	8 h 26	10 h 29	12 h 22	14 h 26	16 h 24	18 h 26
30	8 h 30		12 h 26	14 h 29	16 h 28	18 h 30
31	8 h 34		12 h 30		16 h 32	

Temps sidéral

Du 1ᵉʳ juillet au 31 décembre

JR	JUIL.	AOÛT	SEPT.	OCT.	NOV.	DÉC.
1	18 h 34	20 h 37	22 h 39	0 h 37	2 h 39	4 h 38
2	18 h 38	20 h 41	22 h 43	0 h 41	2 h 43	4 h 42
3	18 h 42	20 h 45	22 h 47	0 h 45	2 h 47	4 h 46
4	18 h 46	20 h 49	22 h 51	0 h 49	2 h 51	4 h 50
5	18 h 50	20 h 53	22 h 55	0 h 53	2 h 55	4 h 54
6	18 h 54	20 h 57	22 h 59	0 h 57	2 h 59	4 h 57
7	18 h 58	21 h 00	23 h 03	1 h 01	3 h 03	5 h 01
8	19 h 02	21 h 04	23 h 07	1 h 05	3 h 07	5 h 05
9	19 h 06	21 h 08	23 h 11	1 h 09	3 h 11	5 h 09
10	19 h 10	21 h 12	23 h 14	1 h 13	3 h 15	5 h 13
11	19 h 14	21 h 16	23 h 18	1 h 17	3 h 19	5 h 17
12	19 h 18	21 h 20	23 h 22	1 h 21	3 h 23	5 h 21
13	19 h 22	21 h 24	23 h 26	1 h 25	3 h 27	5 h 25
14	19 h 26	21 h 28	23 h 30	1 h 29	3 h 31	5 h 29
15	19 h 30	21 h 32	23 h 34	1 h 32	3 h 35	5 h 33
16	19 h 34	21 h 36	23 h 38	1 h 36	3 h 39	5 h 37
17	19 h 38	21 h 40	23 h 42	1 h 40	3 h 43	5 h 41
18	19 h 42	21 h 44	23 h 46	1 h 44	3 h 47	5 h 45
19	19 h 46	21 h 48	23 h 50	1 h 48	3 h 50	5 h 49
20	19 h 49	21 h 52	23 h 54	1 h 52	3 h 54	5 h 53
21	19 h 53	21 h 56	23 h 58	1 h 56	3 h 58	5 h 57
22	19 h 57	22 h 00	0 h 02	2 h 00	4 h 02	6 h 01
23	20 h 02	22 h 04	0 h 06	2 h 04	4 h 06	6 h 05
24	20 h 06	22 h 08	0 h 10	2 h 06	4 h 10	6 h 09
25	20 h 10	22 h 12	0 h 14	2 h 12	4 h 14	6 h 13
26	20 h 14	22 h 16	0 h 18	2 h 16	4 h 18	6 h 17
27	20 h 18	22 h 20	0 h 23	2 h 20	4 h 22	6 h 21
28	20 h 22	22 h 24	0 h 26	2 h 24	4 h 26	6 h 24
29	20 h 26	22 h 27	0 h 30	2 h 28	4 h 30	6 h 28
30	20 h 30	22 h 31	0 h 34	2 h 32	4 h 34	6 h 32
31	20 h 33	22 h 35		2 h 36		6 h 36

Table des ascendants...
Quel est le vôtre?

Comparez le total obtenu en additionnant votre heure de naissance réelle au temps sidéral du jour de votre naissance, aux tranches d'heures ci-dessous pour connaître votre ascendant.

Heures:	Ascendants:
- de 0 h 00 à 0 h 34	Cancer
- de 0 h 35 à 3 h 21	Lion
- de 3 h 22 à 5 h 59	Vierge
- de 6 h 00 à 8 h 40	Balance
- de 8 h 41 à 11 h 18	Scorpion
- de 11 h 19 à 13 h 43	Sagittaire
- de 13 h 44 à 15 h 35	Capricorne
- de 15 h 36 à 16 h 58	Verseau
- de 16 h 59 à 17 h 59	Poissons
- de 18 h 00 à 19 h 04	Bélier
- de 19 h 05 à 20 h 24	Taureau
- de 20 h 25 à 22 h 22	Gémeaux
- de 22 h 23 à 24 h 00	Cancer

Définition des ascendants

Bélier: ce signe prédispose à l'impulsivité et même à l'agressivité. Vous êtes franc, mais vous vous faites souvent des ennemis, car votre entourage n'est pas toujours prêt à admettre la vérité. Vous êtes essentiellement un être dynamique; toutefois, il vous arrive fréquemment de commencer mille et un projets et de n'en terminer aucun. Vos sentiments sont vifs et entiers. Nous devons souligner ici que vous détenez le record des accidents.

Taureau: vous êtes tenace, persévérant, mais bien souvent têtu. Vous allez toujours au bout de ce que vous entreprenez. Vous refusez les échecs et vous vous battez jusqu'à la mort pour réussir. L'argent est essentiel à votre bien-être, et vous avez toujours peur d'en manquer. Vous êtes lent à vous attacher, mais vos sentiments sont d'une profondeur et d'une stabilité peu communes. Il est vrai que vous n'êtes pas bavard, mais, quand vous parlez, on sait toujours à quoi s'en tenir.

Gémeaux: j'ai surnommé ce signe le «courant d'air». Effectivement, vous bougez sans cesse, vous êtes partout à la fois et vous ne voulez rien manquer. C'est d'ailleurs pour cette raison que vous avez tellement tendance à vous éparpiller. Vos réflexes et vos réactions sont très rapides. Vous adorez parler et communiquer; voilà pourquoi vous êtes si doué pour travailler avec le public. Même si vous parlez beaucoup, vous n'exprimez pas toujours facilement vos sentiments.

Cancer: cet ascendant confère une nature très maternelle ou paternelle, selon le cas. Vous avez énormément besoin de vous sentir aimé. Vous dorlotez les vôtres et vous comblez leurs besoins avant même qu'ils ne les aient exprimés. Votre hypersensibilité et votre naïveté vous jouent bien souvent de vilains tours. Pour vous, l'amour, l'amitié et la famille sont sacrés. D'ailleurs, les sentiments sont votre meilleur carburant.

Lion: vous êtes le roi des animaux et, effectivement, vous ne détestez pas régner sur votre entourage. Vous n'acceptez pas de passer inaperçu et, finalement, vous avez presque toujours besoin d'un public. Il y a cependant une exception: quand vous êtes triste ou déprimé, vous ne voulez plus voir personne. Vous partagez facilement vos gains et vos succès, mais vous ne voulez aucun témoin de vos chagrins. Assurément, vous êtes doué pour l'administration… et pour le vedettariat.

Vierge: cet ascendant rend méthodique, méticuleux, logique et rationnel. Avouons toutefois que vous êtes souvent maniaque des détails, de l'hygiène et de la propreté. On peut vous compter parmi les êtres les plus responsables et les plus dévoués du zodiaque. Malheureusement, vous vous sentez toujours coupable de tout et vous estimez que vous n'en avez jamais assez fait. Votre mémoire est davantage axée sur les mauvais souvenirs que sur les bons. Si je peux me permettre de vous donner un conseil, je vous dirais de moins penser et de mettre plus de fantaisie dans votre vie.

Balance: votre charme est incontestable, vous trouvez tout beau et, avec vous, rien n'est jamais totalement négatif. Vous détestez la solitude et vous éprouvez constamment le besoin d'être entouré, que ce soit au travail ou dans votre vie privée. Vous ne pouvez supporter ni le mensonge, ni l'hypocrisie, ni l'injustice. Le seul problème que vous ayez, c'est quand il s'agit de prendre une décision: vous n'en finissez plus de balancer.

Scorpion: vous avez bien mauvaise réputation et, pourtant, elle n'est absolument pas fondée. Il n'y a pas de bons ni de mauvais signes; chacun a ses qualités et ses défauts. Ces rumeurs qui circulent sur votre compte viennent sûrement d'un astrologue qui n'aimait pas les Scorpion; moi, je vous aime bien. N'oublions pas que vous êtes méfiant et que vous ne laissez pas facilement paraître vos sentiments. Vous êtes un travailleur acharné et votre mémoire est phénoménale. D'ailleurs, ne vous souvenez-vous pas toujours de ce qu'on vous a fait?

Sagittaire: votre indépendance frise souvent les extrêmes. Vous ne voulez rien devoir à personne et vous remettez toujours au centuple les faveurs qu'on vous fait. Vous avez la bougeotte, vous ne tenez pas en place et vous adorez voyager. La nature et les animaux vous attirent énormément. Un emploi sédentaire ne vous convient pas tellement; cependant, s'il est question de mouvement au travail, vous serez parfaitement satisfait.

Capricorne: vous êtes comme le bon vin: plus vous vieillissez, plus vous prenez de la force et du piquant. Et puisque vous vous bonifiez avec le temps, la deuxième partie de votre vie est toujours bien meilleure que la première. Il est vrai que vous mettez sans cesse les bouchées doubles lorsqu'il s'agit de travail et que vous êtes plutôt perfectionniste. Vous parlez peu et, souvent, votre entourage vous reprochera d'être renfermé et replié sur vous-même.

Verseau: vous êtes très humain, mais votre bonté se retourne facilement contre vous. En effet, vous êtes souvent victime de profiteurs, de parasites et de faux amis qui abusent carrément de vous. Apprenez à dire non et vous serez gagnant. Vous jugez d'après vous-même et vous êtes constamment déçu. Votre intuition est pourtant surprenante: vous auriez intérêt à vous y fier davantage.

Poissons: de tous les signes, vous êtes le plus sensible et le plus vulnérable. Vous vous découragez facilement et vous abandonnez la lutte après le premier échec. Par peur de la solitude, vous vous entourez de gens qui vous causent beaucoup plus de chagrin que de joie. Attention! Vous avez une âme de missionnaire et vous êtes incapable de refuser quoi que ce soit à votre prochain. Les paradis artificiels et les croyances utopiques exercent beaucoup d'attraction sur vous.

IMPORTANT: il n'existe pas de signes purs; ainsi, il est impossible d'être un pur Bélier, un pur Taureau, etc. L'influence de votre ascendant et celle des positions planétaires à votre naissance sont tout aussi importantes. J'ai constaté que l'influence de l'ascendant est de plus en plus forte avec le temps. En vieillissant, c'est l'ascendant qui prédomine et, dans la deuxième partie de la vie, il prend une valeur significative. Toutefois, on compte deux exceptions: l'ascendant Capricorne et l'ascendant Vierge, qui obéissent à la règle inverse.

Les 12 signes et les 36 décans

Signe	1er décan	2e décan	3e décan
Bélier 21 mars au 20 avril	21 mars 31 mars	1er avril au 10 avril	11 avril au 20 avril
Taureau 21 avril 20 mai	21 avril au 29 avril	30 avril au 10 mai	11 mai au 20 mai
Gémeaux 21 mai au 21 juin	21 mai au 1er juin	2 juin au 11 juin	12 juin au 21 juin
Cancer 22 juin au 23 juillet	22 juin au 1er juillet	2 juillet 12 juillet	13 juillet 23 juillet
Lion 24 juillet au 23 août	24 juillet au 3 août	4 août au 13 août	14 août au 23 août
Vierge 24 août au 23 septembre	24 août au 3 septembre	4 septembre au 13 septembre	14 septembre au 23 septembre
Balance 24 septembre au 23 octobre	24 septembre au 3 octobre	4 octobre au 13 octobre	14 octobre au 23 octobre
Scorpion 24 octobre au 22 novembre	24 octobre au 2 novembre	3 novembre au 12 novembre	13 novembre au 22 novembre
Sagittaire 23 novembre 20 décembre	23 novembre au 2 décembre	3 décembre au 12 décembre	13 décembre au 20 décembre
Capricorne 21 décembre au 20 janvier	21 décembre au 31 décembre	1er janvier au 10 janvier	11 janvier au 20 janvier
Verseau 21 janvier 19 février	21 janvier au 31 janvier	1er février au 10 février	11 février au 19 février
Poissons 20 février 20 mars	20 février au 29 février	1er mars au 10 mars	11 mars au 20 mars

Les subtilités de votre décan

O n entend souvent parler des différents décans, et vous connaissez probablement le vôtre. Pourtant la plupart des gens ne savent pas trop ce que c'est ni à quoi cela correspond.

Vous avez dû constater que les natifs de votre signe sont loin d'être tous comme vous. En fait, chaque décan a une influence bien particulière et renseigne sur votre personnalité, mais aussi sur vos tendances, vos goûts et vos besoins.

Dans les lignes qui suivent, signe par signe, vous trouverez quelle est l'influence du décan et comment il touche votre façon d'être.

Bélier (21 mars au 20 avril)

Ce que vous avez en commun avec les autres natifs de votre signe

Vous êtes actif et dynamique, vous avez constamment quelque chose en tête et, comme vous n'aimez pas attendre, vous allez droit au but. Ardent, compétitif, vous êtes très stimulé par les défis, ce qui vous pousse à commencer un tas de choses; pourtant lorsque ça démarre votre motivation baisse, et vous vous attaquez à un autre projet. Franc mais brusque, vous dites tout ce que vous pensez, ce qui crée parfois des frictions. Vous ne supportez pas la contrariété, vous piquez des colères terribles, mais vous n'êtes pas rancunier pour deux sous. En amour, vous êtes fougueux: c'est la passion et rien d'autre qui vous attire.

Quelle sorte de Bélier êtes-vous?

• **Bélier du 1er décan** (du 21 au 31 mars)

Votre vitalité est incroyable, vous êtes une vraie dynamo. Vous vous sentez vivre lorsque vous êtes dans le feu de l'action, vous avez donc constamment besoin de bouger, d'accomplir quelque chose. Les obstacles ne vous font pas peur, vous avez même tendance à les oublier, ce qui joue parfois contre vous, dans les questions matérielles notamment. Rapide en tout, vous ne supportez pas qu'on vous fasse attendre: sur la route, vous faites des excès, ce qui peut vous occasionner accidents et contraventions. Leader de nature, vous avez tendance à diriger les gens autour de vous: les collègues, parfois même les supérieurs. Vous contrôlez, vous donnez des ordres, mais n'aimez pas en recevoir.

- **Bélier du 2ᵉ décan** (du 1ᵉʳ au 10 avril)

Décidément, on vous remarque de loin! Vous avez une personnalité éclatante, vous aimez les vêtements luxueux, le beau: vous attachez beaucoup d'importance à votre image. Pour vous, réussir est la priorité: vous vous arrangez pour y arriver, vous gardez votre direction. Votre attitude reflète la confiance, ce qui vous aide beaucoup sur le plan professionnel. Dans votre petit univers comme dans votre bande d'amis, c'est vous le roi, pourtant vous êtes très généreux avec ceux qui vous entourent. Vous êtes droit et fier de nature, mais vous ne pardonnez pas lorsqu'on vous critique ou qu'on vous met en boîte.

- **Bélier du 3ᵉ décan** (du 11 au 20 avril)

Vous êtes le plus affectueux des Bélier. Vous bouillonnez d'énergie, mais vous avez un peu de mal à prendre des décisions et fonctionnez mieux en équipe que seul. Les tensions interpersonnelles et la chicane vous indisposent au plus haut point; heureusement, votre sens de la diplomatie vous permet d'éviter bien des affrontements. Vous êtes très habile sur le plan humain, ce qui vous aide à atteindre vos buts. Votre vie sociale est remplie, mais le centre de votre existence, ce sont vos amours. Votre vie de couple est très importante pour vous, vous êtes passionné, aimant, mais vos attentes ne sont pas toujours réalistes.

Taureau (21 avril au 20 mai)

Ce que vous avez en commun avec les autres natifs de votre signe

Votre sens pratique est incroyable. Déterminé et travailleur, vous atteignez presque toujours les buts que vous vous êtes fixés. Vous êtes prudent, vous pesez le pour et le contre avant de vous décider, mais une fois que votre idée est faite, vous n'en changez plus. Il faut dire que vous êtes un peu anxieux, que les changements et les risques ne vous plaisent pas du tout. Un peu casanier, vous appréciez la nature, le calme et les bonnes choses de la vie. Sur le plan interpersonnel, vous êtes plutôt timide, mais en amour comme en amitié, vous êtes fidèle et loyal.

Quelle sorte de Taureau êtes-vous?

• **Taureau du 1er décan** (du 21 au 29 avril)

De tous les Taureau, c'est vous le plus rapide et le plus curieux, votre esprit est vif, votre sens du commerce incroyable. Vous ne perdez jamais vos intérêts de vue. Vous êtes très communicatif, vous parlez beaucoup (quoique vous soyez assez discret sur vous-même), vous savez vous attirer des sympathies, surtout vous avez le don de convaincre les autres. En affaires, vous jouez habilement vos cartes, vous réussissez toujours à obtenir l'aide ou les faveurs nécessaires pour atteindre vos buts. Assez mondain, vous aimez les sorties, rencontrer du monde: vous connaissez beaucoup de gens, mais ce sont davantage des relations sociales que de vrais amis.

• **Taureau du 2e décan** (du 30 avril au 10 mai)

Vous avez vraiment le sens de la famille, vous misez beaucoup sur votre petit monde, vous faites de gros efforts pour votre partenaire et vos jeunes. Même avec vos amis, vous êtes un papa gâteau ou une maman poule. Plutôt inquiet de nature, vous vous tracassez pour ceux que vous aimez, vous cherchez constamment à les protéger. Généreux, hospitalier, vous aimez recevoir et gâter ceux qui sont à votre table. On vous apprécie beaucoup et avec raison. Assez rêveur par moments, vous avez de fortes émotions et une grande sensibilité.

• **Taureau du 3e décan** (du 11 au 20 mai)

Vous avez le sens du pratique, le tangible est très important pour vous. Sage, prévoyant, vous prenez votre temps, ce qui vous évite bien des erreurs, en affaires notamment. Assez matérialiste, vous êtes très avisé dans les questions d'argent et vous pensez à long terme; vous avez toujours de petites réserves en cas de besoin, et votre compte en banque est certainement plus rondelet que vous ne le dites. Avec les autres, vous êtes discret, vous parlez peu, pourtant vos gestes en disent long et on peut toujours compter sur vous.

Gémeaux (21 mai au 21 juin)

Ce que vous avez en commun avec les autres natifs de votre signe

Votre intelligence est remarquable, votre esprit aussi. Curieux, vous vous intéressez à un tas de choses, vous allez spontanément vers les gens, vous nouez des amitiés, voire des flirts, mais vous êtes un peu changeant, et ce qui vous intéresse un jour peut vous ennuyer le lendemain. Intellectuel, brillant, vous avez presque toujours le dernier mot. Vos champs d'intérêt sont variés, vous connaissez un tas de choses quoique pas toujours en profondeur. Très mondain, vous raffolez des sorties, des réunions sociales. Vous êtes constamment «sur la trotte».

Quelle sorte de Gémeaux êtes-vous?
• **Gémeaux du 1er décan** (du 21 mai au 1er juin)
La réussite compte beaucoup à vos yeux, vous aimez les belles choses, vous avez des goûts luxueux, et vous savez que cela prend des sous pour vous les offrir. Vous aimez bien être le centre d'attraction, être admiré, et vous misez beaucoup sur la réussite professionnelle ou sociale. Communicatif et plein d'entrain, vous avez le talent d'aller chercher les appuis ou les faveurs et, en affaires, vous avez un flair incroyable. Vous avez donc toutes les chances de finir vos jours bien à l'aise.

• **Gémeaux du 2e décan** (du 2 au 11 juin)
Vous êtes pétillant, vous aimez bouger, vous avez constamment envie de faire quelque chose, de vous investir dans un projet. Que ce soit dans vos loisirs ou sur le plan professionnel, votre esprit compétitif vous pousse constamment à vous surpasser. Démonstratif, franc, vous n'avez pas peur de dire ce que vous pensez, même si cela peut blesser vos interlocuteurs. Vous êtes très chaleureux, vous prenez les devants dans votre groupe d'amis, d'ailleurs vous ne supportez pas qu'on vous contredise. En amour, quand vous voulez quelque chose, rien ne peut vous arrêter.

• **Gémeaux du 3e décan** (du 12 au 21 juin)
Quelle vedette vous êtes! Que ce soit dans votre cercle d'amis ou avec des inconnus, on apprécie votre esprit, votre humour et votre intelligence. Vous rayonnez sur votre entourage, vous ne dérogez jamais à votre sens des valeurs. Confiant, vous aimez bien qu'on remarque votre intelligence, votre humour, votre allure; vous prenez spontanément la première place, que ce soit dans votre milieu de travail, dans votre cercle d'amis ou dans votre couple. Très mondain, hyper-séduisant, vous avez le don de charmer les gens, et on ne vous résiste pas très longtemps. Comédien-né, confiant, voire un brin snob, vous ne passez jamais inaperçu.

Cancer (22 juin au 23 juillet)
Ce que vous avez en commun avec les autres natifs de votre signe
Vous êtes né sous le signe des émotions et de la famille: vous êtes donc sensible, fragile, même si vous vous faites une carapace en société. Doux, affectueux, un peu rêveur, vous avez du mal à supporter qu'il y

ait de la chicane autour de vous. Votre petite famille est le centre de votre vie, vous adorez votre conjoint, vos enfants. Généreux, accueillant, vous êtes bien chez vous, entouré des vieux copains et des vôtres. Vous avez une nature d'artiste et une très grande créativité.

Quelle sorte de Cancer êtes-vous?
• **Cancer du 1er décan** (du 22 juin au 1er juillet)
Vous avez soif d'harmonie et de tendresse, vous êtes un grand romantique, mais vous avez bien du mal à passer aux actes, à faire des choix. Être bien entouré est essentiel à votre équilibre, vous avez besoin de rapports agréables avec les gens. La dispute et l'injustice vous horripilent. Votre gentillesse et votre charme font qu'on vous apprécie, mais vous avez souvent du mal à vous affirmer par peur des conflits. La vie sentimentale est très importante à vos yeux, vous rêvez tellement d'aimer et d'être aimé.

• **Cancer du 2e décan** (du 2 au 12 juillet)
Quel esprit vous avez! Très communicatif, vous éprouvez de fortes émotions, mais vous dites ce que vous ressentez, vous exprimez vos opinions, vous faites valoir vos arguments avec brio. Votre vie sociale est bien remplie, vous avez de nombreuses activités, un tas d'amis et vous vous déplacez beaucoup. Indépendant de nature, même si vous adorez votre conjoint, vous aimez bien avoir vos propres occupations, vos relations, votre métier… et surtout votre propre compte en banque.

• **Cancer du 3e décan** (du 13 au 23 juillet)
Votre sensibilité est vraiment à fleur de peau. Très généreux, toujours aux aguets, vous cherchez constamment à faire plaisir à votre petit monde, à dorloter ceux que vous aimez et à les protéger, car vous êtes un peu inquiet de nature. Hyper-maternel ou paternel, vous en faites beaucoup pour les vôtres, un peu trop même; vous avez du mal à établir vos limites, à dire non. Vous changez constamment d'humeur, d'idée: prendre des décisions est parfois un tour de force pour vous. Par bonheur, vous êtes très souple et vous vous adaptez bien aux circonstances.

Lion (24 juillet au 23 août)
Ce que vous avez en commun avec les autres natifs de votre signe
Vous avez une personnalité forte, vous vous affirmez, que ce soit parmi vos intimes ou avec des inconnus. Sûr de vous, vous mettez beaucoup d'énergie pour gravir des échelons, vous voulez réussir tant sur le plan social que financier. Tout semble facile pour vous, et pourtant vous y

mettez beaucoup d'efforts. On vous remarque, on vous estime, et cela fait parfois l'envie de certaines personnes de votre entourage. Vous êtes d'une très grande générosité, toutefois vous avez horreur de l'hypocrisie. En amour, vous donnez beaucoup mais vous exigez beaucoup aussi.

Quelle sorte de Lion êtes-vous?
• **Lion du 1er décan** (du 24 juillet au 3 août)
Vous êtes le plus sage, mais en même temps le plus ambitieux des Lion. Vous êtes responsable, sérieux. Votre diplomatie et votre sens politique servent vos intérêts. Vous êtes habile avec les gens, vous pouvez même les manipuler au besoin. Côté sous, vous êtes très prévoyant, vous misez sur le solide, sur le long terme, et cela finit toujours par rapporter. Perfectionniste, malgré vos réalisations, vous voulez toujours faire plus, faire mieux. En amour et sur le plan personnel, vous êtes très entier, très stable, mais il faut que le partenaire soit à la hauteur.

• **Lion du 2e décan** (du 4 au 13 août)
On vous remarque de loin, vous êtes tellement flamboyant! Votre optimisme fait plaisir à voir. Confiant, chef-né, vous prenez des initiatives, vous donnez forme à vos projets. Même en affaires, le risque ne vous fait pas peur; en général, cela vous avantage, mais il ne faut pas sous-estimer les difficultés ou donner votre confiance trop facilement. En général, c'est seul que vous maximiserez vos chances de réussite. Vous régnez dans votre milieu de travail, dans votre cercle d'amis, à la maison et même en amour.

• **Lion du 3e décan** (du 14 au 23 août)
Vous êtes le plus intrépide des Lion, vous avez une énergie prodigieuse, rien ne vous arrête ni ne vous résiste. Les défis ne vous font pas peur, vous surmontez les obstacles, mais parfois vous allez trop vite, ce qui vous expose à des erreurs coûteuses. Une bonne planification vous permettrait d'atteindre plus rapidement vos objectifs ambitieux. Vous êtes très entier en amour comme en amitié. Vous êtes franc, direct, quoique parfois un peu trop contrôlant avec votre entourage. Laissez un peu plus de place aux autres, vos rapports humains n'en seront que plus agréables.

Vierge (24 août au 23 septembre)
Ce que vous avez en commun avec les autres natifs de votre signe
Vous avez soif de perfection. Votre intelligence est vive, vous raisonnez beaucoup, un peu trop même. Pratique, minutieux, vous êtes pré-

voyant, et ce, dans toutes les sphères de votre vie. Travailleur, assidu, responsable, sans faire de bruit vous faites votre chemin. Souvent d'ailleurs votre timidité vous empêche de prendre vraiment le crédit de vos réalisations. Avec votre entourage, vous avez peur de déplaire, de faire de la peine, cela fait en sorte que vous n'arrivez pas toujours à imposer des limites. Votre sens du dévouement est remarquable.

Quelle sorte de Vierge êtes-vous?
• **Vierge du 1ᵉʳ décan** (du 24 août au 3 septembre)
Très logique, vous raisonnez bien, vous savez faire passer vos opinions, vos idées sans qu'on s'en rende compte. Votre entourage se fie d'ailleurs beaucoup sur votre jugement. Votre bon sens et votre esprit constructif peuvent vous mener très loin, d'ailleurs vous êtes un excellent administrateur. Économe, prudent, vous réussissez à vous imposer sur le plan professionnel et à avoir un compte en banque bien garni. Vos amis sont peu nombreux, mais leur fidélité est à toute épreuve. En amour, vous savez ce que vous voulez: très entier, vous vous investissez beaucoup dans votre couple.

• **Vierge du 2ᵉ décan** (du 4 au 13 septembre)
Vous êtes le plus affectueux des Vierge. Sur le plan professionnel, vous êtes travailleur, organisé, mais vous manquez un peu d'initiative. Tranquille, discret, vous avez soif de romantisme et vous rêvez de l'Amour parfait. Conciliant, vous faites beaucoup de compromis et d'efforts pour que tout aille bien dans votre couple. Vous avez même tendance à esquiver les discussions tant vous avez peur de la chicane, pourtant certaines sont nécessaires. Avec les années, vous vous affirmerez davantage, ce qui sera pour le mieux.

• **Vierge du 3ᵉ décan** (du 14 au 23 septembre)
Que vous êtes sociable! Vous recherchez les contacts humains, vous raffolez des sorties et des réceptions, vous faites bonne impression sur les gens que vous croisez. Votre logique est brillante, vous avez un sens de l'humour bien à vous. Dans vos activités, on apprécie votre sens critique, votre esprit d'équipe et votre efficacité. Habile communicateur, vous avez la bosse du commerce et gardez toujours vos intérêts en tête. Le renouveau vous stimule, et vous avez certainement une allure beaucoup plus jeune que votre âge.

Balance (24 septembre au 23 octobre)

Ce que vous avez en commun avec les autres natifs de votre signe

Votre désir de plaire vous ouvre bien des portes! Votre gentillesse et votre côté humain charment ceux que vous rencontrez. Positif, sociable, vous aimez beaucoup les rapports interpersonnels. Vous appréciez les arts, la beauté, l'harmonie, d'ailleurs la chicane vous déplaît tellement que, parfois, vous avez du mal à vous affirmer. Votre sens de la justice est marqué, à vrai dire vous recherchez la perfection en tout, ce qui vous rend parfois indécis, hésitant. Vous êtes hyper-romantique, et l'amour occupe une place très importante dans votre cœur. La solitude vous fait peur, une vie à deux agréable et sereine est donc essentielle à votre bonheur.

Quelle sorte de Balance êtes-vous?

• **Balance du 1ᵉʳ décan** (du 24 septembre au 3 octobre)

Vous êtes d'une sensibilité extrême, c'est vous le plus tendre des Balance. Imaginatif, romanesque, vous êtes constamment à la recherche du partenaire idéal. Cela peut même vous empêcher de vous engager avec un être en chair et en os. C'est dommage car vous avez vraiment soif d'amour et de tendresse. Vous avez des attentions délicieuses pour ceux qui vous entourent, vous cherchez à faire plaisir à tous, cela fait en sorte que vous hésitez à établir vos limites, à dire non. Sur le plan professionnel, vous avez une grande créativité et beaucoup de potentiel, mais vous manquez d'initiative et vous attendez trop, ce qui peut parfois retarder vos réalisations.

• **Balance du 2ᵉ décan** (du 4 au 13 octobre)

Vous êtes le plus sage et le plus sérieux des Balance. Idéaliste, vous recherchez la perfection en tout. Cela fait en sorte que vous avez toujours peur de commettre des erreurs. Vous cherchez constamment à en faire plus, à vous surpasser. Dans les questions financières, vous vous trompez rarement; économe, vous misez sur le long terme, vous finissez toujours par atteindre vos objectifs matériels. Sur le plan affectif, vous avez soif de stabilité; vous n'êtes pas très démonstratif, pourtant vos actes parlent pour vous. Vous êtes tendre, fidèle et dévoué. Vous vous investissez pleinement dans votre vie intime et, avec le temps, vous trouverez le bonheur dont vous rêvez.

• **Balance du 3ᵉ décan** (du 14 au 23 octobre)

Vous avez une personnalité expansive, vous prenez votre place, vous vous affirmez. Optimiste, vous avez des goûts artistiques, vous appréciez les belles choses, le luxe, et vous dépensez sans compter. Heureusement que vous avez des aptitudes pour gagner de l'argent! Votre tact et votre diplomatie vous aident sur le plan professionnel, vous permettent de trouver des appuis. Vous aimez la vie mondaine, les rencontres, les belles sorties: vous avez beaucoup de charme et vous en êtes conscient. Pourtant, lorsque vous aimez, vous devenez très stable, très aimant et vous déployez beaucoup d'efforts pour que votre couple fonctionne.

Scorpion (24 octobre au 22 novembre)
Ce que vous avez en commun avec les autres natifs de votre signe
Vous avez un charme mystérieux qui fait tourner bien des têtes. Votre charisme est fort, mais les gens ne savent pas trop comment réagir avec vous. Vous êtes passionné, entier et vous ne faites aucune concession. Émotif, vous vous cachez derrière une carapace, vous testez les gens. Vous devinez même ce qu'ils ont derrière la tête. Vous avez une mémoire d'éléphant, vous ressassez longtemps ce qu'on vous a fait. Vous êtes déterminé, volontaire et très tenace; lorsque vous voulez quelque chose, aucune difficulté ne vous rebute. Pas surprenant qu'on vous trouve un peu mystérieux.

Quelle sorte de Scorpion êtes-vous?
• **Scorpion du 1er décan** (du 24 octobre au 2 novembre)
Quel caractère! Lorsque vous vous fâchez, ce n'est pas drôle. Vous savez ce que vous voulez, vous n'avez pas peur des affrontements, vous dites ce que vous pensez. Vos sentiments sont d'une intensité incroyable, que ce soit de l'amour ou de la haine. Dans vos occupations, les défis vous stimulent, vous déployez une telle volonté que vous surmontez les obstacles: votre volonté est étonnante. Vous avez toutefois peu de vrais amis. Sur le plan intime, vous recherchez la passion: vous être impulsif, ardent, mais jaloux avec ceux que vous aimez.

• **Scorpion du 2e décan** (du 3 au 12 novembre)
Vous avez une personnalité très «magnétique». Même si vous ne vous en rendez pas compte, vous faites tourner bien des têtes. Vous êtes très généreux avec votre entourage, vos proches notamment, mais vous ne supportez pas qu'on essaie d'abuser de vous ou qu'on vous mente. En amour, vous donnez sans compter, mais vous êtes possessif: la fidélité est très importante à vos yeux. Vous avez du flair en affaires. Intense dans tout ce que vous faites, vous vous engagez beaucoup dans vos

activités professionnelles, vous planifiez, vous savez utiliser les gens qui vous entourent; vous avez donc tous les atouts pour atteindre les plus hautes cimes.

• **Scorpion du 3ᵉ décan** (du 13 au 22 novembre)
Vous êtes le plus doux et le plus sociable des Scorpion. Très sensible, vous placez votre vie intime au centre de votre existence: vous savez faire naître et maintenir la passion dans votre couple. Les sacrifices ne vous font pas peur lorsqu'il s'agit de faire plaisir à ceux que vous aimez. Perspicace, vous devinez tout. Votre intuition est phénoménale et vous permet de deviner ce qu'on voulait vous cacher. Côté carrière, vous savez vous faire aimer et apprécier de vos collaborateurs, et vous utilisez votre pouvoir de séduction. En société, vous êtes aimable, charmant en apparence, quoique toujours un peu sur vos gardes. Très observateur, vous voyez tout.

Sagittaire (23 novembre au 20 décembre)
Ce que vous avez en commun avec les autres natifs de votre signe
Quel entrain vous avez! Vous êtes confiant, positif, vous bougez constamment. Ouvert à tout, aux autres cultures, aux gens, vous êtes toujours bien entouré. Très indépendant, vous dites ce que vous pensez, vous ne supportez pas qu'on vous empêche d'agir; conseils et contraintes vous font horreur, en ce qui concerne vos finances notamment. Le renouveau vous stimule, d'ailleurs vous rêvez constamment de voyages, de nouvelles activités; vous appréciez beaucoup les plaisirs, la bonne bouffe. Sur le plan sentimental, vous êtes fougueux, passionné, mais vous tenez beaucoup à votre autonomie.

Quelle sorte de Sagittaire êtes-vous?
• **Sagittaire du 1ᵉʳ décan** (du 23 novembre au 2 décembre)
Vous êtes le plus communicatif et le plus spirituel des Sagittaire. Enjoué, amusant, vous parlez beaucoup, vous vous faites spontanément des amis, mais vous en changez souvent. En fait, vous êtes tellement changeant qu'on a du mal à vous suivre. Cela ne vous empêche pas d'avoir beaucoup de plaisir en société, de vous faire remarquer. Vos sentiments sont vifs quoique pas toujours profonds. Très doué pour les affaires ou le commerce, vous avez beaucoup d'aptitudes à gagner des sous, mais vous dépensez libéralement; avec vous l'argent roule, et étrangement vous vous en sortez toujours brillamment.

• **Sagittaire du 2ᵉ décan** (du 3 au 12 décembre)
C'est vous le plus sensible et le plus affectueux des Sagittaire. Vous avez une énergie incroyable quoique fluctuante: tantôt vous déplacez des montagnes, tantôt vous restez passif, sans bouger. Les gens vous stimulent. Vous adorez les déplacements, les sorties, les voyages, en fait vous seriez toujours prêt à partir. Recevant, hospitalier, votre maison est continuellement pleine de monde, et votre table, bien garnie. Votre petite famille est très importante pour vous, vous adorez votre conjoint et vos enfants.

• **Sagittaire du 3ᵉ décan** (du 13 au 20 décembre)
De tous les Sagittaire, c'est vous le plus stable, le plus raisonnable. Vous misez sur l'avenir, vous avez des idées constructives, et surtout la ténacité nécessaire pour les mettre à exécution. Dans les questions d'argent, vous calculez tout, vous finissez toujours par tirer avantage de toutes les situations. Tant mieux parce que vous appréciez les bonnes choses, les plaisirs et les voyages, et cela prend des sous. Votre indépendance financière est essentielle pour vous, vous mettez beaucoup d'efforts pour réussir sur le plan professionnel et, tôt ou tard, vous y arrivez. Socialement, vous êtes chaleureux, plein d'entrain, pourtant vous gardez une certaine réserve. Vous savez ce que vous voulez. Avec votre petit monde et votre partenaire, votre loyauté ne fait aucun doute.

Capricorne (21 décembre au 20 janvier)

Ce que vous avez en commun avec les autres natifs de votre signe
Sans faire de bruit, vous finissez toujours par atteindre vos objectifs. Très jeune, vous étiez déjà sage, mûr et intelligent. Votre ténacité et votre détermination vous permettent d'atteindre vos objectifs, lentement mais sûrement. Prévoyant, vous mettez beaucoup de cœur dans ce que vous faites, et vos résultats sont spectaculaires, sur le plan matériel notamment. Le temps travaille toujours pour vous et vous finirez vos jours à l'abri du besoin. Vous êtes pourtant bien discret, timide même, mais très stable, tant en amitié qu'en amour. Vos proches savent qu'ils peuvent vraiment compter sur vous. Étrangement, vous rajeunissez avec les ans.

Quelle sorte de Capricorne êtes-vous?
• **Capricorne du 1ᵉʳ décan** (du 21 au 31 décembre)
Vous êtes enthousiaste, votre optimisme fait plaisir à voir. Capable de vous vendre, de faire passer vos idées, vous travaillez fort pour atteindre le succès professionnel et financier. Avec le temps, vous dépas-

sez même vos objectifs, et un certain facteur chance peut vous avantager épisodiquement. Votre sens des valeurs est fort, vous respectez l'ordre, les traditions, et vous avez la faculté de trouver des gens qui vous aident à réaliser vos projets. Vous aimez les plaisirs de la vie, mais avec modération. Sur le plan interpersonnel, vous êtes enjoué, affectueux et stable.

- **Capricorne du 2ᵉ décan** (du 1ᵉʳ au 10 janvier)
Vous êtes le plus énergique des Capricorne, le plus pétillant. Votre tête est pleine de projets, d'idées, et en même temps vous avez tout ce qu'il faut pour les mener à terme. Vous ne perdez pas une minute, les défis vous stimulent et vous êtes d'ailleurs assez compétitif: cela vous permet de vous hisser assez haut dans votre sphère d'activité. En finances, vous prenez des risques bien calculés, ce qui sert vos intérêts. Malgré votre diplomatie naturelle, vous n'hésitez pas à affirmer vos idées. Sur le plan affectif, vous êtes ardent, intense, mais vous misez sur la stabilité et le long terme.

- **Capricorne du 3ᵉ décan** (du 11 au 20 janvier)
Bien des têtes se retournent sur votre passage, et cela ne vous déplaît pas. Votre bon goût vous permet d'apprécier les belles choses, les objets luxueux, mais vous demeurez discret. Cela fait en sorte qu'on vous trouve parfois un peu froid. Vous faites beaucoup d'efforts pour que les gens qui vous entourent soient heureux, vous êtes exceptionnellement loyal dans vos affections. À la fois ambitieux et déterminé, vous finirez par connaître la réussite tant sociale que matérielle: les deux comptent beaucoup à vos yeux. En fait, vous finissez toujours par atteindre vos buts, si élevés soient-ils.

Verseau (21 janvier au 19 février)
Ce que vous avez en commun avec les autres natifs de votre signe
Il n'y a pas à dire, vous êtes quelqu'un d'original, vous avez vos idées, vos valeurs bien à vous, et cela ne vous dérange pas de choquer les bien-pensants. Avant-gardiste, un peu artiste, vous avez une allure qu'on remarque. Vous appréciez le changement, les technologies de pointe. Vous avez des éclairs de génie, mais côté pratique vous manquez d'assiduité, vous remettez à plus tard, ce qui vous empêche de donner forme à vos projets. Dans les questions de sous, vous manquez de persévérance. Les contacts humains comptent beaucoup pour vous, vos amis passent avant tout. Côté cœur, vous êtes fougueux mais un peu volage: chose certaine, les conventions, ce n'est pas pour vous.

Quelle sorte de Verseau êtes-vous?

• **Verseau du 1ᵉʳ décan** (du 21 au 31 janvier)

Vous êtes un rêveur, vous idéalisez l'amour, vous cherchez le conjoint idéal, l'âme sœur. Vos attentes ne sont pas toujours réalistes. Cela vous fait papillonner d'un partenaire à l'autre, jusqu'au jour où vous comprenez que la perfection n'existe pas. Hyper-sociable, vous adorez rencontrer des gens, vous vous faites des amis de toutes sortes; ceux que vous côtoyez apprécient beaucoup vos qualités humaines. Côté carrière, vous êtes créatif, vous avez de bonnes idées, quoique la ténacité vous fasse parfois défaut.

• **Verseau du 2ᵉ décan** (du 1ᵉʳ au 10 février)

Vous êtes le plus intellectuel et le plus vif des Verseau. Vous comprenez rapidement les concepts et les théories, vous donnez l'impression de tout savoir, vous êtes dangereusement convaincant. Vous avez soif d'apprendre, il y a constamment de nouveaux champs d'intérêt qui vous stimulent. En affaires, vous avez le sens de l'opportunité et vous jouez bien vos cartes. Votre vie sociale est trépidante, votre réseau social s'élargit constamment, toutefois vos relations interpersonnelles demeurent souvent un brin superficielles.

• **Verseau du 3ᵉ décan** (du 11 au 19 février)

Votre sensibilité est grande, vos émotions vous gouvernent constamment. Sur le plan intime, vous êtes plein d'amour pour votre conjoint, pour vos jeunes, pourtant vos relations avec eux sont loin d'être traditionnelles: c'est la complicité qui compte pour vous. Très sociable, vous adorez rencontrer des gens, vous êtes très sensible aux ambiances, vous ressentez les problèmes des autres avec beaucoup d'intensité, un peu trop même. Généreux, accueillant, vous rêvez de vous engager socialement, d'être utile dans votre milieu.

Poissons (20 février au 20 mars)

Ce que vous avez en commun avec les autres natifs de votre signe

Vous vivez au rythme de vos émotions, vous êtes hypersensible. En fait, vous avez de très belles valeurs humaines, vous êtes compatissant, vous cherchez constamment à faire plaisir, à aider ceux qui vous entourent. Intuitif, vous devinez bien des choses, mais vous avez tendance à rêver plutôt qu'à agir, et certaines facettes de votre vie en pâtissent. Sur le plan matériel notamment, vous êtes négligent. Cela ne vous empêche pas d'être toujours prêt à dépanner ceux qui sont dans le besoin, et il y en a probablement beaucoup dans votre entourage.

Vous adorez vos amis, votre famille et votre partenaire, vous cherchez à les dorloter, à les gâter, bref, vous avez bien du mal à dire non.

Quelle sorte de Poissons êtes-vous?
• **Poissons du 1ᵉʳ décan** (du 20 au 29 février)
Vous êtes beaucoup plus structuré que les autres Poissons. Certes, vous êtes souple sur le plan humain, mais lorsque vous avez un but, vous savez être tenace, ce qui vous sert tant sur le plan professionnel que dans les questions d'argent. Vous êtes bon gestionnaire, économe, mais votre grand cœur vous coûte parfois cher. Sur le plan intime, vous êtes sérieux, tendre, vous en faites beaucoup pour ceux que vous aimez, un peu trop même. Plutôt anxieux, vous attendez avant de donner votre confiance ou votre cœur, mais lorsque vous le faites, c'est pour la vie. Avec le temps, vous vous affirmerez davantage, vous serez plus ferme, et votre existence n'en sera que plus agréable.

• **Poissons du 2ᵉ décan** (du 1ᵉʳ au 10 mars)
Vous êtes la générosité en personne, vous cherchez constamment à faire le bonheur des autres. Boute-en-train et optimiste, vous adorez les contacts humains, les sorties, les voyages, vous profitez des bonnes choses. À vrai dire la modération n'est pas votre fort. Dans vos activités vous faites plus que votre part; sur le plan matériel par contre, vous auriez avantage à calculer plus, à être plus prudent. Heureusement, vous avez souvent beaucoup de flair, et de bonnes occasions peuvent vous tirer d'embarras à la dernière minute. Parfois des personnes influentes peuvent vous donner un petit coup de pouce. En amour, vous êtes exalté, vous vous donnez sans réserve.

• **Poissons du 3ᵉ décan** (du 11 au 20 mars)
Il n'y a pas à dire, vous êtes le plus actif et le plus dynamique des Poissons. Lorsque vous êtes en forme, vous pouvez déplacer des montagnes, vous élaborez des projets, vous entraînez les gens à vous suivre. Si les défis vous stimulent, la petite routine a tôt fait de vous ennuyer: vous devenez alors négligent, vous avez la tête ailleurs. Vous avez des qualités humaines exceptionnelles, mais l'organisation et la prévoyance ne sont pas votre fort: cela joue souvent contre vous en affaires. Vous avez des émotions à fleur de peau, vous dites ce que vous avez sur le cœur, quoique souvent vous le regrettiez après coup. Côté cœur, vous êtes amoureux, insatiable même: la passion vous donne des ailes.

Bélier

du 21 mars au 20 avril

Dynamisme, énergie, tels sont les qualificatifs qui décrivent le mieux votre signe. Entreprendre ne vous fait pas peur, et vous n'hésitez pas un instant à aller de l'avant dans mille et un projets. En fait, vous êtes infatigable.

Tout comme la nature qui se réveille après un long hiver dans votre signe, votre activité est débordante. Avec autant d'idées en tête et d'envie de bouger, il n'est pas étonnant de vous voir mettre plusieurs projets en marche simultanément. Toutefois, comme il est presque impossible de tout mener de front, vous ne pouvez tout réaliser, et ce sont souvent les autres qui terminent votre travail ou en tirent profit.

Chez vous, les demi-mesures n'existent pas. Vous aimez ou vous détestez; c'est clair et net. Le mot compromis ne fait pas partie de votre vocabulaire. Vous n'avez pas un tempérament qui vous porte à faire des courbettes aux gens qui vous irritent ou dont le comportement vous déplaît; votre franchise est parfois bien mal perçue et peut créer des froids ou des inimitiés. Mais ce n'est sûrement pas cela qui vous fera changer d'avis ou de façon d'être.

Homme ou femme d'action, seule l'inactivité parvient à vous perturber. N'avoir rien à faire ou devoir attendre vous met les nerfs à fleur de peau: vous trépignez, vous ne tenez pas en place, vous vous rongez les sangs en pensant à tout ce que vous pourriez faire au lieu d'attendre, et vous n'en pouvez plus. Non, la patience n'est pas votre fort.

Votre dynamisme et votre ardeur au travail font de vous un être sensationnel pour amorcer ou même lancer les activités, et, dans les sprints de dernière minute, personne ne vous égale. Mais le revers de la médaille d'une telle énergie, c'est qu'elle n'est pas éternelle. Votre intérêt commence à s'émousser dès qu'une autre idée prend forme. Les travaux de longue haleine, les projets à long terme et les études poussées ne vous conviennent pas très bien. Pour vous, il n'y a que le changement qui soit un véritable défi.

Évidemment, le plan émotif n'est pas en reste. Encore une fois, il vous faut de l'action; vos sentiments ne sont pas mitigés, loin de là. Il n'est pas rare de vous voir piquer une crise terrible pour une bagatelle; heureusement, la rancune n'est pas un trait de votre caractère, et vous ne restez pas fâché longtemps. La personne à qui vous en vouliez tant peut devenir celle que vous aimez le plus en quelques minutes. Direct, franc, vous ne mâchez pas vos mots, notamment envers les gens qui tardent à se décider et qui hésitent. Ils vous mettent les nerfs en boule, et vous ne vous gênez pas pour le leur faire savoir. Attendre, c'est déjà difficile, mais attendre à cause des autres, c'est carrément insupportable.

Avec un caractère aussi net, la petite vie de «pépère pantoufle», un travail routinier et le petit train-train quotidien ne sont décidément pas pour vous. Que l'on parle défis de taille, choses à accomplir, gens à convaincre, voilà qui vous plaît et vous passionne.

En amour, que vous soyez homme ou femme, c'est vous qui choisissez votre partenaire, et plus l'entreprise vous semble difficile, plus la personne vous attire. Vous avez un tempérament ardent et entreprenant, et rien ne vous empêchera de défendre ceux que vous aimez, au risque de vous mettre vous-même en danger.

Quant à la colère, même si elle vous submerge facilement, avec vos fameux coups de tête, et qu'il ne faut pas vous prendre avec des pincettes dans ces moments-là, vous avez un cœur d'or et savez vous faire pardonner.

Comment se comporter avec un Bélier?

Le meilleur moyen de bien s'entendre avec un Bélier est de ne pas le contrarier. Puisqu'il a l'esprit de contradiction, il suffit de dire blanc pour qu'il dise noir. Donc, en se rangeant à son avis, on évite bien des problèmes. Il pourrait même piquer une de ses célèbres colères sous prétexte de défendre son point de vue; dans ce cas, attendre que l'orage soit passé est encore la meilleure attitude à adopter. Si vous tentez de le raisonner sur le coup, à force d'arguments logiques, vous ne ferez qu'attiser sa colère. Lorsque la tempête se sera apaisée, il sera temps de discuter.

N'oubliez pas que le Bélier est extrêmement actif. Alors ne tentez pas de lui demander de vous attendre toute une soirée, assis à ne rien faire. Rester tranquille, se reposer sont des choses qu'il ne peut faire. Pour développer une relation agréable avec lui, il faut le stimuler, lui trouver des activités, l'appuyer dans tous ses projets... et ne pas se décourager s'il abandonne après avoir commencé.

En somme, il vous faudra de la patience pour deux, mais comme il a de l'énergie pour quatre, sinon plus, vous ne vous ennuyerez jamais.

Ses goûts

Ses vêtements sont plutôt voyants et de couleur vive. Il porte de gros bijoux, et en grande quantité. Son intérieur est chargé, coloré, parfois hétéroclite aux yeux des autres, mais cela lui plaît; c'est le plus important, après tout!

Ses goûts le portent vers ce qui se voit, va vite ou fait du bruit. Il aime montrer ce qu'il possède et n'hésite pas à faire étalage de ses possessions en public.

Ce n'est pas un fin gastronome: on le voit plus souvent fréquenter les endroits de restauration rapide que les salles de nouvelle cuisine. Il mange rapidement, avale sans mastiquer. Si c'est lui qui prépare le repas, gare aux casseroles brûlées, car évidemment, pour gagner du temps, il ne fera pas mijoter les petits plats à feu doux mais les fera plutôt cuire à gros bouillons.

Son potentiel

Comme il s'agit d'un être rempli d'énergie, débordant d'idées, il est toujours en train de commencer quelque chose. Par contre, quand il est question de fignoler, il préfère confier la finition à quelqu'un d'autre. Il n'a pas la patience qu'il faut pour remettre cent fois son ouvrage sur le métier.

Son raisonnement est surtout logique et pratique; ce n'est pas lui qui pourra disserter sur la philosophie taoïste. Très habile de ses mains, le Bélier fera des merveilles avec le métal, le feu, la soudure, le génie et la chirurgie. Il est aussi très doué pour la politique et ferait un excellent stratège militaire, dans le domaine de la défense. Son dynamisme et ses nombreuses idées lui permettent également d'ouvrir sa propre entreprise, mais comme il a du mal à penser à long terme, cela pourrait ne pas durer éternellement. Son caractère autoritaire en fait un chef naturel; il est donc bien placé pour commander... et déléguer.

Ses loisirs

Puisque c'est le dynamisme qui l'anime, le Bélier adore les activités qui lui permettent de se mesurer aux autres. Il sera donc naturellement attiré par les sports de compétition. Mais il y a tant de disciplines qui le fascinent qu'il aura bien des difficultés à s'en tenir à une seule, il en changera souvent. Dès qu'il maîtrise les rudiments d'une activité, qu'il sait comment elle fonctionne et qu'il s'est mesuré aux autres, cela l'intéresse moins et il s'envole pour aller voir ailleurs. Puisque c'est la rapidité qui l'intéresse, on le verra plus souvent au volant d'une formule 1 que derrière une table pour une partie d'échecs. On ne le verra pas non plus assis avec un livre, mais plus souvent en train de s'élancer d'une falaise en deltaplane. Puisqu'il est superactif et ne semble pas rebuté par le danger, au grand désespoir de ceux qui l'aiment, il optera pour la course automobile (il conduit vite «naturellement»), le saut en parachute, l'alpinisme ou le saut à l'élastique... Il n'est donc pas étonnant de le voir revenir couvert de plaies et de bosses, qui ne vont certes pas le ralentir! Si vous voulez le retenir à la maison pour la soirée, proposez-lui de visionner le plus récent film d'action et non un film philosophique japonais.

Sa décoration

Ça brille, ça attire le regard, alors c'est pour lui. Pour son décor, proposez-lui des objets aux couleurs franches, gaies, et même vives; par exemple, le rouge franc que les décorateurs hésitent à utiliser ne lui fait pas peur. Les teintes pastel et les nuances subtiles ne sont pas franchement de son goût; ça le déprime même. Il choisira son mobilier dans le style moderne ou contemporain. Il aime aussi les objets inusités, les meubles imposants, et les accessoires et bibelots en grand nombre. Chez lui, le décor est plutôt surchargé, et il n'hésite pas à le renouveler de fond en comble. Les souvenirs l'encombrent. Il ne faut donc pas s'étonner de trouver le vieux fauteuil de grand-père au fond du garage ou pire, dans la remise au bout de la cour. Bref, son décor lui ressemble. On aime ou on n'aime pas, mais une chose est sûre, il ne laisse personne indifférent.

Son budget

Puisque le Bélier démarre au quart de tour et agit souvent sur un coup de tête, il ne faut certes pas lui demander de faire preuve de prévoyance, pas même sur le plan financier. De temps en temps, il décidera de faire un budget et d'économiser. Vous serez très étonné, car il le fera... durant quelques jours! Mais il est tellement sujet aux coups de foudre qu'il finit souvent par vider son compte en banque pour un objet qui attirera son attention dans un magasin, pour de nouveaux vêtements à la mode, pour des appareils qui lui feront gagner du temps... bref, il videra son portefeuille et n'hésitera pas longtemps à surcharger ses cartes de crédit. Et, bien entendu, il attendra de recevoir les «derniers rappels» avant de remettre de l'ordre dans ses affaires. Devant un tel comportement, on est toujours étonné de constater qu'il arrive à s'en sortir sans trop de problème.

Quel cadeau lui offrir?

Il n'est pas facile d'offrir un cadeau à une personne qui se procure elle-même tout ce qui lui tente et qui semble posséder tout ce qu'il lui faut. Le meilleur cadeau est donc celui qui le surprendra. Il adore les nouveautés. Soyez aux aguets pour dénicher des articles dernier cri, ceux qui viennent de sortir et qu'il n'a pas encore vus. Vous pouvez aussi orienter votre choix sur le modèle «revu et amélioré». Un vêtement dernier cri, un gros bijou, un accessoire énorme, et bien sûr tout cela dans les couleurs les plus vives, le ravira. N'essayez pas de lui offrir un casse-tête ou un jeu d'échecs; allez-y plutôt avec le plus récent jeu vidéo, mais pas un jeu d'énigmes à résoudre. Il appréciera plus une course de formule 1. Il aime que ça aille vite, que ça fasse du bruit et que ça se voie. N'oubliez jamais que c'est un être impatient. S'il lui faut commander un article et attendre de 4 à 8 semaines avant de le recevoir, il ne tiendra pas en place; faites-lui la surprise, commandez-le pour lui.

Les enfants Bélier

Les enfants Bélier marchent et parlent souvent plus tôt que les autres enfants du même âge. Ils courent, bougent, sautent, grimpent, rien ne les effraie; ils sont même un peu casse-cou. Ils ont peu conscience du danger, ne regardent pas souvent où ils posent leurs pieds et, pour cela, sont les champions des accidents. Leurs parents doivent se montrer très vigilants avec eux. Attention aussi aux allumettes: ils adorent jouer avec le feu. Ils sont étourdissants; il faut avoir des yeux tout autour de la tête pour les surveiller. Ce sont aussi des chefs de bande qui aiment commander et prendre des initiatives. Colériques, batailleurs et parfois hyperactifs, ils ont besoin d'activités qui leur permettront de dépenser leur surplus d'énergie. En classe, le jeune Bélier, qui a un esprit vif, sera porté à s'intéresser à tout. Il faudra donc redoubler d'efforts pour capter son intérêt et l'amener à se concentrer sur un seul sujet à la fois. Autant à l'école qu'à la maison, il faut l'encourager à terminer ce qu'il entreprend, lui inculquer la patience et la détermination, deux qualités qu'il n'a pas naturellement, mais qui lui permettront d'aller très loin s'il sait les utiliser.

L'ado Bélier

L'élément qui régit ton signe est le feu, ce qui te donne une énergie puissante, le goût d'entreprendre, de bouger. On remarque souvent ton enthousiasme, tes idées du tonnerre, ton courage et même ta témérité. Ton entourage te reproche de ne pas réfléchir, d'aller trop vite, de commencer mille et une choses sans rien terminer, tout simplement parce que tu aimes expérimenter, essayer, relever de nouveaux défis et ne pas t'attarder sur ce qui prend trop de temps. Tu n'aimes pas la routine, le train-train, mais avoue que ce qui te demande des efforts ne te plaît guère non plus. Tu as tendance à te démotiver et à t'ennuyer rapidement; il te faut toujours du nouveau.

Tu aimes les sports qui te permettent de bouger, de démontrer ta force et ton endurance. Tu as besoin de te défouler, de te dépenser physiquement, car tu es rempli d'énergie. Mais tu fais tout très rapidement, même manger. Tu avales trop vite et n'importe quoi. N'oublie pas que tu es en pleine croissance et qu'il te faut de bons aliments sains pour renouveler toute l'énergie que tu dépenses sans compter. Méfie-toi aussi des accidents, car tu agis souvent sans réfléchir, et cela peut te causer des problèmes.

Ta spontanéité et ta franchise sont de belles qualités, mais il faut savoir les utiliser avec discernement. Tu ne mâches pas tes mots lorsque tu as quelque chose à dire, et parfois cela blesse tes proches. Pourtant, ta sincérité est aussi très appréciée par tes amis.

Tes études

Tu aimes que ça bouge; il te faut donc trouver des projets à court terme qui te permettront de franchir les étapes avec rapidité. Tu seras fier lorsque tu les réussiras. Par contre, tu as tendance à te décourager lorsque tu es confronté à des travaux à long terme; tu as l'impression de piétiner et tu voudrais rapidement faire autre chose. Pour tes études, il faudra trouver un programme court qui débouche rapidement sur un emploi concret, rapidement accessible. Ne te lance pas dans de longues années d'études; tu ne le supporterais pas.

Ton orientation

Un métier où il y a du nouveau, où ça bouge te conviendra parfaitement. Les métiers qui demandent des idées et un esprit vif t'attireront, que ce soit la vente, la publicité, le marketing, les affaires, la mécanique, la justice, les forces policières, les soins dentaires, le journalisme, les emplois où on travaille le métal ou avec le feu, bref tout ce qui demande de l'initiative et un esprit d'entreprise te passionnera. Tu pourrais même avoir l'idée de créer ta propre entreprise et d'être ton propre patron. Tu es un chef-né.

Tes rapports avec les autres

Puisque tu ne restes jamais en place, tu rencontreras beaucoup de gens et connaîtras beaucoup de personnes; c'est ce que tu recherches. Tu aimes confronter tes idées à celles des autres, mais tu cherches toujours à avoir le dernier mot. En fait tu n'es pas très réceptif aux idées des gens; ce que tu aimes surtout, c'est la compétition. Tu as beaucoup d'amis, mais tu en changes souvent. Dans ton groupe, tu chercheras toujours à diriger. Tu seras un meneur. Cela t'exposera aussi à des conflits de personnalité, et tu pourrais perdre de très bons amis.

Rosie O'Donnel, Elton John, Aretha Franklin, Janette Bertrand, Diana Ross, Charles Dumont, Roch Voisine, Richard et Marie-Claire Séguin, Warren Beatty, Céline Dion, Marlon Brando, Marie Denise Pelletier, Eddie Murphy, René Homier-Roy, Jacques Brel, Jean-Paul Belmondo, Jacques Villeneuve, Donald Pilon, Robert Toupin, Francine Grimaldi, Francine Ruel, Francis Reddy, Charlie Chaplin, Michèle Richard, David Lahaie, Alain Choquette, Mariah Carey, France D'Amour.

Pensée positive pour le Bélier

Je reçois les cadeaux de la vie avec reconnaissance et je les partage dans la joie. Plus je donne et plus je reçois.

Pensée positive spéciale pour 2004

Je pèse le pour et le contre dans toute situation.
Ma réflexion me place sur la bonne voie, et tout s'arrange pour le mieux.

Le subconscient nous dirige toujours selon nos pensées. En répétant le plus souvent possible ces pensées conçues tout spécialement pour vous, vous vous attirerez plein de belles choses.

Signe: Bélier

Élément: Feu

Catégorie: Cardinal

Symbole: ♈

Points sensibles: Dents, vertèbres cervicales, fièvre, blessures et accidents, à la tête, notamment.

Planète maîtresse: Mars, planète de l'énergie.

Pierres précieuses: Sanguine, rubis, diamant.

Couleurs: Rouge, orange, jaune; les teintes vives.

Fleurs: Tulipe, marguerite, œillet.

Chiffres chanceux: 4-7-13-16-20-24-31-36.

Qualités: Énergique, actif, dynamique, entreprenant, courageux.

Défauts: Imprudent, égocentrique, pas assez tenace.

Ce qu'il pense en lui-même: Je n'ai pas de temps à perdre...

Ce que les autres disent de lui: Quelle bombe d'énergie... Impossible de le suivre!

Prédictions annuelles

Les frustrations s'accumulent mais, vous le savez bien, vous n'êtes pas du genre à vous en laisser imposer. Au lieu de fulminer dans votre coin ou de vous apitoyer sur votre sort, profitez-en pour faire un bon ménage dans votre vie. Si j'étais vous, je ne perdrais pas de temps et je m'y mettrais dès maintenant. En effet, vos actions pour améliorer votre sort donneront de meilleurs résultats si vous agissez avant l'automne, mieux encore d'ici votre anniversaire. Un seul conseil, n'agissez pas de façon téméraire ou sur un coup de tête, prenez quelques instants pour réfléchir.

SANTÉ – Saturne vous a à l'œil et risque de vous rappeler à l'ordre si vous vous éloignez des règles d'une saine hygiène de vie, si vous abusez de vos forces ou si vous jouez au casse-cou. Le moment est venu de prendre de bonnes résolutions et surtout de les tenir. Proscrivez les excès de toutes sortes et ne prenez pas de risques inutiles: souvenez-vous qu'une once de prévention vaut mieux qu'une tonne de remèdes. Certaines configurations planétaires pourraient se révéler fort bénéfiques pour ceux qui souhaitent investir dans leur bien-être, adopter une attitude préventive et même se débarrasser une fois pour toutes de certains maux.

SENTIMENTS – Vous en avez assez de passer en deuxième, de tout ravaler sans pouvoir vous exprimer et de vous sentir pris entre deux feux. Vous êtes souvent coincé entre deux proches qui ne s'entendent pas, essayant tant bien que mal de ménager la chèvre et le chou; si on vous demande de faire un choix, ça risque d'aller mal, et tout le monde pourrait être perdant. Vous souhaitez du changement dans votre couple. Certains pourraient avoir des gestes lourds de conséquences, d'autres voudront aspirer à un renouveau, vivre une nouvelle idylle. La santé d'un être cher pourrait vous inquiéter.

AFFAIRES – Vous avez du pain sur la planche! L'année s'annonce très occupée, et vous vous adonnerez à une foule d'activités. Au travail, des ralentissements ou des changements inattendus risquent de vous prendre de court, mais vous ne perdrez pas de temps pour faire volte-face et vous diriger ailleurs. Attendez-vous donc à relever de nouveaux défis. Bonne année pour les études, les stages de perfectionnement ou de spécialisation, de même que les réorganisations professionnelles. Méfiez-vous pourtant des beaux parleurs et des marchands d'illusions; attention à vos coups de tête, qui pourraient vous faire lâcher la proie pour l'ombre.

Janvier

D	L	M	M	J	V	S
				1	2	3
4	5	6D	7○D	8D	9F	10F
11	12	13	14	15	16	17
18F	19F	20D	21●D	22	23	24
25	26	27	28	29	30	31

○	Pleine lune	●	Nouvelle lune
F	Jour favorable	D	Jour difficile

SANTÉ – La présence de Mars dans votre signe quadruple votre énergie. Malheureusement, cette configuration planétaire prédispose aussi aux accidents et aux défaillances physiques. Prenez les précautions qui s'imposent si vous ne voulez pas vous retrouver sur le carreau. Des hauts et des bas sur le plan psychologique sont possibles au cours de la seconde quinzaine.

SENTIMENTS – Vos copains vous font vivre des moments emballants, tandis qu'avec l'élu de votre cœur les deux premières semaines vous réservent de belles surprises. Une amitié amoureuse pourrait même transformer la destinée des célibataires. Avec un jeune ou un parent, ça tourne moins rond, ce qui risque de jouer avec vos nerfs.

AFFAIRES – Si vous avez des projets en tête, ne perdez pas de temps pour agir, vos chances de succès sont bien meilleures d'ici le 14. Bonne période pour les démarches et les négociations, sans oublier qu'un petit prix dans un tirage pourrait vous faire sourire. Une dépense imprévue risque de déséquilibrer provisoirement votre budget; afin de ne pas envenimer les choses, protégez ce qui vous appartient et restez loin des transactions douteuses.

Février

D	L	M	M	J	V	S
1	2	3D	4D	5F	6○F	7
8	9	10	11	12	13	14F
15F	16D	17D	18	19	20●	21
22	23	24	25	26	27	28
29						

○	Pleine lune		●	Nouvelle lune
F	Jour favorable		D	Jour difficile

SANTÉ – Mars est sur le point de quitter votre signe; dès le 3, vous êtes libéré des dangers qui vous guettaient le mois dernier. Moralement aussi, vous vous portez mieux. Vous êtes moins tiraillé, vous canalisez mieux votre énergie et êtes en mesure de trouver des réponses à vos questions. Bon mois donc pour vous remettre en forme et vous débarrasser de vos bobos.

SENTIMENTS – Du 8 février au 5 mars, vous recevez la visite de Vénus, planète de l'amour. Votre vie de couple devient une priorité, vous voulez que les choses soient claires, et vous pourriez certainement faire des gestes en ce sens. Ceux qui recherchent l'âme sœur ont de bonnes chances de la trouver au cours de cette période. Une fois la première semaine écoulée, vous pourrez dire adieu aux inquiétudes occasionnées par un parent ou un enfant.

AFFAIRES – Les choses accrochent ou piétinent jusqu'au 6, mais de cette date jusqu'au 25 vous traversez un cycle fort positif durant lequel vous pouvez donner un nouvel élan à votre carrière. Vous avez d'excellentes idées qui vous permettent de faire des pas de géant et de saisir au vol une bonne occasion. Au même moment, les probabilités jouent un peu en votre faveur dans les jeux de hasard.

Mars

D	L	M	M	J	V	S
	1D	2D	3F	4F	5F	6○
7	8	9	10	11	12F	13F
14D	15D	16	17	18	19	20●
21	22	23	24	25	26	27
28	29D	30D	31F			

○	Pleine lune	●	Nouvelle lune
F	Jour favorable	D	Jour difficile

SANTÉ – Du 12 au 31, vous risquez d'avoir les nerfs en boule et de monter en épingle la moindre petite affaire. Durant la même période, protégez vos extrémités, votre appareil digestif ainsi que vos bronches. Même si on dénote encore une certaine vulnérabilité après le 21, vous devriez vous sentir habité par une nouvelle énergie fort constructive.

SENTIMENTS – N'oubliez pas que Vénus vous accompagne au cours des cinq premiers jours. Par la suite, vous avez un peu plus de difficulté à communiquer avec votre entourage; une discussion pourrait même s'enflammer si vos paroles dépassent votre pensée. En société, énormément de plaisir en perspective durant les 10 derniers jours.

AFFAIRES – Si vous êtes prêt à fournir les efforts nécessaires, vous pourrez espérer d'excellentes retombées; à vrai dire, ce qui risque de vous nuire, c'est votre manque de motivation ou votre tendance à vous décourager au premier obstacle. Alors c'est simple, soyez tenace, croyez en votre talent et passez par-dessus les retards ainsi que les refus.

Avril

D	L	M	M	J	V	S
				1F	2	3
4	5○	6	7	8F	9F	10F
11D	12D	13	14	15	16	17
18	19●	20	21	22	23	24
25D	26D	27F	28F	29F	30	

○	Pleine lune	●	Nouvelle lune
F	Jour favorable	D	Jour difficile

SANTÉ – Cette belle énergie nouvellement retrouvée ne cesse de se manifester. Vous avez le goût de mordre dans la vie et d'entreprendre de nouvelles choses, alors pourquoi ne pas en profiter pour vous mettre au régime ou pour vous inscrire à un programme d'exercice physique? Un petit conseil, gare aux accidents bêtes, aux refroidissements et aux excès de table. L'éclipse, qui se produit dans votre signe, menace quelque peu votre résistance nerveuse.

SENTIMENTS – Votre vie sociale demeure animée et gratifiante. Vous renouez avec de vieux copains, vous faites de nouvelles connaissances, et votre allure décontractée semble plaire à tout le monde. Bon mois pour régler ce qui accrochait avec votre chéri, à la condition de bien choisir vos mots. Seul un aîné ou un enfant pourrait vous donner un peu de fil à retordre.

AFFAIRES – C'est le temps d'aller de l'avant, de donner un nouveau souffle à votre vie professionnelle. Même si ça ne fonctionne pas du premier coup, je vous assure que vous en sortirez gagnant. Rappelez-vous que, combinés, la ténacité et un brin de souplesse vous ouvriront toutes les portes.

Mai

D	L	M	M	J	V	S
						1
2	3	4○	5	6F	7F	8D
9D	10	11	12	13	14	15
16	17	18●	19	20	21	22
23D/30	24D/31	25D	26F	27F	28	29

○	Pleine lune	●	Nouvelle lune
F	Jour favorable	D	Jour difficile

SANTÉ – La première semaine s'annonce profitable et devrait se dérouler sans incident. Profitez-en pour faire provision d'énergie, car le reste du mois laisse un peu plus à désirer. En effet, la quadrature de Mars pourrait vous valoir un accident ou des ennuis de santé. Je compte sur vous pour adopter une attitude préventive.

SENTIMENTS – Dans ce domaine, la conjoncture continue de favoriser votre vie sociale. Vous êtes très en demande, et les occasions de vous divertir ne manquent pas. Une rencontre est possible pour les solitaires, tandis qu'au sein des couples les discussions se multiplient. Si vous savez être à l'écoute de votre partenaire, voici l'occasion en or de vous rapprocher l'un l'autre… sinon ça va barder. Un membre de la famille se trouve dans de vilains draps entre le 7 et le 31.

AFFAIRES – Assurément, c'est la première semaine qui offre les meilleures possibilités. C'est le moment ou jamais de mettre vos projets en branle et d'entreprendre vos démarches. Par la suite, le contrôle de la situation risque de vous échapper, mais rassurez-vous, ce ne sera que temporaire. En attendant, gare aux voleurs et aux individus malhonnêtes.

Juin

D	L	M	M	J	V	S
		1	2○F	3F	4D	5D
6	7	8	9	10	11	12
13	14	15	16	17●	18	19D
20D	21F	22F	23	24	25	26
27	28	29	30F			

○	Pleine lune	●	Nouvelle lune
F	Jour favorable	D	Jour difficile

SANTÉ – Hélas! Mars continue de vous compliquer l'existence jusqu'au 23. Mieux vaut demeurer sur vos gardes et persister à appliquer les consignes du mois précédent. Par après, vous aurez enfin la voie libre. D'ici là, le moral va tout de même bien mieux, un point fort appréciable.

SENTIMENTS – La famille vous en fait encore voir de toutes les couleurs, vous feriez mieux de vous armer de patience! À la maison, des hauts et des bas vous poussent à réévaluer votre couple. Pourtant, votre partenaire vous aime, une déclaration de sa part pourrait même vous estomaquer. À tout point de vue, c'est la dernière semaine qui s'annonce la meilleure.

AFFAIRES – Si vous optez pour la réflexion ou la préparation, vous vous épargnerez des soucis. À vrai dire, les trois premières semaines ne se prêtent pas vraiment aux grands coups d'éclat; tout semble au ralenti, vous avez l'impression de faire du surplace. Ne laissez pas un malfaiteur mettre la main sur ce qui vous appartient. La fin du mois marque un nouveau départ.

Juillet

D	L	M	M	J	V	S
				1F	2○D	3D
4	5	6	7	8	9	10
11	12	13	14	15D	16D	17●D
18F	19F	20	21	22	23	24
25	26	27F	28F	29D	30D	31○

○	Pleine lune	●	Nouvelle lune
F	Jour favorable	D	Jour difficile

SANTÉ – Vous voici enfin débarrassé de la présence embêtante de Mars; même Mercure, qui jouait avec vos nerfs, s'en va le 4. Bref, vous entamez un cycle beaucoup plus positif. Le moment est venu de refaire vos forces, de vous reprendre en main et de régler ce qui accrochait. Votre façon d'envisager la vie est nettement plus optimiste, ce qui se reflète sur votre joli minois.

SENTIMENTS – Finies les inquiétudes, la chicane et les déceptions! Une personne qui vous avait blessé vous présente ses excuses; lui pardonnerez-vous? D'habitude, vous n'êtes pas rancunier, mais là on dirait que vous en avez marre des promesses d'ivrogne. Vous possédez tout ce qu'il faut pour transformer votre destinée sentimentale, même qu'une rencontre pourrait permettre aux solitaires de croire de nouveau à l'amour.

AFFAIRES – Ici aussi vous êtes sorti du pétrin. Vous progressez à vive allure, vous vous approchez de vos objectifs. Ajoutons qu'en ce mois un de vos rêves pourrait se concrétiser. Bon temps pour les remaniements, les négociations ou un nouvel emploi. Dans le fond, vous jouez gagnant sur tous les tableaux.

Août

D	L	M	M	J	V	S
1	2	3	4	5	6	7
8	9	10	11	12D	13D	14F
15●F	16F	17	18	19	20	21
22	23F	24F	25D	26D	27D	28
29○	30	31				

○	Pleine lune	●	Nouvelle lune
F	Jour favorable	D	Jour difficile

SANTÉ – Les 10 premiers jours sont tout simplement exquis, rien ne semble capable de miner votre résistance ou votre moral. Le reste du mois est bon, il pourrait même être parfait pour peu que vous fassiez preuve de volonté. Car vous risquez de retomber dans vos mauvaises habitudes ou de vous laisser tenter par quelques excès.

SENTIMENTS – Une première semaine idyllique où les nouveaux départs en amour demeurent bien présents est suivie d'une phase plus délicate. Si vous souhaitez conserver l'harmonie au sein de votre couple, il faudra vous montrer plus conciliant et éviter à tout prix les reproches. Socialement, ça promet, surtout du 1ᵉʳ au 7, puis du 24 au 31.

AFFAIRES – Vous avez le vent dans les voiles, la première quinzaine vous apporte toutes sortes de satisfactions. L'arrivée d'un contrat ou d'un nouveau poste vous encourage fortement. Quant à vos finances, elles se portent mieux, mais est-ce une raison pour lancer l'argent par les fenêtres? Attention, les magasins pourraient faire d'énormes profits grâce à vous!

Septembre

D	L	M	M	J	V	S
		1	2	3	4	
5	6	7	8D	9D	10F	11F
12F	13	14●	15	16	17	18
19	20F	21F	22D	23D	24	25
26	27D	28○	29	30		

○	Pleine lune	●	Nouvelle lune
F	Jour favorable	D	Jour difficile

SANTÉ – Dès le 6, vous résistez plus facilement aux tentations et pouvez ainsi remettre un peu d'ordre dans votre vie. Fini le temps du laisser-aller et de la négligence, vous changez complètement, certains vous trouvent même un peu strict. Le moral conserve sa solidité, bref, vous avez l'étoffe d'un champion. Bon mois pour l'exercice et la mise en forme.

SENTIMENTS – Entre le 6 septembre et le 3 octobre, Vénus, planète de l'amour, occupe un secteur privilégié de votre ciel; ce transit vous permet de régler vos différends avec l'être cher ou encore de refaire votre vie si vous êtes seul. Il n'y a pas que les amours qui vont bien, puisque vous jouissez d'une popularité exceptionnelle auprès de vos amis et des nouvelles connaissances que vous vous apprêtez à faire.

AFFAIRES – Le mois s'annonce très occupé, vous pourriez même vous retrouver avec une montagne de travail. Un contrat inespéré, des heures supplémentaires ou carrément un nouvel emploi vous tiennent en haleine. Le moment serait bien choisi de mettre des sous de côté ou de vous débarrasser de certaines dettes qui s'éternisent.

Octobre

D	L	M	M	J	V	S
					1	2
3	4	5D	6D	7D	8F	9F
10	11	12	13●	14	15	16
17F	18F	19D	20D	21	22	23
24/31	25	26	27○	28	29	30

○	Pleine lune	●	Nouvelle lune
F	Jour favorable	D	Jour difficile

SANTÉ – Les éclipses de ce mois et l'opposition de Mars vous rendent plus vulnérable sur le plan physique. Redoublez de prudence pour ne pas vous blesser ni être malade; la prévoyance vous permettra de déjouer la conjoncture. Le moral aussi fait des siennes, surtout durant la première quinzaine; vous devriez retrouver votre calme et votre aplomb par la suite.

SENTIMENTS – C'est peut-être moins excitant qu'en septembre, mais si vous savez vous y prendre, vous pouvez espérer des relations on ne peut plus gratifiantes avec votre chéri et votre entourage. Évitez les affrontements, ne jugez pas trop vite et jouez la carte de l'humour; de cette façon, tout ira comme sur des roulettes. Quelqu'un que vous affectionnez risque de traverser des moments difficiles et pourrait solliciter votre aide.

AFFAIRES – Des délais, une vague d'incertitude et le manque d'objectivité de certains vous empêchent d'avancer aussi vite que vous le souhaitez. Inutile de ruer dans les brancards, vous ne feriez qu'envenimer les choses. Allez-y mollo en vous disant que dès le mois prochain vous aurez à nouveau le plein contrôle de la situation.

Novembre

D	L	M	M	J	V	S
	1	2D	3D	4F	5F	6F
7	8	9	10	11	12●	13F
14F	15D	16D	17	18	19	20
21	22	23	24	25	26○	27
28	29D	30D				

○	Pleine lune	●	Nouvelle lune
F	Jour favorable	D	Jour difficile

SANTÉ – Tenez bon, Mars est encore dans le décor jusqu'au 11; par après vous pourrez agir à votre guise, mais d'ici là je vous suggère de demeurer sur le qui-vive. Du 4 au 30, vous avez des nerfs d'acier, sans compter que votre intellect fonctionne de manière stupéfiante. Nul besoin de vous faire un dessin pour que vous compreniez, par moments on dirait même que vous devinez les choses avant qu'elles n'arrivent.

SENTIMENTS – Les trois premières semaines sont compliquées... et vous aussi. Vous n'arrivez pas à vous brancher, vous ne savez pas trop ce que vous voulez. Votre entourage ne sait plus où donner de la tête. Peu importent leurs attentions, rien ne semble véritablement vous faire plaisir. Faites un petit effort, vous verrez, tout le monde sera content, vous le premier!

AFFAIRES – Le mois commence tout de travers, par chance tout se replace rapidement. En effet, une fois les 10 premiers jours écoulés, vous pouvez enfin reprendre la situation en main et la faire progresser comme vous le souhaitez. Vous avez des idées de génie, ce qui, en plus de vous ouvrir toutes les portes, rallie pas mal de gens à votre cause. Vous vous exprimez avec brio, on boit vos paroles, on acquiesce à vos suggestions.

Décembre

D	L	M	M	J	V	S
			1F	2F	3F	4
5	6	7	8	9	10	11●F
12F	13D	14D	15	16	17	18
19	20	21	22	23	24	25
26○D	27D	28D	29F	30F	31	

○	Pleine lune	●	Nouvelle lune
F	Jour favorable	D	Jour difficile

SANTÉ – Au fur et mesure que passent les jours, votre résistance augmente, tant sur le plan physique que moral. À ce train-là, vous êtes certain de finir l'année sur une note très positive. Vous avez de l'énergie à revendre sans pour autant être surexcité. Magnifique mois pour faire du sport, soigner les petits bobos qui perdurent et retrouver votre vigueur légendaire.

SENTIMENTS – Bien que la première quinzaine s'annonce agréable, la seconde promet de vous combler au-delà de vos espérances. Des rencontres enlevantes, des retrouvailles touchantes, de nombreuses marques d'affection ainsi que des cadeaux judicieusement choisis vous attendent. On cherche à vous gâter par tous les moyens, vous avez bien raison de sourire!

AFFAIRES – Vous n'arrêtez pas deux secondes, une activité n'attend pas l'autre. Vous vous investissez à fond dans votre travail, ce qui donne des résultats extraordinaires; vous gravissez d'importants échelons, on vous fait de plus en plus confiance. Bien entendu, vos finances s'en ressentent, vous n'êtes pas fâché d'avoir enfin plus de latitude pour votre budget. Projet de voyage dans l'air.

Taureau

du 21 avril au 20 mai

Quand on parle des taureaux, on pense bien souvent à ceux qui hantent les arènes d'Espagne, des animaux vifs et combatifs. Décidément, ils ont peu de choses en commun avec vous, qui êtes un être lent et tranquille. En fait de taureau, vous ressembleriez plutôt à cette bonne vache de campagne qui broute paisiblement, sans se compliquer l'existence.

Amoureux de la nature, de la campagne, de la verdure, vous trouvez le moyen d'avoir une boîte à fleurs ou un jardinet même au cœur de la ville. Il vous faut absolument un espace vert pour égayer votre paysage.

Ce qui frappe au premier abord, lorsqu'on vous rencontre, c'est votre fidélité et votre stabilité. Vous n'êtes pas du genre à déménager tous les ans et à vous faire de nouveaux amis toutes les semaines. Votre domicile, vos biens, vos amis, vous y tenez et vous les gardez précieusement. Le temps qui passe n'émousse pas vos sentiments: au contraire, il les renforce. Pour vous, vos petites habitudes, vos vieilles pantoufles, vos vieux amis et vos bons voisins sont très importants, et vous n'êtes pas prêt à tout chambarder. En amour, c'est la même chose. Vous ne recherchez pas la passion dévorante mais plutôt un attachement, une grande amitié et une forte complicité avec l'élu de votre cœur. Vous vous montrez dévoué et sincère, mais vous avez aussi le souvenir tenace et la mémoire longue. Vous n'acceptez ni le mensonge ni la tromperie, et s'il arrivait que vous subissiez ces outrages, vous vous en souviendriez longtemps. D'ailleurs, votre mémoire est remarquable.

Vous savez retrouver la moindre de vos petites choses: les papiers, les petits cadeaux que les enfants vous ont fait trois ans plus tôt, ce que votre patron vous a dit au téléphone le mois précédent. Peu importe ce dont il s'agit, vous oubliez fort peu de choses.

Les mauvaises langues se moqueront de cette faculté en disant que vous avez un esprit lent, que vous mettez du temps à comprendre les explications ou les raisonnements et que, pour cette raison, vous apprenez tout par cœur. Laissez-les parler! Chez vous, il n'y a pas de place pour la désorganisation: tout est classé, rien ne se perd. Vous êtes méthodique, responsable et déterminé... un peu têtu, parfois! L'important, c'est d'arriver au but, pas à pas, lentement mais sûrement. Vous connaîtrez parfois des retards, des délais parce qu'il vous faudra surmonter des obstacles; mais en prenant votre temps, vous réussirez à éviter l'échec.

Ce dont vous avez une sainte horreur, c'est d'être poussé dans le dos. Vous ne fonctionnez bien qu'en allant à votre propre rythme. Les délais trop courts et les situations urgentes vous déplaisent; vous connaissez vos capacités et vos limites, et vous savez que travailler dans l'urgence vous empêche d'exprimer tout votre talent.

En fait, vous détestez les changements trop radicaux. Que ce soit au boulot ou à la maison, qu'il s'agisse d'implanter un système informatique, d'être muté dans le quartier voisin, de changer de couvre-lit ou de déménager, tout cela crée un petit sentiment de panique en vous. Pourtant, une fois habitué à votre nouvelle réalité (ça prend un petit bout de temps), vous reconnaîtrez que ce changement en a valu la peine. Mais sur le coup, vous ne trouvez pas ça drôle ni attrayant.

Vous avancez lentement mais sûrement, ce qui vous permet d'atteindre votre but, même si c'est parfois long. Vous avez une patience d'ange, mais puisque vous vous montrez craintif, vos peurs peuvent vous empêcher d'agir ou miner votre moral.

Ce n'est pas parce que vous prenez tout votre temps que vous n'appréciez pas les plaisirs de la vie, au contraire. Vous avez un faible pour la bonne chère, les vins capiteux, les belles choses. Sérieux et prévoyant, vous savez exactement ce qu'il faut faire pour vous les procurer. Comme vous souffrez d'insécurité, vous savez aussi prévoir les coups durs et vous vous ménagez des portes de sortie. Vous êtes rarement pris au dépourvu et vous savez faire de petites économies pour les jours plus difficiles.

Vous êtes une personne terre à terre qui attache une certaine importance à l'univers matériel. Cet aspect de la vie n'est pas sans vous causer quelques inquiétudes qui font sourire vos proches. Petit à petit, vous faites votre nid et vous parvenez sans grand sacrifice à vivre avec une certaine aisance. Et évidemment, c'est là que les cigales qui ont chanté tout l'été viennent voir le Taureau, qui a su se faire fourmi.

Comment se comporter avec un Taureau?

L e Taureau possède un esprit très cartésien. Avec lui, un plus un, ça fait toujours deux. Il refuse les généralités, les on-dit ou les «je pense bien», les «peut-être que»; lorsque vous discutez avec un Taureau, il vaut mieux être sûr de ce que vous dites. Oubliez aussi les théories métaphysiques vaseuses. Il comprend mieux ce qu'il voit que ce qu'il entend. Donc, si vous le pouvez, prouvez vos assertions par A+B, et autant que possible par écrit.

Ne tentez pas de l'entraîner dans des projets à peine ébauchés ou fantaisistes. De toute façon, il sera incapable de prendre une décision sur-le-champ; il lui faudra peser le pour et le contre et il s'assurera d'avoir tout bien compris avant de se décider. Il doit y penser et se faire une idée, ce qui, vous le constaterez, peut demander un temps fou. De bonnes occasions lui passent ainsi sous le nez, mais il ne s'en formalise pas.

Le Taureau est quelqu'un de méthodique qui ne peut pas partir sur les chapeaux de roue. Ce sera à vous de l'encourager et de l'aider à se lancer. Mais une fois parti, vous verrez qu'il ira loin. Il appréciera votre aide, mais surtout pas qu'on le pousse dans le dos. S'il se sent pressé et obligé d'agir à la hâte, il refusera tout simplement d'avancer.

Vos relations avec un Taureau seront harmonieuses si vous évitez tout conflit. N'oubliez pas qu'il possède une mémoire phénoménale et qu'il n'oublie jamais rien, que ce soit le bien ou le mal qu'on lui a fait. En respectant son besoin essentiel de calme et de sécurité, vous développerez une bonne relation avec lui.

Si vous voulez qu'il vous suive dans une activité qui vous plaît mais qui n'est pas forcément de son goût, essayez le «donnant-donnant» avec lui; normalement, ça marche toujours très bien avec un Taureau. Après tout, un plus un, ça fait deux.

Ses goûts

O n l'a vu, le Taureau adore la campagne et la nature. S'il n'y habite pas, il la recréera chez lui avec des plantes, des meubles anciens ou rustiques. Être propriétaire de sa maison est une autre de ses priorités. Il aime porter des vêtements sobres et classiques. Ce n'est décidément pas quelqu'un qui suit la mode de près; il préfère garder ses vêtements longtemps.

À table, le Taureau fait honneur à la bonne chère. N'hésitez pas à lui servir des portions généreuses. Les plats en sauce, les salades et les produits laitiers lui plaisent beaucoup. Il savoure, il déguste; cela fait plaisir à voir. Par contre, il a tendance à abuser et à manger trop.

Son potentiel

Pas à pas, le Taureau va son petit bonhomme de chemin, avec détermination et sans se laisser arrêter par quoi que ce soit. Il n'est pas un être vif et il réagit mal sous la pression et les urgences. Le court terme, ce n'est pas dans ses cordes. Mais dans les projets à longue échéance, il se révèle fantastique. Il ne prend pas de risques, mais il ne commet pas d'erreurs.

On l'a dit, le Taureau est matérialiste. Pour cette raison, il est imbattable dans les métiers de gestion, d'administration, de la construction, de l'ébénisterie et de l'immobilier. Il réussira également bien dans l'artisanat, l'esthétique, la coiffure, l'alimentation et la restauration. Il a beau être craintif, il ne perd pas de vue ses intérêts personnels. Avec un dollar, il est capable d'en faire 10.

Ses loisirs

C'est un être terre à terre. Il préférera donc les loisirs paisibles et rentables: il peut s'occuper en bricolant ou en réparant un objet utile. Vous voulez lui faire plaisir, alors proposez-lui de réparer le robinet qui coule, de construire une terrasse ou de coudre des rideaux pour la chambre d'amis plutôt que de l'emmener danser. Et imaginez les économies ainsi réalisées; lui, il y a déjà pensé! C'est une personne très habile de ses mains pour construire, pour fabriquer; il n'est peut-être pas rapide, mais ce qu'il fait est bien fait, et c'est du solide! Au jardin aussi, il connaît la réussite. Le Taureau aime la nature et a le pouce vert.

Les jours de pluie, le Taureau aime jouer à des jeux de société où son sens de la stratégie et son intelligence seront mis au défi. Il apprécie les jeux de cartes, le bridge et les échecs, où il se révèle un excellent stratège. De tels loisirs lui permettent de mettre sa timidité de côté pour socialiser avec des partenaires de jeu.

À la cuisine, homme ou femme, le Taureau consacrera des heures à mijoter des petits plats que vous n'oublierez pas de sitôt. Pour lui, cuisiner est un véritable plaisir, et même un art.

Le natif du Taureau a de nombreux talents dans différents domaines: artisanat, poterie, céramique. Bref, il sait produire de ses propres mains. Comme le signe du Taureau correspond à la gorge, beaucoup d'entre eux chantent et ont une très belle voix.

Paradoxe de sa nature, au cinéma ou en lecture, il préfère des œuvres d'aventures ou de comédie, malgré sa personnalité pantouflarde. Peut-être préfère-t-il vivre la grande aventure à travers des personnages de fiction?

Sa décoration

L e Taureau aime être à l'aise dans son environnement. Il dispose d'un intérieur très confortable: de gros fauteuils moelleux, des meubles solides et, bien souvent, une table de salle à manger de grandes dimensions (il aime tant manger). En tant qu'amoureux de la campagne, le Taureau optera souvent pour un mobilier rustique.

En général, il s'entoure d'objets anciens, mais sans pour cela sacrifier son confort; une belle armoire ancienne lui conviendra, mais une chaise qui branle, ce n'est guère pour lui.

Signe de terre, le Taureau est très attaché aux possessions matérielles; il préfère avoir sa propre maison, qu'il considère comme un bon investissement. Il la choisira solide, agréable et entourée d'un lopin de terre verdoyant, dans la mesure du possible. La céramique, le bois, la brique et la pierre sont les matériaux qu'il préfère et il les utilise, même si sa résidence se situe en plein centre-ville. À peine la porte de sa demeure franchie, on s'y sent comme à la campagne. Le Taureau n'est pas non plus du genre à tout chambouler. Les meubles changent rarement de place et bien que son intérieur ne soit pas très moderne, il est très chaleureux.

Son budget

L e Taureau est un être sérieux qui a le sens de l'économie et qui est très habile de ses mains. Donc, sur le plan financier, il pourrait être avantagé par rapport à d'autres. Néanmoins, on l'entend souvent dire que les temps sont durs, que les taxes sont élevées, que les enfants dépensent trop. Bref, le Taureau n'a pas d'argent à jeter par les fenêtres… il compte et recompte chaque sou. Et même s'il vient de gagner le gros lot, n'ayez crainte, ce n'est pas lui qui aura la folie des grandeurs et qui dilapidera sa fortune sans réfléchir.

Toutefois, il n'est pas non plus comme un écureuil qui engrange sans dépenser. Il sait saisir au vol d'excellentes occasions, et peu de bonnes affaires lui passent sous le nez. Pour lui, l'épargne est un mode de vie. Sage au travail, sage en amour, pourquoi serait-il différent lorsqu'il pense à son porte-monnaie? L'argent ne se trouve pas le long des trottoirs, et il en est pleinement conscient. C'est un être prévoyant, mais qui semble souffrir un peu d'insécurité. On ne sait jamais ce qui peut arriver. Il aurait même tendance à exagérer sur ce point: la famine et la disette rôdent... Bien sûr, rien de cela n'arrive, mais il s'inquiète et ne se laissera jamais surprendre dans une mauvaise posture financière. Ses proches le taquinent même sur son côté pingre... tout en sachant très bien à quelle porte frapper lorsqu'eux-mêmes sont dans le besoin.

Notre Taureau a probablement un petit bas de laine bien gonflé; il ne l'avouera jamais, mais il trouvera toujours quelques dollars cachés çà et là, si le besoin s'en fait sentir.

Quel cadeau lui offrir?

Puisqu'il a le sens pratique, offrez-lui quelque chose d'utile, tout simplement. Son petit côté bricoleur sera servi si vous lui donnez des outils ou du matériel pour faire travailler ses dix doigts. Jardinage, couture ou artisanat sont aussi des passe-temps qui l'occupent; ce sont donc de bonnes pistes à explorer pour lui faire plaisir.

Offrez-lui un portefeuille, un logiciel de comptabilité personnelle, une boîte ouvragée pour classer ses certificats de placement ou un petit coffre-fort: soyez assuré qu'il s'en servira, puisque l'argent compte beaucoup pour lui.

On l'a vu, le Taureau a une bonne fourchette et il ne résistera pas à un bon vin, du caviar, des gâteaux raffinés ou encore à un dîner gastronomique. Un parfum bien choisi peut également le mettre en joie, car le Taureau est très sensible aux odeurs.

Les enfants Taureau

Sages, très sages, les bébés Taureau sont dociles, souriants, faciles à vivre et beaux à croquer! Ils le resteront même en grandissant. Il suffit de discuter avec eux, de leur expliquer les choses et de les prendre avec douceur, et tout se passera bien. S'ils sont contrariés, ils boudent et ils peuvent bouder longtemps, car même très jeunes, ils ont déjà une bonne mémoire et n'oublient rien.

Manquant parfois d'assurance et de confiance en eux, ces enfants Taureau ont besoin d'être entourés, aimés et soutenus par leurs proches. Sur le plan scolaire, quelques difficultés peuvent surgir, car ils ne sont pas très rapides et demandent beaucoup d'explications. Par contre ce sont des élèves appliqués et motivés lorsqu'ils savent qu'on les soutient. Ils feront leur chemin dans la vie si, très jeunes, on les habitue à des changements, car ils cherchent plutôt la stabilité. On leur donnera ainsi une meilleure confiance dans leurs moyens et on les incitera à repousser leurs limites.

L'ado Taureau

Tu es un être réfléchi, sérieux et prudent. Tu ne peux évoluer que dans le calme et la stabilité, et tu es très perturbé dès que l'on te bouscule ou que tu te sens menacé dans ta tranquillité.

Même si certaines personnes te disent que tu es trop lent, tu leur prouveras que tu fais rarement des erreurs, car tu réfléchis beaucoup avant d'entreprendre quoi que ce soit, et avec ton talent, tu deviens très doué pour réussir tout ce que tu fais. D'ailleurs, tu peux tout accomplir, du moment que tu n'es pas dérangé et que tu as tout ton temps pour analyser la situation avant de te lancer dans une entreprise quelconque. Tes goûts musicaux et tes talents artistiques sont importants, et tu adores tout ce qui se rapporte à l'art.

Tu es également un être très près de la nature, ce qui te permet de te ressourcer et de faire le point. Tu aimes te retrouver à la campagne pour préparer tes plans, mais surtout pour oublier les petits tracas quotidiens. Par contre, un imprévu, un chambardement, un changement brusque, et te voilà bien ennuyé. Tu supportes mal le stress et tu ne te sens pas bien lorsqu'il y a trop de transformations autour de toi.

Tu es têtu, et il est bien difficile de te faire changer d'idée. Mais tu es aussi quelqu'un de loyal et d'honnête, sur qui l'on peut compter. Par contre, tu es sensible; alors, prends garde de ne pas te faire manipuler. Sur le plan financier, puisque tu es raisonnable, ne t'en fais pas, tu iras loin.

Tes études

Tu es très assidu et appliqué, donc il n'y a pas grand-chose à ton épreuve. Tes travaux sont généralement faits bien longtemps d'avance, tu révises bien pour réussir tes examens et tu planifies tes études et ton avenir. Tu possèdes la détermination et la persévérance nécessaires pour mener tes projets à terme. Tu es aussi prudent, et tu sais où tu t'en vas... Ne t'inquiète pas, le temps travaille pour toi, tu réussiras à atteindre tous les buts que tu t'es fixés et ceux que tu te fixeras dans l'avenir.

Ton orientation

Ton choix de carrière peut surprendre, mais ton bon jugement est ton meilleur atout. Il s'agit de ta vie, tu connais tes capacités et tu sais ce que tu peux faire. Puisque tu as de la suite dans les idées, les métiers liés à la planification, à la comptabilité, à l'administration, à la psychologie, au commerce et à l'immobilier te conviendront très bien. Le chant, la musique, l'art, la terre, le travail manuel sont aussi des domaines qui t'attirent et dans lesquels tu réussiras. L'aspect financier de ta vie d'adulte t'inquiète, mais n'aie aucune crainte, tu te prépares un bel avenir.

Tes rapports avec les autres

Les gens que tu côtoies savent qu'ils peuvent compter sur toi, car tu es quelqu'un de sérieux. Tu as des idées bien arrêtées, et il est difficile de te les faire changer. Par contre, tu ne les imposes pas aux autres. Pour être à l'aise, il te faut un environnement stable. Tu as de bons copains avec qui tu t'entends très bien, souvent même mieux qu'avec les membres de ta famille. Tu aimes tes amis, tu les protèges, tu leur donnes beaucoup. Mais il serait bon aussi que tu saches recevoir!

Roy Dupuis, Serge Thériault, Barbra Streisand, Claude Dubois, Michel Barrette, Luc De Larochelière, Ginette Reno, Michelle Pfeiffer, Billy Joel, Salvador Dali, Pauline Lapointe, Louise Portal, Stevie Wonder, Gaston L'Heureux, Jean Leloup, Claude Michaud, Denise Filiatrault, Janet Jackson, Cher, Claude Blanchard, Dorothée Berryman, Guy Mongrain, Marie Plourde, Joëlle Morin, Suzanne Champagne, Patrick Huard.

Pensée positive pour le Taureau

J'avance avec confiance sur le chemin de ma vie. J'accepte tous les bienfaits futurs et présents, en me donnant le droit d'en profiter.

Pensée positive spéciale pour 2004

Ma vie va de mieux en mieux. J'accepte avec joie l'abondance et le bonheur: je les mérite pleinement.

Le subconscient nous dirige toujours selon nos pensées. En répétant le plus souvent possible ces pensées conçues tout spécialement pour vous, vous vous attirerez plein de belles choses.

Signe: Taureau

Élément: Terre

Catégorie: Fixe

Symbole: ♉

Points sensibles: Gorge, sinus, nuque, thyroïde, seins, système glanduaire. Bonne résistance générale.

Planète maîtresse: Vénus, planète du bonheur intime.

Pierres précieuses: Émeraude, jade, corail.

Couleurs: Les couleurs pastel et les tons de vert.

Fleurs: Muguet, pivoine, toutes les fleurs des champs.

Chiffres chanceux: 3-9-13-18-23-36-39-45-49.

Qualités: Persévérant, méthodique, pondéré, d'une patience à toute épreuve.

Défauts: Anxieux, matérialiste, lent.

Ce qu'il pense en lui-même: Pourquoi vouloir changer quelque chose quand ça peut rester pareil?

Ce que les autres disent de lui: Si on ne le pousse pas, il sera encore à la même place dans dix ans!

Prédictions annuelles

Enfin, la chance se range de votre côté (ou devrais-je plutôt dire «de notre côté», puisque je suis du même signe que vous). Vous êtes parmi les plus avantagés cette année, et il y avait longtemps que nous n'avions assisté à une telle conjoncture. Les astres sont positionnés pour vous donner un sérieux coup de pouce; grâce à leur influence, vous pourrez facilement trouver le bonheur et atteindre cet état de plénitude dont vous rêvez depuis si longtemps. Une seule planète fait de l'ombre, il s'agit de Neptune. Bien que ce transit soit plutôt mineur, il a tendance à réveiller chez vous un sentiment de culpabilité, parfaitement inutile, et la peur du succès. Allez, balayez-moi ça au plus vite et profitez à plein de tout ce que la vie veut vous offrir de beau!

SANTÉ – Avec quelques gestes bien ciblés, vous pouvez améliorer sensiblement votre état, voire recouvrer la santé. Les thérapies, traitements, régimes et programmes d'exercice donnent des résultats extraordinaires. Vous retrouvez votre allure de jeunesse et votre air fringant. Psychologiquement, vous affichez une attitude plus positive que dans les années passées. Un seul petit hic, vous aimez un peu trop les plaisirs de la table…

SENTIMENTS – En 2004, vous êtes en tête des statistiques pour les nouvelles amours, les fiançailles et les mariages. Ceux qui désirent faire vie commune bâtissent un nid bien solide. Quant à ceux qui sont déjà en couple, ils arrivent à consolider leur union; certains songeront même sérieusement à fonder une famille. Vous mettez un terme aux relations qui ne vous apportent rien de concret mais, soyez sans crainte, vous vous ferez de nouveaux amis qui correspondront beaucoup mieux à vos aspirations. Vraiment, votre cote est à la hausse!

AFFAIRES – Si les premiers mois de l'année provoquent encore quelques soubresauts, sachez qu'à partir de votre anniversaire tout se met à bien aller, vous avez même d'intéressantes possibilités dans les tirages. Un nouvel emploi, des entreprises florissantes et des transactions réussies contribuent à cette sécurité financière qui vous est si chère. C'est le moment de foncer, d'aller de l'avant; vos efforts donneront des résultats impressionnants. Votre carrière redémarre, vous embrassez de nouveaux défis et établissez sérieusement votre réputation. Bonne année pour les investissements immobiliers ou autres, ainsi que pour les voyages.

Janvier

D	L	M	M	J	V	S
				1	2	3
4	5	6	7○	8D	9D	10F
11F	12	13	14	15	16	17
18	19	20F	21●F	22D	23D	24
25	26	27	28	29	30	31

○	Pleine lune	●	Nouvelle lune
F	Jour favorable	D	Jour difficile

SANTÉ – Auriez-vous trop festoyé? Vous semblez plutôt léthargique. Pas facile de vous tirer du lit ou d'entreprendre quoi que ce soit. Heureusement, cette tendance se dissipe une fois la première quinzaine écoulée; vous retrouvez alors votre motivation et votre élan. Un petit conseil, gare aux chutes.

SENTIMENTS – La première moitié du mois est un véritable feu roulant. Le téléphone ne dérougit pas, on s'arrache votre présence. Vos amis sont adorables, tout le monde vous traite avec gentillesse. N'empêche qu'à partir du 15, vous en avez assez d'être constamment sur la trotte et préférez rester à la maison avec votre chéri qui, au fait, ne demande pas mieux.

AFFAIRES – Ça démarre plutôt lentement mais, au fur et à mesure que le mois avance, le rythme s'accélère. Une démarche effectuée entre le 14 et le 31 donne d'excellents résultats, vous pourriez même réussir un tour de force. Bon temps également pour vous déplacer et pour tenter votre chance aux jeux de hasard. D'ici là, modérez un peu vos transports quand vous magasinez, vous êtes moins raisonnable que d'habitude.

Février

D	L	M	M	J	V	S
1	2	3	4	5D	6○D	7F
8F	9F	10	11	12	13	14
15	16F	17F	18D	19D	20●	21
22	23	24	25	26	27	28
29						

○	Pleine lune	●	Nouvelle lune
F	Jour favorable	D	Jour difficile

SANTÉ – La planète Mars arrive dans votre signe, décuplant votre énergie et votre résistance. Toutefois, ce transit coïncide souvent avec un risque accru de blessure, vous devez donc vous montrer particulièrement vigilant. Entre le 6 et le 25, vous êtes enclin, pour des riens, à vous sentir angoissé ou fébrile; dommage, il n'y a pourtant rien de vilain à l'horizon...

SENTIMENTS – La première semaine ne vous apporte que du bonheur, par la suite vous pourriez filer un mauvais coton. On décèle, entre autres, de petites inquiétudes et une tendance à vous sentir incompris. N'allez pas tout prendre au tragique, puisque dès le mois prochain vous évoluerez sous un ciel plus clément.

AFFAIRES – Si, à la maison, ça ne marche pas toujours à votre goût, au travail il en va différemment, vous traversez un cycle particulièrement favorable. Magnifique période pour chercher de l'emploi, pour demander une promotion ou pour augmenter vos revenus. Les déplacements et les voyages demeurent avantageux; quant à vos chances au jeu, elles augmentent.

Mars

D	L	M	M	J	V	S
	1	2	3D	4D	5D	6○F
7F	8	9	10	11	12	13
14F	15F	16D	17D	18D	19	20●
21	22	23	24	25	26	27
28	29	30	31D			

○	Pleine lune	●	Nouvelle lune
F	Jour favorable	D	Jour difficile

SANTÉ – Le moral est nettement meilleur; physiquement, par contre, c'est le même scénario que le mois précédent qui se dessine jusqu'au 21. Vous bouillonnez d'énergie, les microbes n'ont pas d'emprise sur vous, mais vous risquez de vous faire mal si vous relâchez votre vigilance. Les 10 derniers jours sont exempts de danger.

SENTIMENTS – Du 5 mars au 3 avril, Vénus et Jupiter favorisent au plus haut point votre destinée sentimentale et sociale. Une belle rencontre attend les solitaires, tandis que les couples se resserrent. Les invitations fusent de tous côtés, et vous faites bonne impression partout où vous passez. Seul un frère ou une sœur vous tracasse entre le 12 et le 31.

AFFAIRES – Les trois premières semaines se déroulent sous le thème de la chance, et ce, à tout point de vue. Vous jouez gagnant tant dans les tirages que sur la scène professionnelle. Vos revenus se portent donc de mieux en mieux. Si vous souhaitez effectuer un voyage, présenter une demande ou apporter des améliorations à votre logis, ça ira comme sur des roulettes.

Avril

D	L	M	M	J	V	S
				1D	2F	3F
4	5○	6	7	8	9	10
11F	12F	13D	14D	15	16	17
18	19●	20	21	22	23	24
25	26	27D	28D	29D	30F	

○	Pleine lune	●	Nouvelle lune
F	Jour favorable	D	Jour difficile

SANTÉ – Rien à redouter de l'éclipse de ce mois, vous semblez protégé. À vrai dire, vous avez tout ce qu'il faut pour profiter pleinement de la vie. Vous recevez un conseil qui tombe à point: grâce à lui, vous enrayez un petit bobo qui vous dérangeait depuis quelque temps. Bon mois pour bouger, pour faire un peu plus d'exercice.

SENTIMENTS – La passion est peut-être moins intense que le mois passé, toutefois votre relation gagne en stabilité et en profondeur. Avec vos proches, la communication n'est pas toujours facile, on ne comprend pas votre message ou, pis encore, on vous fait la sourde oreille. Au lieu de vous entêter comme tout Taureau qui se respecte, laissez donc aller les choses, ça se replacera tout seul.

AFFAIRES – Vous n'aimez pas être pris par surprise, pourtant c'est ce qui risque de se produire. La situation n'évolue pas comme vous l'aviez prévu, on vous arrive avec des changements de dernière minute. Gardez votre calme. En jouant la carte de la souplesse, vous pourrez aisément venir à bout de ces quelques désagréments.

Mai

D	L	M	M	J	V	S
						1F
2	3	4○	5	6	7	8F
9F	10D	11D	12	13	14	15
16	17	18●	19	20	21	22
23/30	24D/31	25D	26D	27F	28F	29

○	Pleine lune	●	Nouvelle lune
F	Jour favorable	D	Jour difficile

SANTÉ – Bien que la première semaine se présente bien, les trois suivantes sont encore meilleures. Votre bien-être physique et moral vous donne un air de jeunesse que plusieurs remarquent. Ne vous étonnez pas si on vous demande quel est votre secret. En plus d'avoir des nerfs d'acier et une bonne dose d'optimisme, vous avez des éclairs de génie et des réflexes hors du commun.

SENTIMENTS – Votre partenaire vous gâte, vos amis savent se montrer attentionnés, et la famille vous apprécie à votre juste valeur. Un enfant pourrait vous apporter une grande joie entre le 16 et le 31. Une discussion avec un voisin, un frère ou une sœur passe près de s'envenimer, mais vous savez trouver les bons mots pour calmer sa colère.

AFFAIRES – Quelques turbulences au boulot et dans le budget ponctuent le début du mois. Toutefois, à compter du 8, vous reprenez le contrôle de la situation et arrivez même à régler tout ce qui accrochait. Plus rien n'y paraît! La seconde quinzaine est particulièrement propice aux démarches, négociations et signatures de contrat. Vous avez envie de changer d'air? Pourquoi pas, le timing est excellent.

Juin

D	L	M	M	J	V	S
		1	2○	3	4F	5F
6D	7D	8	9	10	11	12
13	14	15	16	17●	18	19
20	21D	22D	23F	24F	25	26
27	28	29	30			

○	Pleine lune	●	Nouvelle lune
F	Jour favorable	D	Jour difficile

SANTÉ – Jusqu'au 23, la plupart des planètes continuent à vous sourire, donc rien de vilain à signaler. Vous continuez à vous montrer positif et énergique. Par la suite, vous devez cependant prendre quelques précautions afin de conserver votre bonne forme. Gare aux blessures et aux petits ennuis de santé.

SENTIMENTS – La vie suit son cours, votre conjoint demeure attentionné, les amis ne cessent de vous témoigner leur affection. Un jeune adopte une attitude fantasque mais revient à de meilleurs sentiments après le 19. Un coup de fil ou une lettre concernant une personne que vous aviez perdue de vue vous surprend.

AFFAIRES – Le travail s'accumule, par moments vous avez l'impression que vous n'en verrez pas la fin. Pourtant, grâce à votre savoir-faire, tout finit par s'arranger, et vous rencontrez parfaitement votre échéancier. Une affaire qui traînait s'arrange *in extremis*. Un conseil, ne prêtez pas d'argent et lisez bien les documents sur lesquels vous apposez votre griffe.

Juillet

D	L	M	M	J	V	S
				1	2○F	3F
4D	5D	6	7	8	9	10
11	12	13	14	15	16	17●
18D	19D	20F	21F	22F	23	24
25	26	27	28	29F	30F	31○D

○	Pleine lune	●	Nouvelle lune
F	Jour favorable	D	Jour difficile

SANTÉ – La présence simultanée de Mars et de Mercure dans un secteur sensible de votre thème astrologique font que vous devez faire attention à vous. Vos réflexes ne sont pas aussi bons qu'au cours des semaines précédentes, ce qui risque de vous valoir un accident. On décèle également une baisse de vitalité et de résistance. Ce n'est donc pas le temps de vous laisser aller.

SENTIMENTS – Un creux de vague semble marquer la période comprise entre le 4 et le 25. Vous avez parfois du mal à dialoguer avec vos proches, sans compter qu'une foule de petites inquiétudes à leur sujet vous tiraillent. Un membre de la famille tente de s'ingérer dans vos affaires, c'est la goutte d'eau qui fait déborder le vase! Bientôt tout se replacera, d'ici là mieux vaut faire preuve de votre patience légendaire.

AFFAIRES – Ici aussi, on note un certain tumulte. Le contrôle de la situation vous échappe, les événements se produisent au mauvais moment ou en retard. L'entourage professionnel a une drôle d'attitude; sans être de mauvaise foi, les collègues, clients ou patrons vous en font voir de toutes les couleurs. Par-dessus le marché, vous devez débourser une somme que vous n'aviez pas prévue pour des réparations.

Août

D	L	M	M	J	V	S
1D	2	3	4	5	6	7
8	9	10	11	12	13	14D
15●D	16D	17F	18F	19	20	21
22	23	24	25F	26F	27F	28D
29○D	30	31				

○	Pleine lune	●	Nouvelle lune
F	Jour favorable	D	Jour difficile

SANTÉ – Mercure cesse de jouer avec vos nerfs, quant à la présence dérangeante de Mars, vous en êtes débarrassé à partir du 10. Dès le 11, vous sentez même une grande différence: votre énergie est plus forte, votre organisme redevient vite plus solide. Bonne période pour repartir du bon pied et entamer une nouvelle tranche de vie.

SENTIMENTS – Entre le 7 août et le 6 septembre, vous bénéficiez de plusieurs transits exceptionnels qui vous permettent non seulement de mettre de l'ordre dans vos relations affectives mais aussi de trouver une solution ingénieuse à chaque problème. La vie repart à neuf, vous avez le cœur content et tout le monde cherche de nouveau à vous faire plaisir. Les solitaires pourraient même rencontrer l'amour.

AFFAIRES – Ne vous en faites pas si ça cloche encore en début de mois, ça ne saurait durer. Vous êtes sur le point de reprendre toutes vos affaires bien en main et vous pourrez ainsi faire avancer votre carrière. De bonnes nouvelles concernant votre vie professionnelle et vos finances vous parviennent, ce qui vous stimule grandement. Après le 10, vous avez également de bonnes chances au jeu.

Septembre

D	L	M	M	J	V	S
		1	2	3	4
5	6	7	8	9	10D	11D
12D	13F	14●F	15	16	17	18
19	20	21	22F	23F	24D	25D
26	27	28○	29	30		

○	Pleine lune	●	Nouvelle lune
F	Jour favorable	D	Jour difficile

SANTÉ – Vous êtes toujours sur une excellente lancée, et rien ne semble pouvoir vous ralentir. En plus de déborder de vitalité, vous avez un aplomb qui fait l'envie de plusieurs. À compter du 10, l'arrivée de Mercure dans un secteur stratégique de votre ciel vous enlève les derniers relents de nervosité ou de doute qui subsistaient en vous. La première semaine est fantastique pour vous refaire une beauté.

SENTIMENTS – Votre popularité est à son paroxysme, tout le monde voudrait voir le bout de votre nez. Hélas! cela exacerbe la jalousie de votre conjoint ou d'un proche qui s'imaginait que vous lui apparteniez. Un coup de foudre vient transformer l'existence des solitaires. Un enfant fait d'énormes progrès, vous avez parfaitement raison d'être fier de lui.

AFFAIRES – Vous avez l'étoffe d'un champion... et d'un gagnant. Il suffit que vous touchiez à quelque chose pour que ça réussisse. Même dans les tirages, vous avez la main heureuse. Super mois pour effectuer des changements majeurs, consolider votre position ou négocier des transactions. Et s'il vous reste du temps (j'en doute), vous pourriez faire un agréable voyage.

Octobre

D	L	M	M	J	V	S
					1	2
3	4	5	6	7	8D	9D
10F	11F	12F	13●	14	15	16
17	18	19F	20F	21D	22D	23
24/31	25	26	27○	28	29	30

○	Pleine lune	●	Nouvelle lune
F	Jour favorable	D	Jour difficile

SANTÉ – Les éclipses se produisent directement dans l'axe de votre signe, ce qui peut provoquer l'apparition de certains malaises; rien de grave et, de toute façon, vous pouvez éviter ces désagréments en adoptant une attitude préventive. Attention à votre gorge et à votre cou, ce sont vos points sensibles. Au cours de la seconde quinzaine, un brin d'incertitude ou d'anxiété vous empêche de bien digérer ou de dormir paisiblement.

SENTIMENTS – Du 3 au 29, vous pouvez compter sur la charmante participation de Vénus pour trouver l'amour ou vous rapprocher de votre chéri si vous êtes déjà en couple. Socialement, personne n'arrive à vous détrôner, vous volez la vedette partout où vous mettez les pieds. Vous possédez un charisme exceptionnel, vous faites des ravages!

AFFAIRES – Un mois très occupé durant lequel vous devrez parfois mettre les bouchées doubles. Vous avez eu un si bon rendement au cours des derniers mois que certains ont tendance à abuser de votre professionnalisme. N'hésitez pas à établir vos limites et à les faire respecter, vous êtes en position de force. Encore quelques possibilités au jeu.

Novembre

D	L	M	M	J	V	S
	1	2	3	4D	5D	6D
7F	8F	9	10	11	12●	13
14	15F	16F	17D	18D	19	20
21	22	23	24	25	26○	27
28	29	30				

○	Pleine lune	●	Nouvelle lune
F	Jour favorable	D	Jour difficile

SANTÉ – Drôle de mois durant lequel les planètes effectuent un curieux chassé-croisé. Durant la première semaine vous avez les nerfs en boule mais votre organisme va bien; par après vous retrouvez votre calme, et c'est le physique qui se met à faire des siennes. Prenez donc quelques précautions supplémentaires pour ne pas vous faire mal ni tomber malade.

SENTIMENTS – Toute vérité n'est pas bonne à dire; attention de ne pas trop parler, cela risquerait d'entraîner des discussions plutôt orageuses. Laissez le passé derrière vous et mettez l'accent sur le positif: c'est le meilleur moyen de conserver l'harmonie dans vos relations interpersonnelles. Vous avez le cœur sur la main, êtes toujours prêt à rendre service; pourtant, au lieu de vous apprécier, certains trouvent que vous prenez un peu trop de place.

AFFAIRES – Si vous devez présenter une requête ou mettre un projet en branle, planifiez vos actions pour la première quinzaine puisque c'est à ce moment que vos chances de succès sont les meilleures. Votre sens de l'analyse se révèle un outil précieux, grâce à lui vous arrivez à éclaircir même les situations les plus embrouillées.

Décembre

D	L	M	M	J	V	S
			1D	2D	3D	4F
5F	6	7	8	9	10	11●
12	13F	14F	15D	16D	17	18
19	20	21	22	23	24	25
26○	27	28	29D	30D	31F	

○	Pleine lune	●	Nouvelle lune
F	Jour favorable	D	Jour difficile

SANTÉ – Les 16 premiers jours sont encore marqués par l'opposition de Mars, voilà pourquoi il faut demeurer sur le qui-vive. En redoublant de sagesse, vous vous épargnerez des malaises et des blessures. Par la suite, le ciel se dégage, et vous retrouvez toute votre vigueur; à vrai dire, vous vous portez si bien que ça se lit sur votre visage.

SENTIMENTS – Des hauts et des bas sont à prévoir au cours de la première quinzaine. Pas toujours facile de plaire à tout le monde ou de deviner ce dont l'autre a envie! Peu importe, le reste du mois s'annonce plein de joie, et vous avez tôt fait d'oublier ces quelques désagréments. Votre charisme revient en force, et c'est bien difficile de vous résister.

AFFAIRES – Le scénario se répète dans ce domaine. Le mois commence de façon plutôt tumultueuse mais, heureusement, vous savez garder votre direction, puis le ciel se dégage comme par enchantement. Ce qui stagnait se met à évoluer favorablement, vos projets redémarrent et vos finances vous offrent davantage de liberté d'action.

Gémeaux

du 21 mai au 21 juin

L es deux personnages que votre signe représente sont tout à fait significatifs de votre double personnalité. Vous pouvez rapidement passer d'un extrême à l'autre, et même faire les choses en double.

Vous ne passez pas inaperçu: toujours actif, toujours à gesticuler et à discuter vivement, vous donnez parfois l'impression d'être une vraie tornade.

Vous êtes aussi un habile communicateur, qui peut donner son opinion sur une multitude de sujets, même lorsque vous en ignorez les tenants et les aboutissants. Personne ne peut vous prendre en défaut, tellement vous donnez l'impression de tout connaître.

Vous êtes un être qui a besoin de contacts humains pour s'épanouir pleinement. La solitude et l'isolement vous donnent froid dans le dos. Vous avez besoin de donner votre point de vue et d'avoir un public pour l'écouter. Vous êtes quelqu'un de très populaire, de bien entouré; vous avez besoin d'une vie sociale bien remplie.

Parfois, on vous pense frivole et léger. À première vue, vos amitiés peuvent sembler superficielles, et vous êtes un touche-à-tout qui ne peut s'arrêter pour développer un aspect particulier de ses relations ou de ses connaissances. En fait, vous fuyez simplement l'ennui. Qui pourrait vous en vouloir pour cela?

Mais vous possédez surtout d'énormes dons pour œuvrer en communications, dans les médias, en journalisme, dans la vente ou dans l'enseignement. La nouveauté est votre moteur. Chaque jour qui passe vous permet d'apprendre et de découvrir de nouvelles facettes de l'existence, d'essayer une multitude de choses, de relever de nouveaux défis. Il faut que votre vie bouge, et vous n'avez pas de temps à perdre avec des questionnements inutiles et stériles. D'ailleurs, avec un esprit aussi vif et curieux, vous vous ouvrez de larges horizons; vos champs d'intérêt sont variés et nombreux, et vous ne pouvez vous limiter à ne faire qu'une chose à la fois.

Vous êtes capable de mener deux ou trois activités de front, à la surprise de tous. Vous pouvez téléphoner tout en écrivant un texte à votre ordinateur, vous raser en conduisant, préparer un repas en aidant les enfants à faire leurs devoirs, regarder la télévision en faisant des exercices, bref, vous êtes étourdissant! Ce que vous faites dans une journée demanderait plusieurs jours à n'importe qui d'autre, et évidemment votre agenda est plus que rempli: sorties, amis à rencontrer, cours du soir, invitations de dernière minute, travail, passe-temps préférés, bref, vous essayez de tout faire, de ne rien manquer dans la vie.

Évidemment, vous êtes une personne un peu stressée, voire nerveuse. On le serait à moins. Vous avez une âme d'adolescent et, physiquement, vous ne faites pas votre âge. Vous représentez tellement la jeunesse éternelle que vieillir vous fait peur. Pourtant, vous garderez toujours votre cœur de 20 ans, même quand vous en aurez 90, alors ne vous tracassez pas trop pour cela.

En amour aussi, butiner ne vous fait pas peur. On pourrait même croire à certains moments que c'est votre passe-temps préféré. Pourtant, vous êtes attaché à votre partenaire. Mais vous pensez qu'il n'y a pas de mal à regarder ailleurs, simplement pour voir. C'est sans doute un Gémeaux qui a inventé le flirt, car vous adorez vous amuser. En véritable paon que vous êtes, vous déployez vos charmes, faites des yeux de biche et savez séduire comme personne. Mais lorsque votre proie se rend et succombe, vous filez à toute vitesse… vous vous rappelez soudainement que vous aviez un autre rendez-vous.

Vous garder à la maison, vous empêcher de sortir et de voir des gens est impossible. Vous êtes un courant d'air et avez besoin de votre liberté.

Comment se comporter avec un Gémeaux?

Puisque le Gémeaux est le signe de la liberté, l'imprévu sera toujours la norme. Changer d'activités, d'amis ou même d'humeur, souvent sans raison, n'est pas une exception dans son cas, mais bien la règle. Un Gémeaux peut se dire fatigué et avoir envie de passer une soirée tranquille à regarder la télévision, puis se lever brusquement pour aller faire la foire dans la boîte de nuit la plus proche de son domicile.

Avec lui, une existence de tout repos n'est pas possible. L'ennui le gagne rapidement et l'horripile. Pour le rendre heureux, il faut absolument lui concocter un programme époustouflant, avec une multitude d'activités et de gens. Le mieux est de le déstabiliser, de jouer de multiples personnages, de fuir la conformité et de le surprendre. Ce n'est qu'ainsi qu'il sera heureux et ravi.

Pour se ressourcer, il doit absolument se dépenser et s'étourdir avec des activités à l'extérieur, sans vous, et rencontrer beaucoup de gens différents. Ouvrez-lui la porte, et il en profitera au maximum avant de vous revenir avec mille et une histoires à vous raconter. Chercher à le retenir, c'est le perdre à coup sûr.

Pour se faire apprécier d'un Gémeaux, il faut être prêt à parler, à discuter, à se livrer et surtout à le contredire parfois, car il adore argumenter et convaincre. Si vous cherchez à avoir le dernier mot, il sera ravi, car il aime les gens qui savent lui tenir tête et qui ont un esprit vif et inventif.

Pour gagner son estime, montrez-lui votre indépendance, ayez vos propres occupations, rencontrez vos amis. Il ne cherche pas la docilité chez son partenaire, car pour lui la docilité devient vite de l'ennui, et l'ennui le fait fuir.

Alors, sortez, intéressez-vous à de multiples sujets et, lorsque vous le croiserez entre la cuisine et le salon, entre deux portes, vous aurez plein de trucs surprenants à lui raconter; vous éveillerez ainsi son intérêt, vous l'intriguerez, et il cherchera à se rapprocher de vous. Il sera là pour vous écouter d'une oreille attentive et pour discuter de tout ce que vous aurez découvert.

Ses goûts

L e Gémeaux s'intéresse à tout et à tous. Par contre, il ne peut fixer son attention très longtemps sur un sujet, et dès qu'il a découvert le pourquoi du comment, il passe à autre chose. Il peut se passionner pour la biologie moléculaire le lundi, l'histoire du vélo le mardi et finir la semaine en se demandant quelle est la philosophie qui sous-tend le système politique de la Corée du Nord en plein XXIe siècle. Bref, le sujet l'intéresse, mais en connaître les détails, très peu pour lui. Il survole pour se faire une idée, mais va rarement au fond des choses.

Sa demeure n'est pas non plus une petite maison conventionnelle de banlieue; elle est plutôt à son image, décontractée et grouillante d'activité. Chez lui, c'est presque portes ouvertes. Sa silhouette d'adolescent est mise en valeur par ses vêtements décontractés. La cravate ou les talons aiguilles, très peu pour le Gémeaux. D'ailleurs, il se crée son propre style, qui n'est jamais le même, et évolue au jour le jour, au gré de son humeur, mais surtout pas selon les circonstances. On le remarquera... n'est-ce pas ce qu'il recherche de toute façon?

Comme il est toujours pressé, il est un habitué des établissements de restauration rapide. Il mange vite, sans goûter, car souvent il fait une autre activité en même temps qu'il se nourrit. Il n'a pas de temps à perdre à savourer. Mais il aime les repas à plusieurs services. D'ailleurs, il n'est pas rare de le voir picorer dans l'assiette des autres pour varier son menu; mais si vous faites la même chose, il vous fera les gros yeux.

Son potentiel

Le Gémeaux est une personne intelligente qui manie très bien les idées et les concepts; malheureusement, parce qu'il s'intéresse à trop de choses, il est aussi superficiel et ne parvient pas à s'intéresser en profondeur à quoi que ce soit.

Il est le candidat idéal pour les entreprises de communications et de relations publiques, pour les médias, le journalisme en particulier, mais aussi pour la vente, l'enseignement, l'animation et la comédie. D'ailleurs, quoi qu'il fasse, il est toujours en représentation. Il aime se montrer et s'amuser. Il est brillant, très habile de ses mains, et sa dextérité est légendaire.

Quelle que soit son occupation, il s'arrangera toujours pour organiser des activités et des sorties de toutes sortes. Il aime raconter des anecdotes, planifier des rencontres avec des compétiteurs, discuter de ce qu'il y a à faire… bref, faites-lui confiance pour vous divertir et vous organiser un emploi du temps des plus variés et chargés. Car s'il peut tout faire en même temps, il pense que les autres sont aussi aptes que lui à mener plusieurs activités de front.

Ses loisirs

On l'a vu, le Gémeaux se désintéresse rapidement d'une activité lorsqu'il la maîtrise bien. Le changement, le renouveau et de nouvelles découvertes sont nécessaires pour lui éviter l'ennui. Il lui faut à tout prix passer à autre chose. Ses loisirs doivent être stimulants et non répétitifs, car il en changera.

Intelligent et curieux, il adore apprendre: il n'est pas rare de le voir s'inscrire à plusieurs cours en même temps, et souvent bien différents les uns des autres. Qu'il s'agisse de cuisine méditerranéenne ou de mécanique automobile, tout l'intéresse… enfin, jusqu'à ce qu'il en comprenne les rudiments; après, il voudra passer à une autre chose qui le captivera aussi. Il aime acquérir de nouvelles connaissances, et la lecture lui permet d'apprendre et de s'évader. Il est doué pour l'écriture car il a une imagination très féconde.

Le Gémeaux aime par-dessus tout les contacts humains, il est particulièrement attiré par les activités mondaines ou sociales. Il n'est pas rare de le voir dans un lancement de livre, à une première au théâtre, même après une épuisante journée de travail. Il déborde d'énergie lorsqu'il est question d'être en société. Il peut même accepter deux ou trois invitations la même journée. Ça l'emballe de courir d'un endroit à l'autre, de communiquer, de discuter, de parler, de voir du monde, bref de se montrer et de nouer des relations, même fugaces.

Il a un côté intellectuel très développé, mais il aime aussi beaucoup faire marcher ses dix doigts, car il se sait fort habile. Le piano, les activités manuelles et les arts sont les domaines qui lui plaisent le plus, et il peut exceller dans la danse, le massage ou la graphologie. Pas un domaine ne le rebute et tout l'intéresse vraiment, mais son intérêt s'émousse rapidement. Il cherche constamment de nouvelles sources d'intérêt, de nouvelles passions qui sauront l'emporter et le faire vibrer.

Au cinéma, il vaut mieux lui proposer une nouveauté, car il aura sans doute vu tous les films à l'affiche depuis quelques semaines. Emmenez-le voir le dernier succès dont tout le monde parle, celui qui fait scandale ou encore un spectacle qui l'étonnera. Par la suite, un souper au restaurant sera de mise, bien entendu pour discuter de ce qu'il vient de voir.

Sa décoration

Le Gémeaux a un décor qui ressemble bien à sa personnalité, c'est-à-dire changeant. Et on ne parle pas de juste bouger les meubles. Non. Il n'hésitera pas à renouveler toute sa décoration de fond en comble. Ainsi, il pourrait avoir un intérieur japonais avec des meubles laqués et, d'un seul coup, se retrouver avec un ameublement digne d'un film de science-fiction, avec de l'acier inoxydable et des blocs de verre dans tous les coins. En fait, à y regarder de plus près, on constatera que quelle que soit sa décoration, il préférera un style dépouillé et plutôt moderne, mais il ne faut jurer de rien avec lui, car on ne sait jamais… Par contre, comme il s'agit d'un signe d'air, notre fameux courant d'air appréciera les fenêtres, la lumière et les pièces à aires ouvertes. Il se choisira souvent une résidence ou un appartement aux étages supérieurs, pour avoir une vue imprenable sur le monde.

Il n'est pas du genre à se terrer à la campagne, car il a besoin d'une vie sociale trépidante, de recevoir et de voir beaucoup de gens. La vie citadine lui convient bien, et surtout les tours d'habitation d'où il peut contempler le monde à ses pieds.

Assurément, ses goûts le portent vers le contemporain; les nouveautés et l'exclusivité exercent un attrait puissant sur lui. Ce qui brille l'attire particulièrement, notamment les miroirs qui multiplient les espaces, les couleurs pâles, les teintes nuancées et rares, presque indéfinissables, le verre qui joue avec la lumière. Son intérieur fait jaser ceux qui le voient, et c'est justement l'effet recherché.

Son budget

Sur le plan financier aussi, le Gémeaux est bien changeant: c'est tout ou rien. Il peut se faire écureuil, économiser sou par sou, planifier son budget, choisir ses placements, puis tout flamber en une soirée ou lors d'une expédition de magasinage… Et il ne partait pas pour ça!

Évidemment, ses finances subissent des fluctuations: l'argent rentre mais sort souvent aussi rapidement. Il n'hésite jamais à dépenser pour acquérir un objet qui lui plaît, en se disant qu'il s'occupera des factures plus tard, en temps utile. Bien entendu, quand elles arrivent, il est parfois pris de court, mais il ne s'en fait pas pour si peu. Il jongle entre les rentrées d'argent et les sorties, les dettes et les surplus, et finit toujours par s'en sortir... jusqu'à la fois suivante.

Quel cadeau lui offrir?

Le meilleur cadeau est celui qui le surprendra et qui lui laissera un souvenir dont il pourra parler longtemps.

S'il s'agit d'un passionné de lecture, les récentes parutions l'intéressent toujours. Il a l'esprit ouvert, alors n'ayez pas peur de choisir un sujet qu'il ne connaît pas du tout: il adore découvrir et bientôt il vous donnera des leçons là-dessus.

Les œuvres ou les magazines qui traitent de nombreux thèmes lui plaisent bien; les revues sur la littérature ou le cinéma aussi. Du papier à lettres, des stylos (il les perd constamment!) seront aussi les bienvenus. Puisqu'il passe des heures au bout du fil, vous pourriez lui offrir un téléphone portable, ou encore un appareil de type Palm, ou un abonnement à Internet, pour qu'il garde contact avec tout le monde.

Certains Gémeaux sont des collectionneurs. Une pièce originale ou rare pour enrichir sa collection sera appréciée. Vous pouvez aussi lui offrir un gadget inutile mais surprenant qui l'intriguera et fera jaser lorsqu'il le montrera à ses amis.

Les enfants Gémeaux

L es petits Gémeaux sont curieux de tout. Ils posent mille et une questions. Ils sont vifs et brillants. Leur esprit est constamment en éveil. Avant même de savoir parler, ils gazouillent sans arrêt. En fait, ils en ont tellement à dire qu'ils apprennent à parler très tôt, et dès ce moment, la paix et la tranquillité de la famille sont perturbées.

Les questions s'enchaînent, et ils vous laissent à peine le temps de répondre que déjà de nouvelles interrogations surgissent. Très tôt, ils ont tendance à avoir le dernier mot. Ce n'est pas de tout repos, mais ils sont si adorables.

Ils sont également bien entourés; ils ont de nombreux amis qu'ils inviteront à dîner ou à dormir à la maison, sans vous prévenir. Rapidement, la maison se transformera en hall de gare; ils déborderont d'activités, et c'est tout juste s'il leur restera du temps pour aller à l'école et pour dormir… Comme ils sont toujours par monts et par vaux, il vous arrivera de les chercher, car une activité n'attend pas l'autre. On les croit occupés dans leur chambre à faire leurs devoirs, on se retourne et on les voit en train de jouer sur la pelouse.

Très habiles de leurs mains, les enfants Gémeaux bricolent, dessinent admirablement et sont très adroits. Avec eux, le donnant-donnant marche bien, car ils aiment négocier. S'ils nettoient leur chambre, vous devrez les conduire à leur match de soccer. Ne cédez pas rapidement à leurs demandes, parce qu'ils en profiteront pour quémander une autre faveur, et vous n'en sortirez plus. Avec eux, vous n'aurez jamais le dernier mot. Ils sont très vifs, ont un esprit brillant, même s'ils ont déjà une petite tendance à être superficiels.

Ils ne tiennent pas en place et sont vraiment très sociables. Apprenez-leur toutefois à planifier leur horaire, à déterminer leurs priorités, à concentrer leurs efforts et stimulez-les afin qu'ils aient le goût d'approfondir les choses au lieu de papillonner constamment de l'une à l'autre. S'ils aiment le sport, offrez-leur une activité qui demande une constante remise en question de leur capacité physique: la gymnastique acrobatique, par exemple.

L'ado Gémeaux

E n astrologie ton signe correspond à l'adolescence. Éternellement jeune, tu conserveras toute ta vie l'idéalisme qui te caractérise maintenant. Tu as un signe d'air, ce qui te donne un intérêt pour de multiples activités. Ton entourage te reprochera peut-être de changer trop souvent d'idée, mais tu évolues rapidement et tu as besoin de relever constamment de nouveaux défis, d'apprendre de nouvelles choses, de tenter de nouvelles expériences.

Tu t'intéresses à tout, et cela t'ouvre des horizons et te permet de rencontrer beaucoup de gens très différents. Tu aimes t'exprimer, communiquer, côtoyer beaucoup de monde. Tu es bavard mais, finalement, tu parles peu de ce que tu ressens.

Polyvalent et spontané, tu as une soif d'apprendre immense, et ce besoin d'en savoir plus fait de toi quelqu'un de brillant et dont on recherche la compagnie. Fais attention toutefois de ne pas trop disperser tes énergies, car la superficialité te guette.

Avec toi, tout va vite. Tu mènes plusieurs projets et activités de front, et tu en as d'autres en vue. Tu es aussi un être émotif: tes opinions et tes goûts changent très rapidement, et peu de gens comprennent comment tu peux dire blanc un jour et noir le lendemain, mais, en réalité, tu es fidèle à toi-même.

Tes études

Tu t'intéresses à tellement de choses qu'il est difficile pour toi de te bâtir un programme d'études cohérent. Pense à long terme. Quels sont les domaines qui t'intéressent le plus? Concentre-toi sur ces sujets, quitte à suivre des cours complémentaires dans d'autres champs d'intérêt. Fixe-toi un objectif et essaie de ne pas le perdre de vue, même s'il y a tellement de choses intéressantes dans ce monde. Tu as tout le temps de les découvrir plus tard. Tu as une intelligence très vive, qui te permet de te débrouiller et d'avoir des résultats plus que convenables, mais il ne faut pas te demander de te concentrer pour travailler avec assiduité et application. Tu as plutôt tendance à étudier ou à faire tes travaux à la dernière minute, à survoler la matière pour en saisir les principes plutôt qu'à bien la comprendre, ce qui peut te jouer des tours.

Ton orientation

Choisir sa voie lorsqu'on s'intéresse à tellement de choses, lorsqu'on a des talents multiples peut devenir un vrai casse-tête. Tes projets d'avenir changent constamment, et tu ne parviens pas à te fixer définitivement. Le mieux pour toi est donc d'opter pour une carrière qui te permettra de déployer tes multiples talents. N'oublie pas que tu peux profiter de tes loisirs pour explorer de nombreux domaines. L'écriture, le journalisme, la traduction, la vente, le commerce, le tourisme, les relations publiques, le travail de bureau et la mécanique de précision sont des milieux professionnels qui pourraient te convenir, car le travail n'y est pas routinier. De plus, très souvent, les natifs de ton signe mènent de front deux carrières totalement différentes, tout en ayant de multiples activités en dehors; donc, ne t'inquiète pas, tu pourras essayer tout ce qui te tente, sans trop te limiter.

Tes rapports avec les autres

Les autres sont excessivement importants dans ta vie. Tu es très sociable et tu as besoin d'être entouré de nombreux amis pour échanger des idées et pour étaler tes connaissances, il faut bien l'avouer. En fait, tu réussis presque toujours à avoir le dernier mot, car tu connais une multitude de choses sur tout, ce qui te permet de donner ton opinion sur des sujets très variés. Tu te lies facilement, et ta vie sociale est trépidante. Tes amis sont très importants dans ta vie; il est donc important pour toi de bien les choisir, car ils pourraient exercer une grande influence sur toi.

Charles Aznavour, André Montmorency, Valérie Letarte, Corey Hart, Brooke Shields, Clint Eastwood, Marilyn Monroe, Jacques Duval, Macha Grenon, Rita Lafontaine, Tex Lecor, Danielle Ouimet, Paul McCartney, Francine Raymond, Benoit Brière, Alanis Morissette, Jacynthe René.

Pensée positive pour le Gémeaux

Je suis en paix avec toutes les facettes de ma personnalité; je suis en harmonie avec moi-même et j'ouvre la porte à de multiples bénédictions.

Pensée positive spéciale pour 2004

Je fais confiance à la vie et j'accueille avec joie les nouvelles expériences qui se présentent à moi. J'ai tout ce qu'il faut pour réussir.

Le subconscient nous dirige toujours selon nos pensées. En répétant le plus souvent possible ces pensées conçues tout spécialement pour vous, vous vous attirerez plein de belles choses.

Signe: Gémeaux

Élément: Air

Catégorie: Double

Symbole: Ⅱ

Points sensibles: Poumons, bronches, bras, épaules, mains, tension, nervosité, insomnie.

Planète maîtresse: Mercure, planète du commerce.

Pierres précieuses: Topaze, cristal, aigue-marine.

Couleurs: Tous les bleus, gris, kaki.

Fleurs: Marguerite, jasmin, rose jaune.

Chiffres chanceux: 3-4-16-17-23-26-34-37-43-44.

Qualités: Intelligent, sociable, vif, concilliant, brillant, communicateur, expressif, habile, convaincant.

Défauts: Bavard, superficiel, frivole, instable, parfois un peu profiteur.

Ce qu'il pense en lui-même:
Je peux parler de n'importe quoi.

Ce que les autres disent de lui:
Il parle tellement! Réussirons-nous à placer un mot?

Prédictions annuelles

Vous qui détestez l'inertie et l'absence de défis allez être servi à souhait, puisque l'année s'annonce fertile en rebondissements. N'eut été de Jupiter qui passe plusieurs mois dans un secteur plutôt sensible de votre thème astral, tout aurait été parfait; ne vous en faites pas, je suis là pour vous donner tous les trucs nécessaires pour contrecarrer son influence. Et puis, ce transit déstabilisant est beaucoup moins difficile à vivre quand on a une capacité d'adaptation comme la vôtre. Votre promptitude à réagir et votre souplesse naturelle combinées vous permettront de tirer profit des nombreux revirements. L'automne, quant à lui, marque le début d'une période très prometteuse.

SANTÉ – Jusqu'au 24 septembre, vous ne devriez pas tenir votre robustesse pour acquise. Jupiter risque de vous faire croire que vous êtes invincible, vous incitant à déroger aux règles de base d'une saine hygiène de vie. En brûlant la chandelle par les deux bouts, en négligeant votre alimentation et en vous laissant aller, vous pourriez ressentir une chute marquée d'énergie, sans compter que vous pourriez prendre un coup de vieux. Alors c'est simple: faites attention à vous et apprenez à dire non de temps à autre. Tout le monde prend de bonnes résolutions ces temps-ci, pourquoi pas vous?

SENTIMENTS – L'heure est aux prises de conscience. L'inutilité des relations compliquées, entre autres avec un membre de la famille, vous saute aux yeux. Sans nécessairement couper les ponts, vous semblez sur le point de prendre vos distances. Si vous trouvez que vous étiez trop souvent enfermé à la maison au cours des dernières années, sachez que ça va changer puisque votre vie sociale est en pleine expansion. Côté cœur, une crise est possible entre le début janvier et la fin juin, mais tout devrait s'arranger à l'automne; les solitaires pourraient même refaire leur vie.

AFFAIRES – Avec Jupiter au carré de votre signe, le moment serait mal choisi pour vous embarquer dans une affaire périlleuse ou pour agir sur un coup de tête. Le contrôle de la situation risque de vous échapper jusqu'en octobre, vous serez un peu ballotté par les événements; voici pourtant un domaine où votre faculté d'adaptation devrait vous servir grandement. En faisant contre mauvaise fortune bon cœur, vous pourriez même tirer profit de tout le remue-ménage qui risque de se produire dans vos activités professionnelles. Vos finances et vos placements seront parfois décevants, mais vous arriverez certes à passer au travers. Et puis ce même Jupiter se met à vous sourire à partir de la fin septembre, vous apportant mille et une bonnes choses, y compris de la chance au jeu.

Janvier

D	L	M	M	J	V	S
				1	2	3
4	5	6	7○	8	9	10
11D	12D	13F	14F	15F	16	17
18	19	20	21●	22F	23F	24D
25D	26D	27	28	29	30	31

○	Pleine lune	●	Nouvelle lune
F	Jour favorable	D	Jour difficile

SANTÉ – Les astres vous chérissent sur le plan physique. En plus d'être énergique et dynamique, vous voyez vos petits bobos s'estomper en un rien de temps. L'équilibre nerveux semble chancelant durant la première quinzaine, puis tout rentre dans l'ordre. Entre le 15 et le 31, vous risquez de laisser tomber un peu trop vite vos bonnes résolutions.

SENTIMENTS – C'est assurément la première moitié du mois qui offre le plus de promesses. Des rencontres stimulantes, une agréable vague de romantisme et une vie sociale trépidante vous transportent au septième ciel. Par la suite, vous devez parfois marcher sur des œufs pour éviter de froisser un proche.

AFFAIRES – Des retards sont à prévoir, mais vous devriez finir par obtenir gain de cause. L'ardeur et l'étonnante créativité dont vous faites preuve au boulot se révèlent des atouts précieux. Malgré votre zèle, il n'est pas impossible que vous soyez écrasé sous une montagne travail. Peut-être en faites-vous peser un peu trop sur vos épaules?

Février

D	L	M	M	J	V	S
1	2	3	4	5	6○	7D
8D	9D	10F	11F	12	13	14
15	16	17	18	19F	20●F	21D
22D	23	24	25	26	27	28
29						

○	Pleine lune	●	Nouvelle lune
F	Jour favorable	D	Jour difficile

SANTÉ – La présence de Mars dans votre 12ᵉ secteur vous ralentit. En effet, vous semblez plus fatigable et ne résistez pas bien au stress et aux infections. Du repos et un rythme de vie plus sage vous permettront d'en venir à bout. Inutile de vous énerver pour rien, vous savez que vous finissez toujours par triompher de tout. Un changement de look vous remonterait le moral.

SENTIMENTS – Dès le 8, vous bénéficiez d'un charmant transit de Vénus qui vient mousser votre popularité. De nouveaux copains ou un rapprochement avec ceux que vous avez déjà vous fait chaud au cœur. On vous invite à droite et à gauche, vous vous divertissez joyeusement. Dans votre couple, vous célébrez le retour de la complicité. Pour les solitaires, une amitié amoureuse marque une nouvelle étape.

AFFAIRES – Même si ça ne va pas aussi vite que vous le souhaiteriez, vous abattez de la bonne besogne. Bon mois pour apporter certains correctifs à votre travail, décrocher un contrat ou dénicher un poste intéressant. Entre le 6 et le 25, vous avez des idées géniales susceptibles de vous faire faire un grand pas en avant. Ne perdez pas de temps à rêvasser ou à paresser, vous pourriez rater une belle occasion.

Mars

D	L	M	M	J	V	S
	1	2	3	4	5	6○D
7D	8F	9F	10	11	12	13
14	15	16F	17F	18F	19D	20●D
21	22	23	24	25	26	27
28	29	30	31			

○	Pleine lune	●	Nouvelle lune
F	Jour favorable	D	Jour difficile

SANTÉ – La planète Mars traîne encore dans votre 12e secteur jusqu'au 21; un malaise et une diminution de la vitalité risquent donc de vous affecter. Par la suite, vous êtes plus énergique; en contrepartie, vous devez vous prémunir contre les accidents. Au moins, sur le plan nerveux, les choses se replacent dès le 12, et vous devriez, dès lors, beaucoup mieux gérer vos états d'âme.

SENTIMENTS – La première semaine est exquise à tout point de vue. Vous voyez du bien beau monde, et votre partenaire a le sens de l'humour, affichant même une attitude particulièrement enjouée. Le reste du mois sera probablement plus tranquille, mais vous ne devriez pas avoir de pépins. Un enfant se sort d'une situation difficile, vous en êtes ravi.

AFFAIRES – Vous avez l'impression de travailler dans l'ombre et de ne pas recevoir les éloges que vous méritez. N'attendez pas trop après ces félicitations qui tardent à venir, faites votre petite affaire tranquillement en vous disant que l'avenir vous récompensera. La seconde quinzaine est propice aux démarches et aux déplacements.

Avril

D	L	M	M	J	V	S
				1	2D	3D
4F	5○F	6	7	8	9	10
11	12	13F	14F	15D	16D	17
18	19●	20	21	22	23	24
25	26	27	28	29	30D	

○	Pleine lune	●	Nouvelle lune
F	Jour favorable	D	Jour difficile

SANTÉ – Si la présence de Mars dans votre signe décuple votre énergie, elle pourrait aussi vous inciter à adopter un mode de vie plus dissolu. Ce n'est pas le temps d'envoyer promener vos bonnes résolutions ni de faire abstraction des règles du gros bon sens. En plus de jouer avec votre santé, vous risquez de nuire à votre jolie silhouette et d'abîmer votre teint éclatant. Attention également aux blessures souvent associées à ce transit planétaire.

SENTIMENTS – Vos amis et votre chéri vous traitent avec délicatesse, toutefois vous avez l'impression qu'il vous manque quelque chose. Sans doute vous ennuyez-vous un peu? Au lieu de languir et d'espérer que les autres fassent quelque chose de divertissant, allez de l'avant et proposez certaines activités. Vous verrez, elles seront fort bien accueillies, tout le monde sera content, vous le premier.

AFFAIRES – Ici aussi vous ressentez un vide, votre boulot ne vous comble pas parfaitement. Pourtant, vous n'avez guère d'autres options que de vous contenter de la routine. Ce ne sera pas éternellement comme ça mais, pour l'instant, vous avez intérêt à vous montrer accommodant. Surtout pas de coups de tête entre le 21 et le 31!

Mai

D	L	M	M	J	V	S
						1D
2F	3F	4○	5	6	7	8
9	10F	11F	12F	13D	14D	15
16	17	18●	19	20	21	22
23/30F	24/31F	25	26	27D	28D	29D

○	Pleine lune	●	Nouvelle lune
F	Jour favorable	D	Jour difficile

SANTÉ – Une fois la première semaine passée, l'influence de Mars se dissipe. Vous avez la voie libre et vous pouvez agir sans avoir à craindre de vous faire mal. Votre organisme redevient robuste, et vous mettez de l'ordre dans votre vie. À vrai dire, vous allez si bien que ça se voit. Finis les traits tirés, les kilos en surplus et le teint blafard! La venue du beau temps vous va à ravir.

SENTIMENTS – Avec la présence de Vénus chez vous, vous pourriez mettre un peu de piquant dans votre vie de couple. Je sais que vous vous dites que c'est toujours vous qui prenez les initiatives, mais si vous voulez qu'il se passe quelque chose de concret, vous n'avez pas le choix. Votre vie sociale se porte mieux, vous renouez avec d'anciens copains, vous vous faites de nouveaux amis.

AFFAIRES – Peu de positif d'ici le 7, on dirait même que vous naviguez en eaux troubles. Par après, les tuiles cessent de vous tomber dessus, vos finances se stabilisent et vous pourriez même embrasser de nouveaux horizons. Suivez votre première idée, vous ne pouvez pas vous tromper. Bonne période pour consolider votre position.

Juin

D	L	M	M	J	V	S
		1	2○	3	4	5
6F	7F	8D	9D	10D	11	12
13	14	15	16	17●	18	19
20	21	22	23	24D	25D	26F
27F	28	29	30			

○	Pleine lune	●	Nouvelle lune
F	Jour favorable	D	Jour difficile

SANTÉ – Ça va de mieux en mieux sur le plan physique, si bien qu'on vous retrouve en super forme vers la fin du mois. Au cours des trois premières semaines, vous avez toutefois de la difficulté à penser clairement, bref, vous êtes un peu mêlé. Heureusement, la lucidité et l'optimisme sont de retour dès le 22. Bon mois pour vous refaire une beauté ou soigner votre apparence.

SENTIMENTS – Vénus doit se plaire dans votre signe puisqu'on l'y trouve encore ce mois-ci. Ça demeure donc un temps privilégié pour donner une nouvelle orientation à votre vie de couple. Les solitaires pourraient, quant à eux, faire une agréable rencontre. Socialement, vous conservez la vedette, votre charisme ne laisse personne indifférent.

AFFAIRES – Entre le 5 et le 19, vous risquez de laisser filer une bonne occasion; peu importe, vous aurez maintes occasions de vous reprendre. Ces mêmes jours, méfiez-vous des erreurs de jugement, n'agissez pas de manière précipitée et faites en sorte de ne pas récolter une contravention ou une amende.

Juillet

D	L	M	M	J	V	S
			1	2○	3	
4F	5F	6D	7D	8	9	10
11	12	13	14	15	16	17●
18	19	20D	21D	22D	23F	24F
25	26	27	28	29	30	31○F

○	Pleine lune	●	Nouvelle lune
F	Jour favorable	D	Jour difficile

SANTÉ – Décidément, vous êtes au sommet de votre forme. En plus de vous sentir bien dans votre peau, vous avez du dynamisme à revendre et aucun microbe ne semble avoir prise sur vous. Vous êtes beau comme un cœur, on dirait même que vous rajeunissez. Il y a longtemps que vos nerfs n'ont été aussi solides.

SENTIMENTS – Troisième mois consécutif avec la douce Vénus dans votre signe, c'est un record. Votre chéri vous refait la cour, vous recevez de nombreux compliments et, si vous n'avez pas encore trouvé l'âme sœur, gardez l'œil ouvert! Votre vie sociale reste enlevante, vous êtes en contact avec des gens formidables. Un jeune, un frère ou une sœur trouve le moyen de vous surprendre agréablement d'ici le 25.

AFFAIRES – Il est loin le temps où tout piétinait, où les frustrations s'accumulaient. Vous êtes dans un cycle nettement plus prometteur et pour peu que vous mettiez la main à la pâte, vous devriez obtenir des résultats encourageants. Bon mois pour les démarches, les négociations, ainsi que pour les rénovations et les déplacements.

Août

D	L	M	M	J	V	S
1F	2D	3D	4	5	6	7
8	9	10	11	12	13	14
15●	16D	17D	18F	19F	20	21
22	23	24	25	26	27	28F
29○F	30D	31D				

○	Pleine lune	●	Nouvelle lune
F	Jour favorable	D	Jour difficile

SANTÉ – Jusqu'au 10, vous êtes toujours protégé et continuez même à vous comporter en véritable champion. Par la suite, les aspects planétaires exigent davantage de doigté. Une distraction risque d'entraîner une blessure, sans compter que votre résistance baisse un peu. Mieux vaut donc redoubler de vigilance et ne pas trop vous éloigner des préceptes d'une saine hygiène de vie.

SENTIMENTS – Avec le partenaire et les amis, ça va plutôt bien; si vous agissez avec délicatesse et pesez bien vos mots, tout baignera dans l'huile. C'est avec la famille que ça se corse. Quand ce ne sont pas les inquiétudes qui vous assaillent, c'est un parent qui vous cherche noise. Prenez un peu de recul, cela vaut mieux.

AFFAIRES – Si vous devez présenter une demande, postuler un emploi ou mettre sur pied un projet, ne perdez pas de temps et agissez d'ici le 10, car après le climat s'annonce moins favorable. En effet, au travail les choses risquent de se compliquer, et vous n'aurez pas toujours le gros bout du bâton. Ce n'est certes pas en vous lançant dans les magasins que vous réglerez vos problèmes.

Septembre

D	L	M	M	J	V	S
			1	2	3	4
5	6	7	8	9	10	11
12	13D	14●D	15F	16F	17	18
19	20	21	22	23	24F	25F
26D	27D	28○D	29	30		

○	Pleine lune	●	Nouvelle lune
F	Jour favorable	D	Jour difficile

SANTÉ – Les aspects planétaires qui prévalaient le mois dernier restent actifs durant presque tout le mois, c'est-à-dire jusqu'au 26. C'est en redoublant de prudence et en optant pour la sagesse que vous pourrez traverser cette période creuse sans difficulté. De surcroît, vous avez les nerfs en boule, apprenez donc à vous relaxer!

SENTIMENTS – Au moins, dans ce domaine, un transit avantageux égaie votre vie entre le 6 septembre et le 3 octobre. Votre partenaire sait vous réconforter et vous montrer à quel point il vous aime. La présence de vos amis se révèle, elle aussi, rassurante. Seule ombre au tableau, les ennuis avec la famille qui semblent vouloir s'éterniser. Rappelez-vous que vous n'êtes pas responsable du bonheur des autres, encore moins de ceux qui refusent de s'aider eux-mêmes.

AFFAIRES – Un autre mois délicat durant lequel vous avez tout intérêt à vous montrer souple. Sachez que bientôt vous n'aurez plus à ronger votre frein et que vous pourrez reprendre le contrôle de la situation. Entre-temps, profitez-en pour dresser votre plan d'attaque, définir clairement ce que vous voulez faire, puisque dès octobre vous aurez le champ libre.

Octobre

D	L	M	M	J	V	S
					1	2
3	4	5	6	7	8	9
10D	11D	12D	13●F	14F	15	16
17	18	19	20	21	22F	23F
24D/31	25D	26	27○	28	29	30

○	Pleine lune	●	Nouvelle lune
F	Jour favorable	D	Jour difficile

SANTÉ – Après presque deux mois d'influences négatives, voici que votre ciel se dégage. Vous avez désormais tout ce qu'il faut pour vous débarrasser de vos problèmes et repartir du bon pied. Pourquoi ne pas en profiter pour faire des gestes concrets en ce sens? Cesser une mauvaise habitude, faire de l'exercice physique ou suivre un régime mieux équilibré donnera des résultats spectaculaires.

SENTIMENTS – D'abord, disons que vous arrivez à mettre un terme aux difficultés familiales, un gros poids de moins sur vos épaules! Les solitaires font beaucoup de rencontres, mais personne pour l'instant ne correspond à leurs attentes. Avec votre douce moitié, c'est un peu trop tranquille à votre goût; quant aux amis, ils sont tellement accaparés par leurs propres activités qu'ils n'ont guère de temps à vous consacrer.

AFFAIRES – Double déblocage en ce mois. D'une part, Mars dynamise votre destinée professionnelle, d'autre part, Jupiter vous apporte un net courant de chance. Ce qui vous échappait depuis longtemps devient accessible, votre carrière cesse de piétiner et vous recevez d'excellentes nouvelles. En quelques semaines, vous accomplissez plus de progrès que vous n'en avez fait depuis le début de l'année. Ce n'est pas tout: vous avez la main heureuse au jeu.

Novembre

D	L	M	M	J	V	S
	1	2	3	4	5	6
7D	8D	9F	10F	11	12●	13
14	15	16F	17F	18D	19D	20D
21	22	23	24	25	26○	27
28	29	30				

○	Pleine lune	●	Nouvelle lune
F	Jour favorable	D	Jour difficile

SANTÉ – Vous ne cessez de gagner du terrain, il y a longtemps qu'on ne vous a vu aussi en forme. Plusieurs vous complimentent sur votre mine radieuse, d'autres envient secrètement votre attitude positive et votre sang-froid. Si vous devez rencontrer un quelconque thérapeute, celui-ci sera en mesure de vous aiguiller sur la bonne voie.

SENTIMENTS – L'inertie de votre conjoint est chose du passé. Le voici à nouveau amoureux et plein d'idées originales pour stimuler votre vie de couple. Ceux qui étaient seuls dénichent enfin la perle rare: aucun doute possible, il s'agit de la bonne personne. Moins étouffés par leurs préoccupations, vos amis refont surface, et les retrouvailles sont pleines de joie. La vie met également sur votre route de nouvelles gens fort sympathiques.

AFFAIRES – Ça va tellement vite que vous ne savez plus où donner de la tête. On vous fait plusieurs propositions intéressantes, vous êtes perplexe. Dire que vous avez traversé une période creuse et que maintenant tout vous arrive en même temps! Chance au jeu jusqu'au 22; bonne période aussi pour les nouveaux projets, les finances, les affaires en général ainsi que les voyages.

Décembre

D	L	M	M	J	V	S
		1	2	3	4D	
5D	6F	7F	8F	9	10	11●
12	13	14	15F	16F	17D	18D
19	20	21	22	23	24	25
26○	27	28	29	30	31D	

○	Pleine lune	●	Nouvelle lune
F	Jour favorable	D	Jour difficile

SANTÉ – La première quinzaine est géniale, vous êtes parfaitement au-dessus de vos affaires. Durant le reste du mois, vous risquez d'être un peu plus fatigué, donc plus vulnérable; ce n'est pas étonnant avec tout ce que vous avez vécu récemment. Mieux vaut donc vous accorder un peu de repos. À la même époque, gare au rhume et aux accidents bêtes.

SENTIMENTS – Le début du mois est agréable, mais c'est surtout à compter du 16 que vous vivez les moments les plus excitants. En plus d'une forte vague de romantisme, vous êtes l'objet de l'affection de vos proches. On cherche à vous gâter, à vous faire plaisir par tous les moyens; voilà autant de preuves qu'on vous adore!

AFFAIRES – Vous continuez à travailler d'arrache-pied, on pourrait vous proposer des heures supplémentaires, un contrat sur lequel vous ne comptiez pas, voire un deuxième emploi. Quelques délais sont possibles, mais ils ne parviendront pas à véritablement ralentir votre course. Au jeu, vous ne raflez peut-être pas le gros lot, mais vous faites drôlement bonne figure!

Cancer

du 22 juin au 23 juillet

C omme l'indique la carapace de votre signe, représenté par un crabe, vous êtes un être solide, doux et tendre à l'intérieur. En fait, il y en a peu comme vous dans le zodiaque. Pour cette raison, vous êtes un excellent parent, c'est dans votre nature.

La Lune exerce une véritable influence sur votre signe; ses cycles et ses lunaisons se font sentir davantage dans votre cas. Toute votre vie est marquée au sceau des rayons lunaires, même votre humeur. Cela est si évident que certaines personnes vous qualifient de lunatique, car vous changez au fil de l'influence lunaire.

Votre imagination est si fertile qu'il n'est pas rare que vous soyez dans la lune, à vous laisser porter par vos rêveries.

Néanmoins, lorsqu'il est question de votre famille, de vos enfants, de votre entourage, vous êtes quelqu'un d'excessivement terre à terre, peut-être trop parfois. Vous êtes toujours prêt à dorloter, à gâter, à aider vos proches, mais surtout vos chers petits. Avec ces derniers, vous aurez tendance à vous montrer surprotecteur. Vous cherchez avant tout à les rendre heureux et vous vous inquiétez, bien souvent sans raison. Même lorsqu'ils seront adultes, ou vieux, vos enfants resteront vos enfants, et vous vous en ferez toujours pour leur bien-être, quitte parfois à les étouffer avec vos cajoleries.

Les Cancer sont les mamans poules et les papas gâteau par excellence. S'ils n'ont pas d'enfants, les Cancer jetteront leur dévolu sur ceux des autres, car pour eux une vie sans enfants n'est pas pensable. Les Cancer attirent les enfants, qui savent bien qu'il y a toujours une petite friandise à croquer dans leur garde-manger, un mot gentil ou un conseil désintéressé et sincère à recevoir.

Le drame du Cancer est qu'il a si peur de faire de la peine, de déplaire qu'il aura du mal à dire non, à trancher, à se décider. Cela est probablement dû à l'aspect féminin de ce signe, car même les hommes Cancer, persuadés de la supériorité du mâle, ont du mal à refuser quelque chose lorsqu'on sait les prendre.

Le Cancer a besoin de son cocon pour se sentir bien. Son logis devient alors un refuge, une forteresse, une carapace où il se sait en sécurité et heureux. Il n'est guère facile de le faire sortir de son antre. Le Cancer hésite, remet au lendemain, et il faut vraiment insister pour le forcer à bouger. Il trouve toujours un bon prétexte pour rester tranquillement dans son petit nid.

Par contre, si on le brusque, si on insiste, le Cancer finit par s'amuser et prendre plaisir aux activités qu'on l'a obligé à faire. Il restera réticent à mettre le nez dehors, même en sachant pertinemment ce qui l'attend et qu'il appréciera ce que vous lui proposerez. Par contre, si c'est son enfant qui a besoin de lui, alors le Cancer se précipitera pour lui apporter son aide; une armée entière ne saurait l'arrêter.

La vie du Cancer est rythmée par les repas. Savoureux, invitants, les petits plats qu'il propose enchantent les palais les plus fins. Il a toujours une nouveauté à faire goûter, un petit délice à proposer. Être invité chez un Cancer, c'est être convié à un banquet d'odeurs, de saveurs et de mets délectables. Bien sûr, la restauration, l'hôtellerie, l'alimentation sont des domaines qui lui conviennent tout à fait. D'ailleurs, même si vous n'en faites pas votre métier, manger est si important dans votre vie que vous trouverez toujours le moyen de concocter un petit plat pour vos amis… ou pour vous-même! Ce n'est pas un Cancer qui se laissera mourir de faim.

En plus de bien soigner son estomac, le Cancer sait également s'occuper de son esprit, et il ne manque pas d'inspiration. Le matin est la période idéale pour vous laisser aller à la rêverie. Vous n'arrivez pas à démarrer votre journée sans avoir pris le temps nécessaire pour vous réveiller.

Une fois que vous commencez votre journée toutefois, vous débordez d'énergie. L'influence de la Lune se fait encore une fois sentir, car vous êtes capable de durer et de durer encore. On se demande si vous avez besoin de dormir autant, ou si c'est pour rêver que vous paressez au lit le matin.

On l'a dit, vous n'hésitez jamais à venir à la rescousse de vos proches. Vous avez un cœur d'or. Votre conjoint, vos enfants, vos amis l'admettent. Pourtant, on vous reproche d'en faire un peu trop parfois. Vous êtes si dévoué que vos proches passent avant tout. Vous les chouchoutez jusqu'à saturation. Et vous vous rongez les sangs lorsqu'ils sont au loin: on ne sait jamais… si quelque chose leur arrivait! L'éventail de vos soucis, quand il s'agit de votre entourage, est vraiment très large. Vous vous en faites pour une bosse au front, un retard devient un accident dans votre imagination ou mille et une inquiétudes vous accaparent soudainement l'esprit pour un oui ou pour un non. Vos proches en rient... mais parfois jaune, car ils vous trouvent un peu exaspérant.

Vous dorlotez ceux que vous aimez jusqu'à ce qu'ils n'en puissent plus. Vous les enfermez, les couvez, les nourrissez, les suralimentez jusqu'à épuisement. Ils se plaignent de ne pas pouvoir respirer. Pourtant, dans le fond, ils aiment bien ça, car une maman, un papa, un conjoint ou un ami Cancer, c'est la félicité. Il prend souvent les tracas quotidiens sur ses épaules et facilite la vie de tous au maximum.

Comment se comporter avec un Cancer?

L e mieux est de le laisser s'occuper de vous. Il veillera à ce que vous ne manquiez de rien: «As-tu faim? T'as pas un petit creux?» Il sera toujours disposé à vous prêter une oreille attentive et s'il pense que vous lui cachez vos tracas, il s'imaginera le pire. Dans ces conditions, il vaut mieux vous confier pour éviter qu'il ne s'en fasse avec des riens.

La pure logique n'est guère son fort; il préférera s'en remettre à ses émotions, même lorsqu'il discute avec vous. Intuitif, il peut rapidement déceler que quelque chose vous pose problème. Vous aurez beau tenter de lui prouver par A plus B qu'il s'en fait pour rien, il se fiera davantage à son intuition qu'à vos arguments.

Le Cancer est rongé par l'insécurité, il a besoin d'être constamment rassuré, et il faut lui donner confiance en lui, car sur ce plan, le déficit est grand. Il apprécie la moindre de vos petites attentions; il est donc primordial qu'il se sente aimé et épaulé. Faites-lui savoir que vous l'aimez.

Si vous ne parvenez pas à le convaincre d'entreprendre telle ou telle activité ou de vous accompagner pour telle ou telle visite, il suffit de lui dire que sa présence fera plaisir aux enfants, et vous le verrez vite enfiler sa plus belle tenue pour vous suivre sans plus poser de questions. Ça marche presque à tous les coups.

Pour éviter qu'il ne pense qu'à ses soucis, réels ou imaginaires, il faut l'inciter à sortir, à voir des gens, à pratiquer des activités à l'extérieur. Il ne le fera pas de lui-même. Insistez: il ne sait pas dire non, et vous pourrez l'emmener où vous voudrez. Par la suite, il vous remerciera.

Ses goûts

Chez le Cancer, les plaisirs de la table priment. C'est au milieu de son petit monde qu'il est le plus heureux. Il vous offrira un repas copieux et délicieux. Le Cancer savoure sa nourriture comme d'autres savourent la vie; pour lui, les deux sont intimement liées. Il a le sens de l'hospitalité, et vous pouvez frapper à sa porte, de jour comme de nuit, elle est toujours ouverte pour ses amis, sa famille et surtout ses enfants. Évidemment, une bonne assiette les y attend.

Son antre est un nid chaleureux, rempli d'objets aux formes invitantes et de souvenirs. On s'y sent bien et on a l'impression que les ennuis quotidiens y sont absents. Lui-même apprécie son repaire, voilà pourquoi il ne veut pas en sortir. Souvent, le Cancer est propriétaire de sa petite maison, car elle fait partie de sa carapace; c'est son élément de protection, l'endroit où il aime se retrouver.

Si votre vieille voisine court derrière les petits enfants de la rue pour leur offrir les biscuits qu'elle vient de faire, c'est certainement une belle grand-maman Cancer.

Son potentiel

Le Cancer est d'un altruisme exacerbé. C'est dans sa nature. Il n'est donc pas rare de le voir œuvrer comme infirmière ou responsable du service à la clientèle de son entreprise.

Sa nature gourmande sera également bien servie dans l'alimentation, l'épicerie, la restauration (quel cordon-bleu!) et l'hôtellerie. Il aime également la psychologie, les soins à autrui, l'éducation, les services de garderie et la comptabilité.

Son côté protecteur le pousse souvent à gagner sa vie dans un domaine où il pourra laisser libre cours à son désir d'aider l'humanité tout entière. S'il a choisi un métier moins lié au service au public, il demeurera néanmoins attentif au bien-être d'un collègue, d'un confrère ou d'un employé qui a des problèmes. Il ne peut s'empêcher de s'inquiéter pour les autres.

Ses loisirs

Le Cancer a besoin de sentir tout son petit monde autour de lui pour être vraiment bien. Il préférera donc avoir des activités familiales plutôt que des sorties dans les boîtes de nuit à la mode... Si vous avez besoin de son aide pour garder le petit dernier, pour préparer un repas alors que vous êtes alité, appelez-le, il arrivera en moins de temps qu'il n'en faut pour le dire.

D'ailleurs, notre Cancer aime bien cuisiner. Il est gourmand, d'accord, mais c'est aussi pour lui un bon moyen de réunir autour de lui tous ceux qu'il aime. Il n'hésitera pas à passer des heures dans la cuisine pour vous concocter des petits plats. Et si vous discutez recettes avec lui, alors ce super cordon-bleu vous éblouira par ses talents et ses connaissances culinaires.

Son esprit de famille est très développé et, pour cette raison, l'histoire et la généalogie sauront l'attirer. Très attaché aux souvenirs, aux objets anciens ou aux bricolages des enfants, il pourrait même devenir collectionneur.

Si vous décidez de l'emmener au cinéma ou de lui acheter un roman, n'hésitez pas à cultiver son côté fleur bleue. Les grandes histoires de tendresse et de romantisme sauront le ravir, surtout si la fin consiste en une envolée lyrique sur fond de retrouvailles, de mariage ou d'amour passionné.

Sa décoration

On sait que le Cancer aime bien se protéger sous sa carapace et offrir un refuge aux membres de sa famille. Son intérieur sera donc confortable, chaleureux et douillet. Son petit nid lui permet de se retrancher d'un monde qui va trop vite et qui se fait trop stressant. Chez lui, vous vous sentirez en sécurité, protégé et choyé.

Sa décoration peut sembler hétéroclite, car il aime les objets et il en a accumulé au fil des ans. Il y en a partout. Cet adepte du cocooning s'est créé un cocon douillet où l'histoire de sa petite famille peut se lire au moyen des nombreux souvenirs qui y sont exposés: des photos, le premier soulier de l'aîné, les trophées sportifs du benjamin, un beau dessin de sa cadette, qui aura bientôt 50 ans… mais qu'à cela ne tienne, le Cancer a tout conservé. Si un membre de sa famille cherche un document familial, il est à peu près assuré de le retrouver dans les nombreux souvenirs entreposés chez lui.

La Lune gouverne son signe. Le Cancer aura donc tendance à s'entourer de rondeur. On constate cela en examinant les meubles anciens qu'il aime: les sièges profonds, les consoles et les commodes aux formes rebondies. Chez lui, aucune arête; tout accentue le sentiment de douceur et de bien-être, qui frappe dès qu'on arrive chez lui. On se sent tellement bien chez lui qu'il est souvent bien difficile de s'en aller... les enfants le savent bien.

Son budget

L e Cancer est un être sage. On pourrait même le qualifier de peureux. Il ne risquera pas ses économies sur un coup de tête.

Avec lui, le mot modération a tout son sens. Il pèse sans cesse le pour et le contre avant de délier les cordons de sa bourse. Si une dépense peut attendre, s'il n'est pas sûr, il y réfléchira deux fois. Et s'il se sent pressé de prendre une décision, il se rebellera et se renferma bien vite dans sa carapace.

Ce n'est pas un être pingre, mais il connaît bien la valeur des choses. Il mise sur la qualité plutôt que la quantité. Sa voiture, même chère, durera longtemps et lui assurera la sécurité qu'il recherche. Sa maison sera solide et située dans un quartier où sa valeur augmentera avec les années.

Il sait investir dans des obligations ou des actions stables; ce n'est pas lui qui courra un risque à la Bourse. Il préfère y aller d'un train pépère, mais arriver à bon port. D'ailleurs, il se décide lentement, mais ne se trompe pas. Son avenir est planifié, et sa retraite, bien préparée. C'est un être sage qui ne mettra pas sa sécurité en péril.

Pour dépanner un être cher, voilà quelqu'un sur qui on peut compter. Il accourra, et souvent avec les bras chargés d'une multitude de solutions... quand ce ne sera pas de présents.

Quel cadeau lui offrir?

I l est relativement facile de faire plaisir à un Cancer. Puisque son in-
térieur a tellement d'importance à ses yeux, un petit quelque chose pour sa maison, un bibelot, un souvenir ou un objet sera grandement apprécié, surtout si cela ajoute encore un peu de rondeur à son environnement.

Puisque la cuisine est sa passion, n'hésitez pas à lui offrir des livres de recettes, des ustensiles, de la vaisselle, des accessoires pour sa table, ou un grand gueuleton dans un bon restaurant.

En fait, c'est plus le geste en lui-même qui comptera à ses yeux, donc vous n'aurez pas besoin de vous ruiner pour lui faire plaisir. Par exemple, un objet fait de vos mains, ou mieux encore par un enfant, le ravira.

Un dessin, une poterie, une peinture, un coussin au crochet, un pull tricoté de vos mains, une vieille photographie de vos ancêtres communs agrandie et encadrée, voilà ce qu'il appréciera. Et n'ayez crainte, votre cadeau occupera une place de choix parmi ses plus chers souvenirs.

Les enfants Cancer

Un bébé Cancer est un bébé facile. On ne l'entend jamais, il fait ses nuits, dort beaucoup et ne pleurniche pas, à moins justement qu'on l'ait empêché de faire un gros dodo.

Ce sera aussi un petit glouton qui aimera bien le sein de sa maman, plus que le biberon d'ailleurs.

Affectueux, sensible et obéissant, ce formidable bout de chou cherchera toujours à faire plaisir. Les petits garçons sont très attachés à leur maman et le resteront toute leur vie. Il faut donc leur apprendre à voler de leurs propres ailes et ne pas trop les couver, car ils pourraient s'accrocher à vous et ne pas prendre leur envol.

L'enfant Cancer gardera toute sa vie un indéfectible souvenir de la maison de son enfance et de sa famille. Il faudra le pousser hors du nid lorsque le temps sera venu, sinon il pourrait bien continuer à y trouver refuge à la moindre inquiétude. En fait, il reviendra souvent vers vous pour chercher sa dose de tendresse.

L'enfant Cancer a un cœur d'or; il pourrait donner tout ce qu'il a à ses petits camarades moins bien lotis. Il devra apprendre à être plus réaliste, à ne pas trop dépendre des autres, à ne pas trop chercher à surprotéger ses frères ou ses sœurs pour s'épanouir dans la vie.

L'ado Cancer

En tant que signe d'eau, le jeune Cancer a une sensibilité à fleur de peau. Tu ressens l'influence de ton milieu familial, et ta mère occupe une place prépondérante dans ta vie, parfois même à ton insu.

Affectueux, tranquille et plutôt réservé, tu as une imagination très féconde qui te porte à la rêverie. Le plus important pour toi est de te sentir aimé, et tu te montres prévenant et aimable avec tous ceux qui t'entourent, allant même parfois au-devant de leurs désirs, avant qu'ils les aient exprimés. Lorsque quelqu'un se montre intransigeant avec toi, ou si tu penses qu'on s'en prend à un membre de ta famille, tu deviens dur et tu ne te laisses pas faire.

Ta sensibilité te rend un peu timide; tu ne donnes pas ta confiance facilement et, dans un nouveau groupe, tu as tendance à rester à l'écart. Pourtant, lorsque tu es entouré de ceux qui t'aiment, tu t'ouvres: tu te sens vraiment à l'aise.

À l'instar de la Lune qui gouverne ton signe, tu es quelqu'un de changeant. On te trouve parfois capricieux, voire girouette. La raison de ta versatilité est que ta vie émotive guide tes états d'âme. L'avenir t'inquiète un peu, mais tu dois apprendre à apprécier tout ce que la vie met de bon sur ton chemin, sans trop t'arrêter à ses aspects les moins jolis!

Tu es profondément humaniste et généreux, tu as un très grand cœur, un sens profond de la famille. La fidélité et la loyauté ne sont pas les moindres de tes qualités. Tu attends le grand amour, car tu accordes beaucoup de valeur aux sentiments. Tu rêves même d'une petite famille bien à toi, que tu pourras aimer, protéger et gâter.

Tes études

Pour que tu donnes un bon rendement, il te faut un environnement d'étude chaleureux. Les polyvalentes géantes et les cégeps impersonnels t'effraient. Malgré tout, comme tu es doué et travailleur, tu réussis à te débrouiller. Décider de ton orientation est par contre un véritable casse-tête. Que choisir? Tu as tellement d'aptitudes et de talents. Mais tu es un peu lent. Tu veux être sûr de faire le bon choix, de ne pas te lancer à l'aveuglette dans un domaine qui ne te plaira pas à 100 %. Prends ton temps, fais confiance à tes capacités et à tes qualités, et tout ira bien. Une fois que ton choix sera fait, ce sera sans aucun doute le bon.

Ton orientation

Musique, écriture et poésie, peinture, tous les arts te plaisent. Tes talents artistiques sont variés et immenses. Même si tu décides de ne pas les utiliser pour en faire ta carrière, il te faut les développer car ils seront une bonne base de ressourcement. Tu as une imagination fertile et si tu sais bien l'utiliser, elle te permettra de mieux canaliser ton émotivité. L'alimentation ou le travail avec les enfants sont d'autres secteurs qui pourraient te plaire. Les techniques de garderie, l'enseignement, l'histoire, la géographie, la diététique, la restauration, l'hôtellerie, les services de traiteur, le cinéma, les soins infirmiers, la médecine, la gestion, la décoration, le jardinage, l'immobilier, la plomberie, le commerce, les antiquités sont autant de domaines qui te permettront d'exprimer tes capacités. Tu vois: tu as le choix.

Tes rapports avec les autres

Tu pressens les événements et les situations. Si un de tes proches est en difficulté, ton intuition te préviendra. Tu as du flair, mais tu ne t'y fies pas assez. Très sensible à l'opinion de tes amis, tu seras ton plus dur critique. Bien sûr, tu es le meilleur juge, mais ne te laisse pas influencer, forge-toi ta propre opinion sans te ranger à celle du voisin par commodité.

Tu es un ami formidable; ta générosité, tes attentions et ta gentillesse font de toi une personne très recherchée. Et en plus, on te sait très fidèle en amitié comme en amour. Il est à peu près sûr que tu as gardé tes meilleurs amis depuis l'école maternelle ou primaire.

Meryl Streep, Jean-Pierre Ferland, Robert Charlebois, Garou, George Michael, Claire Lamarche, Sylvie Tremblay, Charles Biddle jr, Renée Claude, Sylvester Stallone, Ringo Starr, Nathalie Simard, Tom Hanks, Michel Louvain, Yves Corbeil, Carlos Santana, Marie-Josée Taillefer, Michel Tremblay, Tom Cruise, Isabelle Adjani, Joanne Prince.

Pensée positive pour le Cancer

Je vais de l'avant en toute confiance. Je suis libéré de mon passé et je deviens réceptif à tout ce que la vie et les autres veulent me donner de bon.

Pensée positive spéciale pour 2004

Je m'adapte parfaitement à ma nouvelle vie, car je sens que ce qui arrive me libère du passé et me permet d'avancer.

Le subconscient nous dirige toujours selon nos pensées. En répétant le plus souvent possible ces pensées conçues tout spécialement pour vous, vous vous attirerez plein de belles choses.

Signe: Cancer

Élément: Eau

Catégorie: Cardinal

Symbole: ♋

Points sensibles: Appareil digestif, foie, estomac, rate, pancréas, seins, glandes mammaires. Dyspepsie, digestion lente, besoin de beaucoup de sommeil.

Planète maîtresse: La Lune, qui représente l'émotivité.

Pierres précieuses: Perle, onyx, pierre de lune

Couleurs: Blanc, gris, argent, toutes les couleurs pastels.

Fleurs: Rose blanche, lys, nénuphar.

Chiffres chanceux: 3-8-11-15-23-29-33-35-46-48

Qualités: Sensible, esprit de famille, dévoué, hospitalier, bienveillant, tenace, très maternelle.

Défauts: Indécis, peureux, rêveur, lent à démarrer, accroché à sa mère, dépressif, vit dans ses souvenirs et dans le passé.

Ce qu'il pense en lui-même: Qu'est-ce que je pourrais faire pour faire plaisir aux enfants?

Ce que les autres disent de lui: Les enfants d'abord, les autres ensuite.

Prédictions annuelles

Deuxième année consécutive avec la présence de Saturne dans votre signe, un transit peu commun qui ne se produit que rarement dans une existence et qui correspond immanquablement à une crise d'identité profonde. Avouez-le, vous vous cherchez, vous vous interrogez sur le sens de votre vie. Vous arrivez à un tournant majeur de votre destinée et devrez prendre d'importantes décisions. Vous devez rajuster votre tir, redéfinir vos priorités et composer avec des situations que vous n'avez pas choisies. N'oubliez pas que vous appartenez à un signe cardinal. C'est l'indice d'une volonté puissante qui vous permettra, si vous vous en servez, de faire face à la musique et, même, de finir par triompher de tout.

SANTÉ – Ne badinez pas avec les aspects planétaires actuels. Si vous adoptez une attitude préventive et préférez un mode de vie sain au laxisme et à la négligence, vous pourrez éviter plusieurs désagréments. N'hésitez pas à investir davantage dans votre bien-être, à penser davantage à vous. À trop vous dépenser pour vos proches, vous risquez de vous retrouver les batteries à plat. Les autres n'ont qu'à se débrouiller seuls de temps à autre. Un dernier conseil, ne jouez pas au casse-cou cette année.

SENTIMENTS – Il y en a qui abusent dans votre entourage! Le moment est venu de mettre le holà. Ça ne fera pas l'affaire de ceux qui bénéficient un peu trop de vos largesses, mais ça vous permettra de souffler et de consacrer plus de temps et d'énergie à vos propres affaires. Au fait, vous restez peut-être un peu trop à la maison, essayez donc de profiter à l'occasion des invitations qu'on vous lance. La santé d'un être cher pourrait vous inquiéter, toutefois une intervention hâtive se révélera fort efficace. Côté cœur, vous vivez quelques frustrations, vous avez l'impression qu'on ne vous comprend pas vraiment, mais ce n'est pas en vous repliant sur vous-même, comme vous le faites généralement, que vous arrangerez les choses. Pourquoi ne pas prendre la résolution de parler davantage, d'exprimer vos besoins, de dire ce qui vous dérange?

AFFAIRES – Plusieurs transformations sont susceptibles de se produire, certaines seront le fruit de votre initiative tandis que d'autres surviendront sans prévenir. Voici venu le moment de mettre à contribution votre esprit volontaire. De nouveaux défis se présentent; qu'à cela ne tienne, allez de l'avant, foncez. Une recommandation cependant: ne lâchez pas la proie pour l'ombre, analysez les retombées avant de vous lancer tête première dans de nouvelles entreprises. Ne prêtez pas d'argent à moins que vous n'ayez les moyens de le donner. Renforcez la sécurité de votre domicile et de vos biens.

Janvier

D	L	M	M	J	V	S
				1	2	3
4	5	6	7○	8	9	10
11	12D	13D	14D	15F	16F	17
18	19	20	21●	22	23	24F
25F	26D	27D	28D	29	30	31

○	Pleine lune	●	Nouvelle lune
F	Jour favorable	D	Jour difficile

SANTÉ – Les influences planétaires sont délicates, voilà pourquoi vous vous devez de faire davantage attention à vous. Soignez vos malaises sans tarder et faites preuve de vigilance afin de ne pas vous blesser. Au cours de la seconde quinzaine, le contrôle de vos émotions vous échappe; apprenez à vous relaxer et ne prenez rien trop à cœur.

SENTIMENTS – La famille a des exigences qui dépassent les bornes, vous serez bien obligé de mettre le pied à terre si vous ne voulez pas être envahi. Un jeune vous en fait voir de toutes les couleurs, le moment est venu de faire montre de plus d'autorité. Au moins, votre chéri est là qui vous soutient, particulièrement entre le 14 et le 31. Vos amis se montrent compréhensifs eux aussi, ils savent vous écouter et même vous conseiller.

AFFAIRES – Vous avez beau vous démener, les choses ne marchent pas à votre goût. Les finances, la vie professionnelle laissent à désirer. Heureusement, ça ne durera pas indéfiniment, dans quelques semaines vous pourrez faire les progrès dont vous rêvez et même régler ce qui achoppe. En attendant, inutile de vous obstiner, croyez-moi, la souplesse vaut bien mieux.

Février

D	L	M	M	J	V	S
1	2	3	4	5	6○	7
8	9	10D	11D	12F	13F	14
15	16	17	18	19	20●F	21F
22F	23D	24D	25	26	27	28
29						

○	Pleine lune	●	Nouvelle lune
F	Jour favorable	D	Jour difficile

SANTÉ – Dès le 6, vous êtes libéré des transits négatifs. Vous reprenez alors des forces tant morales que physiques. Bonne période pour les traitements, les thérapies ou tout simplement la remise en forme. Comme vous avez les idées plus claires, profitez-en pour remettre un peu d'ordre dans votre vie.

SENTIMENTS – Le climat s'allège, une personne qui vous avait manqué de respect revient à de meilleurs sentiments. À la maison, l'atmosphère est nettement plus détendue, vous pouvez enfin vous exprimer sans que ça dégénère en conflit. Excellent mois pour vous divertir avec les copains et vous faire de nouveaux amis.

AFFAIRES – Voici que vous traversez un cycle plus prospère. Votre budget s'équilibre à nouveau, votre carrière redémarre. Bref, vous vous sentez plus confiant en l'avenir. Excellent mois pour postuler un nouvel emploi, pour entreprendre des démarches et pour négocier. C'est un nouveau départ, n'espérez plus et foncez. Une bonne surprise vous attend pendant la dernière semaine.

Mars

D	L	M	M	J	V	S
	1	2	3	4	5	6○
7	8D	9D	10F	11F	12	13
14	15	16	17	18F	19F	20●D
21D	22	23	24	25	26	27
28	29	30	31			

○	Pleine lune	●	Nouvelle lune
F	Jour favorable	D	Jour difficile

SANTÉ – Vous poursuivez votre remontée, notamment sur le plan physique. Psychologiquement, nous décelons une recrudescence de l'anxiété entre le 12 et le 31. Cependant, si vous laissez sortir la pression qui menace de s'accumuler, vous devriez vous sentir plus serein. Très bon mois pour subir une remise en beauté, pour rajeunir votre allure ou pour suivre un régime.

SENTIMENTS – Dès le 5, vous pouvez compter sur l'intervention de Vénus pour égayer votre vie. Socialement, ça s'annonce enlevant, sans compter que vos copains s'emploient plus souvent qu'à leur tour à vous faire plaisir. En amour, la complicité bat son plein, les solitaires pourraient aussi nouer une fascinante amitié amoureuse. Un enfant fait encore des siennes dans la seconde quinzaine et, cette fois, vous en avez marre!

AFFAIRES – La première moitié du mois est presque parfaite; vos démarches aboutissent rapidement, votre flair vous permet de saisir au vol une excellente occasion et, par-dessus le marché, vous jouissez d'un sens du *timing* peu commun. Par la suite, vous devrez peut-être vous y reprendre à deux fois, mais le résultat demeurera positif.

Avril

D	L	M	M	J	V	S
				1	2	3
4D	5○D	6F	7F	8	9	10
11	12	13	14	15F	16F	17D
18D	19●D	20	21	22	23	24
25	26	27	28	29	30	

○ Pleine lune		●	Nouvelle lune
F Jour favorable		D	Jour difficile

SANTÉ – Votre énergie a tendance à vaciller. Ça ne prend pas grand-chose pour que vous vous sentiez épuisé, sans doute un des effets de la saison froide qui perdure, à moins que ce ne soit le stress qui monopolise toutes vos ressources. Assurez-vous que votre alimentation est équilibrée, octroyez-vous des moments de repos et, de grâce, essayez de ne pas vous en faire autant!

SENTIMENTS – Pas toujours évident de faire partager votre point de vue: votre entourage se montre peu réceptif, certains semblent même s'offenser de vos propos. Votre partenaire est renfermé, vous n'arrivez pas à le faire parler; quant à vos amis, ils ne prennent pas le temps de vous écouter, tout ce qu'ils veulent, c'est vous raconter leurs propres ennuis... Franchement! Mais ne vous en faites pas outre mesure, tout ça n'est que temporaire.

AFFAIRES – L'éclipse engendre des hauts et des bas: à certains moments, vous obtenez des résultats encourageants tandis qu'à d'autres, tout semble stagner. Bon temps donc pour mettre à contribution votre intuition, qui vous permettra de sentir quand il est plus profitable d'agir. Une dépense imprévue risque de se produire, gardez-vous des sous pour y faire face.

Mai

D	L	M	M	J	V	S
						1
2D	3D	4○F	5F	6	7	8
9	10	11	12F	13F	14D	15D
16	17	18●	19	20	21	22
23/30D	24/31F	25	26	27	28	29D

○	Pleine lune	●	Nouvelle lune
F	Jour favorable	D	Jour difficile

SANTÉ – La planète Mars arrive dans votre signe le 7, ce qui devrait renouveler sensiblement vos réserves d'énergie. Toutefois, ce transit n'a pas que des effets positifs, on l'associe souvent aux blessures et aux ennuis de santé; prenez donc toutes les précautions nécessaires. Moralement, vous êtes plus solide à compter du 16, vous retrouvez à la fois le contrôle de vos nerfs et votre optimisme.

SENTIMENTS – La première quinzaine laisse à désirer, cependant le reste du mois offre de meilleures possibilités. Un enfant amende sa conduite, le conjoint redevient plus loquace, et vos amis regrettent de vous avoir laissé tomber. Bref, vous avez tout ce qu'il faut pour améliorer vos relations interpersonnelles. Vous voguerez ainsi dans des eaux bien plus calmes.

AFFAIRES – Même si ça ne marche pas à toute vitesse, vous pouvez néanmoins faire ce que bon vous semble jusqu'au 7. Par après, vous vous heurtez à certains obstacles et n'avez pas nécessairement le contrôle de la situation. Inutile de vous entêter, ça ne ferait qu'envenimer les choses. Mieux vaut opter pour la souplesse. Ne laissez personne vous délester de ce qui vous appartient.

Juin

D	L	M	M	J	V	S
		1F	2○	3	4	5
6	7	8F	9F	10F	11D	12D
13	14	15	16	17●	18	19
20	21	22	23	24	25D	26D
27D	28F	29F	30			

○	Pleine lune		●	Nouvelle lune
F	Jour favorable		D	Jour difficile

SANTÉ – Mars demeure dans votre signe jusqu'au 23, par conséquent il faut continuer à faire attention à vous. La prévention et la prudence vous permettront de rester à l'écart des malaises et des accidents. La dernière semaine est exempte de difficultés. Quant au moral, il va plutôt bien jusqu'au 19; par la suite, la nervosité vous guette si vous vous laissez dépasser par les événements.

SENTIMENTS – Les trois premières semaines semblent assez lourdes. Vous vous sentez tiraillé, car des proches vous demandent de prendre parti pour l'un ou l'autre. Ça ne vous tente pas du tout, et vous avez parfaitement raison, laissez-les donc s'arranger entre eux. De surcroît, votre conjoint ou un parent file un mauvais coton. Par la suite, tout rentre dans l'ordre.

AFFAIRES – Ici, c'est pareil, les trois premières semaines ne vous laissent pas de répit. Au travail, vous devez sans cesse composer avec des imprévus, ce qui vous irrite royalement en plus de vous insécuriser. Les dépenses s'accumulent, vous avez l'impression que vous n'en verrez pas la fin. Pourtant le mois se termine sur une note positive, une bonne nouvelle vous fait sauter de joie.

Juillet

D	L	M	M	J	V	S
				1	2○	3
4	5	6F	7F	8D	9D	10
11	12	13	14	15	16	17●
18	19	20	21	22	23D	24D
25F	26F	27	28	29	30	31○

○	Pleine lune	●	Nouvelle lune
F	Jour favorable	D	Jour difficile

SANTÉ – Le départ de Mars et de Mercure vous laisse le champ libre. En plus de mieux gérer votre énergie, vous semblez beaucoup plus résistant. Le stress a cessé de vous tirailler, vous recommencez même à faire confiance à la vie. Bon mois pour vous soigner, pour prendre des résolutions et faire du ménage dans vos idées.

SENTIMENTS – Votre entourage ne vous cause ni déception ni inquiétude. Vous dialoguez plus facilement, on vous écoute attentivement et on prend vos propos en considération. Ajoutez à ça une bonne dose de tendresse et vous avez tout ce qu'il faut pour profiter de la vie. Plusieurs invitations arrivent en même temps au cours de la dernière semaine.

AFFAIRES – Vous pouvez enfin faire avancer votre situation. Un nouveau poste, bien que très exigeant, vous permet d'entrevoir l'avenir avec davantage d'optimisme. Vous repensez votre budget, ce qui donne des résultats probants; vous pourriez, entre autres, arriver à liquider certaines dettes. La deuxième partie du mois est propice aux déplacements, qu'ils soient d'affaires ou d'agrément.

Août

D	L	M	M	J	V	S
1	2F	3F	4D	5D	6D	7
8	9	10	11	12	13	14
15●	16	17	18	19D	20D	21F
22F	23	24	25F	26	27	28
29○	30F	31F				

○	Pleine lune	●	Nouvelle lune
F	Jour favorable	D	Jour difficile

SANTÉ – Vous allez de mieux en mieux. Qui plus est, à partir du 10 vous affichez une mine radieuse, voire un petit air rajeuni. Comme vous avez de l'énergie à revendre, pourquoi ne pas en profiter pour vous adonner à certaines activités en plein air? Ça vous ferait le plus grand bien. Quant au moral, il est au beau fixe.

SENTIMENTS – Entre le 7 août et le 6 septembre, Vénus parcourt votre signe, un transit extrêmement significatif pour la destinée affective. Certains prendront d'importantes décisions concernant leur vie de couple, d'autres vivront un important rapprochement ou pourront rencontrer l'amour. Bonne période pour socialiser, renouer avec les copains et rencontrer du nouveau monde.

AFFAIRES – Ici aussi, vous bénéficiez d'une excellente conjoncture une fois la première semaine écoulée. Vos démarches, vos nouvelles entreprises et vos négociations remportent énormément de succès. Un deuxième emploi, un contrat imprévu, des heures supplémentaires ou carrément un nouveau poste apportent de l'eau au moulin. Bon mois pour mettre des sous de côté, à la condition de vous tenir à l'écart des magasins.

Septembre

D	L	M	M	J	V	S
			1D	2D	3	4
5	6	7	8	9	10	11
12	13	14●	15D	16D	17F	18F
19F	20	21	22	23	24	25
26F	27F	28○D	29D	30		

○	Pleine lune	●	Nouvelle lune
F	Jour favorable	D	Jour difficile

SANTÉ – Vous traversez toujours un cycle favorable. Les moindres efforts en vue d'améliorer votre santé, votre apparence ainsi que votre résistance nerveuse donnent des résultats du tonnerre. Votre dynamisme fait plaisir à voir, vos réflexes sont excellents, et votre façon d'aborder les problèmes est devenue exemplaire. Pas étonnant qu'avec de telles dispositions, le mois s'annonce magnifique!

SENTIMENTS – À ne pas négliger: la présence de Vénus dans votre signe durant les six premiers jours; n'hésitez pas à consacrer davantage de temps et d'énergie à votre vie amoureuse. Par après, c'est plus tranquille sur ce plan, mais en ce qui a trait à vos sorties et à vos activités sociales, ça demeure tout aussi effervescent. Satisfactions intenses au sujet d'un enfant entre le 10 et le 28.

AFFAIRES – Ce n'est pas le temps de vous asseoir sur vos lauriers, au contraire! Avec la présente conjoncture, vous avez tout intérêt à aller de l'avant. Mettez vos projets en branle, posez votre candidature pour un nouveau poste, faites des démarches. On dit qu'il faut battre le fer pendant qu'il est chaud, eh bien, il est brûlant actuellement! Vous apprenez une nouvelle réjouissante concernant vos finances.

Octobre

D	L	M	M	J	V	S
					1	2
3	4	5	6	7	8	9
10	11	12	13●D	14D	15F	16F
17	18	19	20	21	22F	23F
24D/31	25D	26D	27○	28	29	30

○	Pleine lune	●	Nouvelle lune
F	Jour favorable	D	Jour difficile

SANTÉ – La venue de Mars dans un secteur délicat de votre ciel et les effets fragilisants des éclipses combinés risquent de vous donner du fil à retordre si vous n'adoptez pas quelques règles de prudence. Gare à vous, donc, afin de ne pas vous blesser, contracter un virus ou tomber malade. Si vous vous surveillez de près, vous pourrez facilement déjouer les astres.

SENTIMENTS – La famille refait des siennes en ce mois, sans doute serait-il plus sage de garder vos distances. Un aîné connaît des difficultés et réclame votre aide. Quant à la marmaille, elle vous fait damner dans le courant de la première quinzaine, mais ça se tasse par la suite. Fidèle au poste, votre partenaire tente de vous épauler par tous les moyens; ne vous montrez pas trop dur avec lui quand il est maladroit, ses intentions sont tellement louables!

AFFAIRES – Vous avez beau vous débattre, rien ne semble vouloir fonctionner durant la première moitié du mois. Par après, même si la partie est loin d'être gagnée d'avance, votre détermination et votre flair peuvent vous aider à passer au travers. Ce serait une mauvaise idée de vous embarquer dans quoi que ce soit sans garanties sérieuses, mieux vaut signer de bonnes ententes que de conclure une affaire sur une poignée de main.

Novembre

D	L	M	M	J	V	S
	1	2	3	4	5	6
7	8	9D	10D	11F	12●F	13
14	15	16	17	18	19F	20F
21F	22D	23D	24	25	26○	27
28	29	30				

○	Pleine lune	●	Nouvelle lune
F	Jour favorable	D	Jour difficile

SANTÉ – Les choses sont sur le point de revenir à la normale, ce n'est pas trop tôt. En effet, dès le 11, vous êtes libéré des aspects planétaires restrictifs des dernières semaines. Comme par enchantement, vous retrouvez à la fois votre vitalité, votre robustesse ainsi que votre calme; mieux encore, si vous mettez la main à la pâte, vous pourrez accélérer ce processus de rétablissement. En attendant ce jour heureux, continuez à prendre vos précautions.

SENTIMENTS – Avec la famille et les enfants, ça devrait également se replacer à partir du 11. Toutefois, avec le partenaire, la situation se corse durant les trois premières semaines. Est-ce parce qu'il vit des moments difficiles qu'il n'est pas à prendre avec des pincettes? Qu'importe, si vous usez de votre douceur proverbiale, vous parviendrez à détendre l'atmosphère.

AFFAIRES – Ce domaine n'échappe pas aux mouvements planétaires, et c'est donc à compter du 11 que vous ressentirez le relâchement des tensions. Un projet qui semblait voué à l'échec se met à fonctionner, une situation embrouillée devient limpide, vous pourriez même vous trouver du travail si vous êtes sans emploi. Justice est enfin faite, vos détracteurs et ennemis en prennent pour leur rhume!

Décembre

D	L	M	M	J	V	S
			1	2	3	4
5	6D	7D	8D	9F	10F	11●
12	13	14	15	16	17F	18F
19D	20D	21	22	23	24	25
26○	27	28	29	30	31	

○	Pleine lune	●	Nouvelle lune
F	Jour favorable	D	Jour difficile

SANTÉ – Fini le temps des pannes d'énergie, des malaises à répétition et de la déprime, vous voici à nouveau frais et dispos! Vous allez tellement mieux que ça se voit; d'ailleurs plusieurs le font remarquer. Animé d'une belle énergie constructive, vous avancez sans rencontrer d'obstacles. Ajoutons que vous pourriez enfin trouver la solution à un problème qui traîne depuis longtemps.

SENTIMENTS – Tout est beau. Votre vie de couple redevient harmonieuse et, si vous êtes seul, une agréable rencontre pourrait tout changer. Vous recevrez une foule d'invitations toutes plus charmantes les unes que les autres. Vous ne perdez pas de temps et remettez *ipso facto* à sa place une personne qui voulait vous envahir. Bravo, je suis fière de vous!

AFFAIRES – Un autre mois fort constructif durant lequel vos efforts sont récompensés. Qu'il s'agisse d'une recherche d'emploi ou d'une réorganisation de celui que vous occupez déjà, les résultats parlent d'eux-mêmes. Il va sans dire que vos finances amorcent un cycle de redressement et que vous pourrez enfin dormir sur vos deux oreilles. Bonne période pour voyager ou conclure une transaction.

Lion
du 24 juillet au 23 août

E n bon Lion que vous êtes, vous régnez sur votre petit monde, et cela se voit. Vous êtes la vedette de votre cercle amical ou familial, et vous appréciez que les têtes se tournent sur votre passage. On vous remarque, et tout en vous contribue à cela: vos vêtements, vos attitudes, votre démarche, bref votre allure générale est féline et ne passe pas inaperçue.

Vous voulez être à la tête de la meute, partout et dans tout. Votre intérieur doit être le mieux tenu, votre carrière doit atteindre des sommets, vous devez remporter le plus important trophée sportif, vous devez diriger une multinationale, bref que ce soit pour récurer les chaudrons ou pour diriger une banque, vous ne jouerez jamais les seconds violons.

On ne peut pas dire que vous soyez mauvais perdant; vous êtes plutôt un gagnant qui a du panache et qui sait se montrer débonnaire et généreux avec autrui. La victoire vous va bien, il n'y a pas de doute là-dessus. Et souvent, vous la méritez. Énergique, ambitieux, ayant du cœur à l'ouvrage, vous vous donnez à 100 % ou, plutôt, à 200 %. Vous vous concentrez sur votre but, et votre ardeur est remarquable. Rien ne semble trop difficile à vos yeux, quitte à redoubler d'efforts pour atteindre votre but. Qu'il s'agisse d'un poste de direction, de l'aménagement de votre demeure, de vos cours de piano, tout est mis en œuvre pour contribuer à votre triomphe. Le résultat est remarquable et remarqué, et c'est le but que vous vous étiez fixé. Vous ne supportez pas l'indifférence.

Et bien sûr, quand on ne laisse pas indifférent, certains admirateurs nous soutiennent et d'autres nous envient. Vous serez donc souvent l'objet de jalousie et de critiques acerbes. Vous occupez toute la scène, et certains vous reprocheront de jouer à la star; ne vous en faites pas avec ces mesquineries, car dans le fond ces gens vous envient et vous admirent. En fait, tout vous réussit si bien qu'on pourrait croire que vous parvenez à votre but sans effort, que tout vous tombe du ciel, et pourtant, vous travaillez d'arrache-pied pour obtenir tout ce que vous possédez… Vous savez si bien cacher vos efforts qu'on dirait que votre succès va de soi, vous avez tellement l'air d'être au-dessus de vos affaires.

Il en va de même sur le plan personnel. Vous dissimulez vos soucis, vos inquiétudes et votre chagrin; vous dites que tout va bien, même lorsque vous êtes désemparé. Vous êtes tellement habile pour cacher vos tracas que même vos proches n'y voient que du feu… et vous vous sentez bien seul dans ces moments-là.

Vous régnez sur votre entourage, certes, mais vous n'êtes ni un être arrogant ni un avare. Vous êtes un roi qui veille attentivement sur ses sujets et vous savez vous montrer très généreux.

Démonstratif et ardent comme vous l'êtes, vous vivez vos amours sous le signe de la passion, et vous recherchez un partenaire qui vous fera honneur. Si en plus cette personne se montre indifférente ou est inaccessible, le défi n'en est que plus attirant pour le Lion, qui se lancera alors dans une véritable chasse.

En tant que maître du monde, vous avez un sens de la justice très élevé. Vous êtes une personne entière, honnête et droite, et vous demandez la même chose de votre entourage. Hélas! tout le monde ne vous ressemble pas. Ainsi, si vous vous associez, cette union sera profitable… à vos partenaires, car vous mettrez tout votre cœur et beaucoup de passion à votre travail, ce qui rapportera beaucoup à ceux qui en feront moins et qui vous laisseront agir. Vous donnez de bon cœur, mais vous ne pardonnez pas de sitôt la duperie et le mensonge. Dans ces cas-là, le Lion en vous se réveille et gronde.

Comme leurs homologues des savanes, les femmes Lion seront souvent reines de leur foyer et pourront mener sans problème une carrière parallèle à leur vie domestique. Elles vont «chasser» pour rapporter de la nourriture.

Votre signe est celui du commandement, de la gestion, et, même si vous commencez au bas de l'échelle, vous finirez par obtenir un poste de direction. Vous avez un goût inné pour l'autorité; vous aimez décider de tout, choisir le film que votre conjoint veut voir, organiser les activités des enfants et jusqu'à donner votre avis sur la maison que votre sœur veut acquérir.

Vous êtes là pour tout organiser, tout diriger, et il ne faut certainement pas que les autres viennent se mêler de vos affaires et vous dire quoi faire!

Votre point faible serait sûrement votre petit côté orgueilleux et vaniteux. Vous aimez la flatterie, et cela peut vous jouer de vilains tours. Tout semble facile pour vous, et on a souvent tendance à croire que tout vous arrive sans effort alors que avez certainement travaillé très dur pour en arriver là et pour surmonter de nombreux obstacles. Mais une fois que vous avez réussi, avouez quand même que vous gonflez votre crinière d'orgueil!

Comment se comporter avec un Lion?

L e meilleur moyen de s'entendre avec un Lion est de ne pas s'opposer à lui. Il n'appréciera pas que vous le remettiez en question et pourrait en faire une affaire personnelle. Que vous vous mettiez en colère, que vous criiez, que vous tempêtiez n'y changera rien; au contraire, il s'entêtera. Par contre, le Lion n'est pas insensible à la logique et au bon sens; c'est donc la carte qu'il faut jouer pour le convaincre. Pour obtenir ce que vous désirez, vous pouvez aussi faire appel à ses émotions, à ses bons sentiments. C'est un être généreux qui ne vous tournera pas le dos en cas de besoin. Exposez-lui la situation et laissez-lui le plaisir de proposer son aide. Il aura l'impression que ça vient vraiment de lui et sera d'autant plus heureux de vous donner un bon coup de main.

Le Lion a une haute opinion de lui-même; il aime bien qu'on fasse attention à lui. Au restaurant, à la maison ou en société, n'hésitez pas à lui laisser prendre la première place; il vous en sera reconnaissant… De toute façon, il la prendra, alors autant la lui laisser rapidement pour éviter les heurts. Le Lion aime s'afficher, se faire remarquer. Il aime les activités qui lui permettront de se montrer en public. Invitez-le au théâtre, dans des premières et des lancements officiels. Par contre, vous devrez l'accompagner, car il a besoin de sa petite cour et déteste être seul.

Si vous avez des reproches à lui faire, attendez un tête-à-tête. Ne le faites jamais, au grand jamais, devant une tierce personne ou pire — quel outrage! — en public. Humilié, notre Lion ne vous le pardonnerait jamais. Et même s'il a tort, ne le contredisez pas devant les autres: soutenez-le, quitte à rétablir les choses en privé, lorsqu'il sera mieux disposé à vous écouter. Si vos propos sont sensés et logiques, ou s'il pense vous faire plaisir, il rentrera ses crocs et, en bon gros minet généreux, il se laissera convaincre.

Le Lion soigne particulièrement son image publique; donc, ne lui faites jamais un affront devant les autres, car son âme de fauve saura vous le faire payer cher. Si vous réussissez à lui faire croire que vos idées sont les siennes, si vous ne le prenez pas à rebrousse-poil mais plutôt en jouant la carte de la douce caresse, le félin rugissant deviendra le plus gentil des chats et vous mangera dans la main… Ceci reste entre nous, bien entendu!

Ses goûts

Évidemment, le Lion a des goûts royaux. Il apprécie tout ce qui contribue à le mettre en valeur. Ses vêtements sont élégants, généralement griffés, un peu voyants mais classiques, souvent de teintes claires, beiges ou dorées. Il affiche des bijoux de prix, des pierres véritables, des fourrures bien choisies. Sa maison se remplit de beaux objets, généralement précieux, de dorures et surtout de miroirs qui reflètent ses atours. Il aimera un décor lumineux et luxueux.

À table, la mise en scène l'attire: l'argenterie, un chandelier, une table bien dressée. Dans la nature, le lion est un carnassier. Notre Lion aime aussi les viandes et les sauces raffinées. Il déguste avec élégance, se soucie du décorum et a de belles manières. Ce n'est pas lui qui vous fera honte à table, au contraire, sa présence rehaussera vos repas.

Son potentiel

Ce personnage royal ne se contentera sûrement pas d'un poste de subalterne. Le Lion veut toujours faire mieux que les autres; il consacre donc beaucoup de temps et d'énergie à sa carrière. L'avancement et les promotions, voilà ce qu'il recherche. Par contre, il n'hésitera jamais à commencer en bas de l'échelle, car il sait que son ardeur, ses talents et ses efforts le mèneront rapidement vers les plus hauts sommets de son entreprise. Le balayeur deviendra président de la compagnie.

Le Lion excellera dans les postes de commandement, l'administration, la gestion, la politique, le gouvernement, la finance, les affaires, la haute fonction publique, les postes de responsabilité, les grades les plus élevés de l'armée. Quoi qu'il fasse, il obtiendra un poste clé en peu de temps. D'ailleurs, les Lion sont d'excellents entrepreneurs et démarrent souvent leur propre entreprise ou travaillent à leur compte. Ils aiment dominer mais surtout pas se faire dominer.

Comme ils aiment se mettre en avant pour étaler leur allure féline, leur petit côté théâtral sera bien servi s'ils décident de monter sur les planches; il n'est pas rare de constater que bon nombre d'artistes, notamment des acteurs, soient du signe du Lion. Ce sont des stars dans l'âme.

Ses loisirs

Même si c'est parfois à son insu, le Lion choisit des activités où il pourra briller. Ce n'est pas lui qui passera son temps le nez dans un moteur automobile; il risquerait de s'y salir. Par contre, demandez-lui de conduire une voiture de course, et il sera heureux d'afficher ses qualités. Le Lion aime les sports nobles: le golf, l'équitation, le tennis, le polo ou ceux qui donnent du prestige, comme la formule 1. La victoire leur va très bien. Alors si en plus ils réussissent à devancer leurs adversaires, ils seront les plus heureux du monde.

Le Lion aime déployer ses talents, surtout devant un public. Le théâtre, qu'il a dans le sang, et le chant lui conviennent tout à fait. Sous les feux de la rampe, il s'illumine; c'est une vraie vedette. Il aime aussi assister et se montrer à des spectacles haut de gamme.

Il a une vie mondaine brillante et n'hésite jamais à se faire remarquer. Si un photographe de presse est dans le coin, il s'arrangera pour figurer en bonne place sur les clichés. Et si par hasard, il se retrouve à la une des journaux, il ne se tiendra plus de joie.

En fait, le Lion évolue toujours comme si les caméras de télévision étaient braquées sur lui en permanence. Quoi qu'il fasse, cuisiner, planter un clou ou passer l'aspirateur dans le salon, il le fera sourire aux lèvres. Même ses vêtements de travail seront impeccables. Tout lui réussit, et le voir évoluer avec autant de brio fait les délices de ses admirateurs.

Sa décoration

Le Lion, en bon roi, n'habite pas une maison comme vous et moi, mais plutôt un palais. Il a des goûts grandioses; ce qu'il y a de mieux et de plus luxueux trouve toujours place dans son intérieur, et la dépense ne lui fait pas peur.

Des tapis épais et moelleux, probablement très pâles, blancs ou ivoire, vous accueillent à l'entrée de son antre. Ce qui frappe au premier coup d'œil, ce sont les miroirs: ils sont magnifiques et disposés de manière à refléter les bibelots précieux, les dorures, les objets de cristal. Des meubles très chers et des tentures imposantes viennent compléter une décoration riche et luxueuse. Le Lion possède un goût inné pour le beau. Il sait choisir les plus belles matières, le meilleur bois, les tissus les plus luxueux; il aime l'opulence, et ça se voit. C'est d'ailleurs l'effet recherché.

Il se passionne pour les œuvres d'art, les meubles ayant beaucoup de style, les objets luxueux et n'hésite pas à s'en procurer, même à prix faramineux... Heureusement, malgré un décor chargé, il choisit des couleurs claires: crème, blanc ivoire, jaune doré, or brillant, ce qui crée un ensemble lumineux et impressionnant sans être oppressant. Le Lion adore aussi les mises en scène; s'il vous invite pour un petit goûter à l'improviste, les porcelaines, les dentelles délicates, les vases de cristal seront tout naturellement de la partie. Ce n'est pas la demeure de n'importe qui, et ça se voit.

Son budget

A vec un tel goût pour le luxe, on pourrait croire que le Lion se moque de son budget et pourrait allégrement se ruiner pour un bel objet. C'est vrai qu'il ne regarde pas à la dépense et qu'il aime les belles choses, mais c'est aussi un excellent administrateur qui sait planifier ses achats. Il sait comment se procurer ce dont il a envie, sans pour cela mettre en péril ses finances. Tout un art!

Ses revenus sont aussi bien gérés que son intérieur. Ses placements sont judicieux, et s'il vous donne des conseils financiers, soyez assuré qu'il sait de quoi il parle. Il n'est pas du genre à mettre tous ses œufs dans le même panier et il diversifie fort bien ses investissements: les valeurs mobilières et immobilières, la Bourse n'ont guère de secrets pour lui. Même avec un budget minuscule, il fera des merveilles et réussira à économiser tout en s'offrant de petits luxes, un véritable tour de force qui en impressionne plus d'un.

Les natifs du Lion ont un sens de la gestion bien aiguisé et ils aiment être leur propre maître. Donc, plutôt que de travailler pour autrui, la plupart décideront de se lancer en affaires, ce qui leur permettra d'exploiter plusieurs talents, sans avoir de comptes à rendre. Ils travaillent très fort pour parvenir au succès. Pourtant, tout semble si facile pour eux que plusieurs les envient.

Quel cadeau lui offrir?

L e Lion est un amateur de beaux objets. Tout le monde n'a pas les moyens de lui offrir un voyage autour du monde en paquebot de luxe ou une Ferrari, mais en respectant une petite règle toute simple, on peut lui faire un plaisir incommensurable, même si on ne lui offre qu'un t-shirt ou un bibelot: n'achetez que des articles de première qualité. Choisissez ce qu'il y a de mieux: une veste griffée, un vase de cristal, des fleurs de première qualité. Il appréciera davantage cela qu'une multitude de cadeaux sans valeur.

Le Lion aime qu'on fasse attention à lui; donc, votre présent sera considéré comme un hommage que vous lui rendez. Ne lui offrez donc pas d'argent; il en serait offensé. Notre Lion n'est pas à vendre! Il aura l'impression qu'il n'a pas d'importance à vos yeux; il appréciera plus un cadeau choisi avec amour qu'un chèque lui permettant d'acheter lui-même ce qui lui plaît.

Le cadeau idéal est un bijou: les diamants sont toujours appréciés. Mais si votre budget ne vous le permet pas, des parfums importés, des objets de luxe ou rares, des vêtements élégants (et préférablement griffés) ou des billets pour un spectacle couru sauront lui plaire. Quoi que vous décidiez de lui offrir, soignez particulièrement la présentation de votre cadeau (du papier de soie, un emballage élégant, un ruban doré), car son plaisir en sera décuplé.

Les enfants Lion

Dans un groupe d'enfants, le plus photogénique sera un petit Lion. Même s'il ne sait encore dire deux mots, dès que vous sortez un appareil photo, il affiche son plus beau sourire, prêt à vous charmer.

Même lorsqu'il est un bout de chou, le petit Lion fait des mimiques, prend des poses, sourit aux anges. Il a déjà du magnétisme et sait comment être le centre d'intérêt de son entourage. Ce n'est pas un enfant qui s'amuse seul dans son coin; il a besoin d'un public. À la garderie, à l'école, dans la ruelle avec ses copains, il continuera de voler la vedette. Il a besoin de briller et demande beaucoup d'attention. C'est un chef de groupe qui sait se faire respecter.

Avec un enfant Lion, il faut être présent. Vous devez lui manifester de l'affection, même quand il se trompe ou lorsqu'il perd. Vous devez alors lui expliquer que d'autres aussi peuvent gagner et qu'un échec ne signifie nullement qu'il n'est bon à rien. Il doit comprendre qu'il ne peut pas être le premier partout, qu'il n'est pas nécessaire d'être toujours parfait en toute chose. Dites-lui que, malgré ses échecs occasionnels, vous l'aimez tout autant. Les enfants Lion sont brillants, intelligents, travailleurs; vous serez très fier d'eux.

L'ado Lion

Ton signe fait honneur au roi des animaux. Comme lui, tu te fais remarquer, et cela te plaît énormément. Tu as tendance à gonfler ta crinière, à te pavaner un peu, sans méchanceté. Tu ne supportes pas d'être le deuxième; tu dois absolument être le premier en tout. Tu as une nature noble et généreuse, et tu es né pour diriger. Dans ton cercle d'amis, c'est probablement toi qui mènes, et lorsque ce n'est pas le cas, tu peux sortir tes griffes de fauve.

Tu t'exprimes facilement, tu donnes ton point de vue, parfois même lorsqu'on ne t'a pas demandé ton avis. En fait, tu as une assez haute estime de toi.

Quand tu ne te sens pas en forme, tu t'isoles dans ton coin jusqu'à ce que ça aille mieux; tu penses sûrement que c'est mieux pour ton image. Tu n'es pas du genre à raconter tes problèmes. Tu n'aimes pas te faire consoler; tu es bien trop indépendant pour cela. Tu cherches à préserver cette force de caractère que tu affiches en tout temps.

Par contre, lorsque ça va bien, tu n'hésites pas à te montrer et à briller de mille feux. Tu es intelligent, tu as bon cœur et tu es conscient de toutes tes capacités. Tu es fier aussi; si on te critique en public, si on te dénigre, cela te blesse profondément. L'opinion des autres compte beaucoup pour toi; tu cherches toujours à te mettre en valeur et à être au mieux de ta forme. Tu aimes les honneurs, mais reste sur tes gardes: ce monde est rempli de flatteurs qui pourraient te manipuler facilement.

Les beaux vêtements et le luxe sont ce que tu préfères, et tu réussis à te les offrir. Tu as des projets ambitieux et toute la volonté qu'il faut pour les réaliser. On dirait que tout vient aisément à toi, que tu n'as qu'à te pencher un peu pour récolter. Pourtant, on oublie tous les efforts que tu as faits pour parvenir à ton but. Tu mérites amplement ton succès, car tu travailles dur pour l'obtenir.

Tes études

Ton signe est fixe; lorsque ton choix est fait, la réussite te sourit. Les efforts ne te font pas peur, et tu es prêt à mettre toute l'énergie nécessaire pour atteindre tes objectifs qui, il faut bien le dire, sont assez grands. Tu aimes être le premier, et la compétition te stimule. Les concours, les examens ne te troublent pas outre mesure; tu les prends comme de nouveaux défis. En équipe, tu dois apprendre à laisser un peu de place aux autres et à leur accorder le mérite de leurs bonnes idées. Cette façon de faire te permettra de diriger le groupe tout en sachant motiver tes troupes pour atteindre le succès.

Ton orientation

L'ambition est probablement ce qui te caractérise le plus. Tu as mille et un projets. Ils sont parfois bien farfelus aux yeux des autres, mais laisse-les sourire et poursuis ta route sans te retourner. Tu connais tes capacités, tu peux juger de tes limites et tu es déterminé. Donc, rien ne peut te résister lorsque tu te mets en tête d'atteindre tes objectifs. Tu es un chef-né, un leader. Choisis une sphère d'activité où tu pourras t'épanouir. L'administration, la gestion, la finance, la politique, le génie, les relations publiques, les arts, le cinéma, le droit et la fonction publique sont des domaines où tu pourrais exprimer toutes tes qualités. Tu peux réussir dans n'importe quoi, si tu sens que tu peux montrer qui est le meilleur, c'est-à-dire toi. Un Lion ne peut se contenter d'un emploi subalterne et il est rare qu'il demeure un employé toute sa vie. Il commence parfois au bas de l'échelle, mais à force de travail, il finira par être au sommet de la hiérarchie. Les Lion pensent souvent à créer leur entreprise, peut-être est-ce déjà dans tes plans d'avenir?

Tes rapports avec les autres

Tu agis souvent comme le «chef de la bande», et tes amis occupent une place prépondérante dans ta vie sociale. Tu aimes rencontrer de nouveaux visages, surtout quand ils te permettent de te faire valoir. Par contre, tu es très attaché à tes amis; tu les aides, tu les défends et si tu sais t'imposer, tu sais aussi les protéger. Tu as une sainte horreur du mensonge et lorsque tu retires ta confiance à quelqu'un, il devra travailler fort pour la regagner. L'élément le plus faible chez toi, c'est que tu n'oses pas demander. Quémander n'est pas dans ta nature. Si ça ne va pas dans ta vie, tu préfères t'isoler et faire croire que tout va bien plutôt que de demander de l'aide. Tu es foncièrement honnête et tu t'attends à ce que tout le monde qui t'entoure le soit aussi.

Claude Barzotti, Mick Jagger, Sandra Bullock, Pascale Montpetit, Charles Lafortune, Martha Stewart, Arnold Schwartzenegger, Yvon Deschamps, Félix Leclerc, André Gagnon, Marjolaine Morin, Maurice Richard, Carole Laure, Julie Snyder, Dustin Hoffman, Bruno Pelletier, Whitney Houston, Louise Forestier, Judy Richards, Michel Jasmin, Napoléon, Madonna, Marc Messier, Sean Penn, Laurence Jalbert, Luce Dufault, Lynda Lemay, Martin Drainville.

Pensée positive pour le Lion

Je rayonne sur les autres, et les nombreux bienfaits que je leur offre me sont rendus au centuple. Je suis un soleil bienfaisant.

Pensée positive spéciale pour 2004

J'ai parfaitement confiance en mes possibilités. Je reçois beaucoup et j'en fais profiter ceux que j'aime.

Le subconscient nous dirige toujours selon nos pensées. En répétant le plus souvent possible ces pensées conçues tout spécialement pour vous, vous vous attirerez plein de belles choses.

Signe: Lion

Élément: Feu

Catégorie: Fixe

Symbole: ♌

Points sensibles: Cœur, système cardiovasculaire, taux de cholestérol, tension artérielle, infarctus, colonne vertébrale, maux de dos.

Planète maîtresse: Le Soleil, source de la vie.

Pierres précieuses: Diamant, brillant, rubis.

Couleurs: Les nuances du soleil et de l'or, jaune, beige.

Fleurs: Rose rouge, pensée, coquelicot.

Chiffres chanceux: 5-9-10-14-25-26-30-35-41-46.

Qualités: Noble, fier, généreux, énergique, doué de magnétisme, vedette, juste.

Défauts: Orgueilleux, autoritaire, goût exagéré du luxe, vaniteux, en impose aux autres.

Ce qu'il pense en lui-même: Il faut absolument que je fasse mieux que les autres.

Ce que les autres disent de lui: Voilà notre vedette qui arrive!

Prédictions annuelles

Même si Jupiter, la grande bénéfique, n'est plus officiellement dans votre signe, vous continuez à en ressentir les effets favorables jusqu'à votre prochain anniversaire. Vous avez donc tous les atouts en main pour transformer votre existence en véritable triomphe. Dans l'adversité, vous êtes protégé et, en bon félin que vous êtes, vous finissez toujours par retomber sur vos pattes. Le reste de l'année n'annonce rien de vilain, vous devrez tout simplement compter sur vos propres moyens plutôt que sur la chance pure pour obtenir ce que vous voulez. Est-ce bien grave? Pas du tout, quand on a affaire à quelqu'un d'aussi déterminé et courageux que vous!

SANTÉ – Je vous exhorte à prendre un peu plus soin de vous, particulièrement d'ici votre fête. Vous surestimez parfois vos capacités et vous êtes bien trop exigeant envers vous-même, ce qui risque à la longue de vous épuiser et de vous rendre vulnérable. Autre point à réévaluer, vos habitudes alimentaires. Je sais que vous appréciez la bonne chère, mais peut-être pourriez-vous diminuer un peu vos portions, car en vous empiffrant vous vous exposez à des problèmes non seulement d'embonpoint mais aussi de santé. Psychologiquement, vous êtes en grande forme, rien ne semble capable de miner votre moral.

SENTIMENTS – Vous êtes bien entouré. Des proches dévoués se dépensent sans compter pour vous faciliter la vie, vos amis vous gâtent, vous êtes fier de votre progéniture et, en amour, tout baigne dans l'huile. Au fait, si vous êtes seul, ce n'est certainement pas pour bien longtemps, car l'âme sœur est dans le décor. Constamment sur la trotte, vous avez maintes fois l'occasion de côtoyer des gens on ne peut plus charmants; c'est donc dire que vous ne vous ennuyez pas un seul instant. Si je peux me permettre un petit conseil, prenez le temps d'apprécier à quel point vous êtes chanceux; ne tenez rien ni personne pour acquis.

AFFAIRES – Vous êtes sur une excellente lancée. Si jamais un pépin survient, ce sera simplement pour faire place à quelque chose de mieux. On pourrait vous lancer des propositions alléchantes, il est vrai que votre réputation n'est plus à faire. Un nouveau travail, une promotion, une augmentation de salaire et même des surprises dans les jeux de hasard contribueront à votre prospérité. Bonne année pour les voyages, les projets d'envergure, les investissements, ainsi que les transactions.

Janvier

D	L	M	M	J	V	S
				1D	2D	3D
4	5	6	7○	8	9	10
11	12	13	14	15	16D	17D
18F	19F	20	21●	22	23	24
25	26F	27F	28F	29D	30D	31

○	Pleine lune	●	Nouvelle lune
F	Jour favorable	D	Jour difficile

SANTÉ – Vous pulvérisez des records. Vous avez tellement d'énergie que personne n'arrive à vous suivre. Mais attention: vous en faites peut-être un peu trop. Vous exigez beaucoup de vous-même, jusqu'à oublier de vous reposer. Moralement, vous avez l'étoffe d'un champion, vous réagissez de manière particulièrement favorable, entre autres durant la première quinzaine.

SENTIMENTS – Jusqu'au 14, vous éprouvez quelques inquiétudes ou contrariétés relativement à votre conjoint, par la suite tout devrait cependant se tasser. Durant la même période, tout va merveilleusement bien avec la marmaille, et vous pourriez apprendre une bonne nouvelle ou connaître de grandes satisfactions. Votre carnet mondain est bien rempli, aucun danger que vous trouviez le temps long!

AFFAIRES – Vous traversez un cycle plutôt chanceux. Au jeu, vous pourriez rafler un prix secondaire, tandis qu'au travail vos nombreux efforts sont couronnés de succès. Une contravention ou une amende pourrait vous faire sursauter, ne dérogez donc pas aux règles. Excellent mois pour les déplacements, les voyages et les transactions.

Février

D	L	M	M	J	V	S
1	2	3	4	5	6○	7
8	9	10	11	12D	13D	14F
15F	16	17	18	19	20●	21
22	23F	24F	25D	26D	27	28
29						

○	Pleine lune	●	Nouvelle lune
F	Jour favorable	D	Jour difficile

SANTÉ – À partir du 3, vous êtes soumis à un transit contrariant de la planète Mars. Il existe toutefois des moyens de le déjouer: prenez vos précautions pour ne pas vous blesser et bannissez les excès en tous genres, y compris dans le domaine du travail. Par-dessus le marché, votre résistance nerveuse n'est pas aussi grande que le mois dernier, vous risquez donc d'être déstabilisé plus facilement.

SENTIMENTS – Entre le 8 février et le 5 mars, vous avez une grande alliée en la présence de Vénus, planète du bonheur amoureux. Les solitaires rencontrent la personne de leurs rêves, tandis que ceux qui sont en couple revivent les beaux moments du début de leur union. Votre vie sociale ne perd rien de son effervescence, vous faites une impression monstre partout où vous mettez les pieds. Seule ombre au tableau, une inquiétude concernant un enfant, entre le 6 et le 25.

AFFAIRES – Rien ne semble fonctionner du premier coup; toutefois, en faisant preuve de ténacité, sans pour autant vous entêter, vous devriez venir à bout de vos difficultés. Au boulot règne une certaine animosité; mieux vaut marcher sur des œufs afin d'éviter les prises de bec. Des retards sont possibles, mais vous finissez par avoir gain de cause.

Mars

D	L	M	M	J	V	S
	1	2	3	4	5	6○
7	8	9	10D	11D	12F	13F
14	15	16	17	18	19	20●
21F	22F	23D	24D	25D	26	27
28	29	30	31			

○	Pleine lune	●	Nouvelle lune
F	Jour favorable	D	Jour difficile

SANTÉ – Les trois premières semaines sont encore menacées par ce carré de la planète Mars. Par conséquent, il faut demeurer vigilant; une chute, un accident ou un dérèglement de santé pourra ainsi être évité. Le moral, par contre, prend moins de temps à se replacer: dès le 12, vous êtes de nouveau en pleine possession de vos moyens.

SENTIMENTS – La première semaine s'annonce fantastique à tout point de vue, et on redouble d'efforts pour vous rendre heureux. Par la suite, vous devez davantage user de délicatesse et éviter de vous montrer trop envahissant ou autoritaire, ce qui risquerait de déplaire à vos proches. Vos tracas concernant un enfant s'effacent durant la seconde quinzaine.

AFFAIRES – Les choses sont loin d'aller comme vous le souhaitez; on vous met souvent des bâtons dans les roues, et il vous arrive une série de pépins. Rien qui puisse compromettre votre progression à long terme mais, dans l'immédiat, j'avoue que c'est agaçant. Au moins, à compter du 21 tout rentre dans l'ordre, vous pourrez alors à nouveau avancer à votre guise.

Avril

D	L	M	M	J	V	S
				1	2	3
4	5○	6D	7D	8F	9F	10F
11	12	13	14	15	16	17F
18F	19●F	20D	21D	22	23	24
25	26	27	28	29	30	

○	Pleine lune	●	Nouvelle lune
F	Jour favorable	D	Jour difficile

SANTÉ – Précisons tout d'abord que vous n'avez rien à redouter de l'éclipse solaire. Vous avez des nerfs d'acier et faites preuve d'une robustesse à toute épreuve. Vous adoptez un style quelque peu excentrique, mais ça vous va si bien que les compliments abondent. Excellent mois pour vous remettre en forme, pour suivre un régime et pour bouger davantage.

SENTIMENTS – Les petits désagréments des dernières semaines disparaissent comme par magie. Vous entamez même un cycle fort positif durant lequel on déploiera de nombreux efforts pour que vous soyez content. Votre vie de couple redevient agréable, vos amis sont attentionnés et sincères, et en société, vous volez la vedette plus souvent qu'à votre tour. Pour les solitaires, une amitié pourrait évoluer en quelque chose de beaucoup plus sérieux.

AFFAIRES – Le ciel s'est dégagé, et vous avez la voie libre. Le moment est parfaitement choisi pour poser votre candidature en vue d'un nouvel emploi, pour négocier un contrat ou pour entreprendre des démarches. Un voyage vous tente? Pourquoi pas, la période serait idéale. Vous nouez des liens avantageux, on vous refile de bons tuyaux.

Mai

D	L	M	M	J	V	S
						1
2	3	4○D	5D	6F	7F	8
9	10	11	12	13	14	15F
16F	17D	18●D	19D	20	21	22
23/30	24/31D	25	26	27	28	29

○	Pleine lune	●	Nouvelle lune
F	Jour favorable	D	Jour difficile

SANTÉ – Ce mois-ci, l'éclipse a un peu plus d'effets sur vous. À partir du 4 vous risquez de vous sentir plus angoissé ou fragile; vous pourriez également constater une légère baisse de vitalité. Honnêtement, le moment est venu de vous reposer et de penser davantage à vous. Profitez-en pour faire le point.

SENTIMENTS – La conjoncture demeure très favorable sur le plan social et amoureux. Les gens que vous rencontrez sont subjugués par votre charisme, alors que vos proches vous adulent. La seule vraie contrariété serait liée à un enfant entre le 16 et le 31. Un parent éloigné ou une personne que vous aviez perdue de vue vous donne signe de vie.

AFFAIRES – Si vous devez présenter une demande, discuter d'affaires ou mettre un projet sur pied, mieux vaut agir durant la première quinzaine, vous n'aurez alors pas à vous y reprendre à deux fois pour que ça aboutisse. Car le reste du mois semble plus ardu; une dépense imprévue pourrait également vous tomber dessus.

Juin

D	L	M	M	J	V	S
		1D	2○F	3F	4	5
6	7	8	9	10	11F	12F
13D	14D	15D	16	17●	18	19
20	21	22	23	24	25	26
27	28D	29D	30F			

○	Pleine lune	●	Nouvelle lune
F	Jour favorable	D	Jour difficile

SANTÉ – Dès le 5, vous devriez retrouver votre optimisme, et cela mettra fin à cette phase d'anxiété. Physiquement, par contre, vous continuez à traîner de la patte jusqu'au 23: votre énergie vacille, vous vous fatiguez rapidement. La dernière semaine vous trouve nettement plus énergique, en revanche vous devez être prudent afin de ne pas vous blesser.

SENTIMENTS – Dans ce domaine, tout continue de bien aller. Personne n'ose résister à votre charme et, quand ce n'est pas celui-ci qui opère, ce sont vos arguments irréfutables. Les occasions de mettre le nez dehors et de rencontrer du monde se multiplient. Au fait, les solitaires devraient garder l'œil ouvert! Avec la marmaille, tout se replace après le 5.

AFFAIRES – Seule la première semaine risque de vous donner encore du fil à retordre. Par la suite, vous obtiendrez beaucoup plus aisément ce que vous désirez. Vous pouvez sans crainte vous fier à votre flair aiguisé, celui-ci vous aidera à saisir au vol une excellente occasion. Vous ne vous trompez pas non plus quand vous évaluez les gens.

Juillet

D	L	M	M	J	V	S
				1F	2○	3
4	5	6	7	8F	9F	10D
11D	12D	13	14	15	16	17●
18	19	20	21	22	23	24
25D	26D	27F	28F	29	30	31○

○	Pleine lune	●	Nouvelle lune
F	Jour favorable	D	Jour difficile

SANTÉ – Mars s'est installée dans votre signe pour quelque temps. Ce transit augmente à la fois votre énergie physique et votre vivacité d'esprit. Vous avez confiance en vous, parfois même un peu trop, ce qui risque d'occasionner un accident si vous jouez au casse-cou. Vous abordez l'existence avec une bonne dose de positivisme. Enfin, on vous reconnaît!

SENTIMENTS – Avec le charisme dont vous faites preuve, on ne peut qu'être séduit. Voilà un gros atout pour ceux qui n'avaient pas encore trouvé l'amour. Pour les autres, tout marche comme sur des roulettes, les liens se resserrent, et vous retrouvez même la complicité du début de votre union. Un frère ou une sœur se met les pieds dans les plats, vous l'aidez à se sortir du pétrin.

AFFAIRES – Vous avez tellement d'idées et de projets en tête que parfois vous ne savez plus par quel bout commencer… Prenez donc quelques instants pour définir vos priorités et pour évaluer la rentabilité de vos projets, vous éviterez ainsi d'investir trop de temps dans ce qui n'en vaut pas vraiment la peine. Excellent mois pour voyager, pour faire des démarches ainsi que des négociations.

Août

D	L	M	M	J	V	S
1	2	3	4F	5F	6F	7D
8D	9	10	11	12	13	14
15●	16	17	18	19	20	21D
22D	23F	24F	25	26	27	28
29○	30	31				

○	Pleine lune	●	Nouvelle lune
F	Jour favorable	D	Jour difficile

SANTÉ – Mars vous quitte le 10, vous pouvez alors dire adieu aux dangers de blessures. Psychologiquement, vous êtes moins survolté que le mois dernier, vous gérez mieux votre potentiel. Bonne période pour entreprendre des projets à long terme comme un programme d'exercice ou un régime; vous aurez sans doute la motivation et la volonté nécessaires pour aller jusqu'au bout.

SENTIMENTS – La première semaine s'annonce encore enlevante, les invitations arrivent de tous les côtés, tout comme les preuves d'amour et les compliments. Le reste du mois ne vous réserve rien de vilain, c'est tout simplement plus paisible. De toute façon, votre partenaire est si adorable et affectueux que vous ne devriez pas avoir d'objection à passer quelques soirées en tête-à-tête.

AFFAIRES – La besogne s'accumule, vous devez mettre les bouchées doubles. Qu'à cela ne tienne, vous êtes en train d'établir solidement votre réputation et de remplir votre compte en banque. Durant la dernière semaine, ne signez rien sans garanties sérieuses, n'achetez pas impulsivement et évitez de prêter de l'argent.

Septembre

D	L	M	M	J	V	S
			1F	2F	3D	4D
5	6	7	8	9	10	11
12	13	14●	15	16	17D	18D
19D	20F	21F	22	23	24	25
26	27	28○F	29F	30D		

○	Pleine lune	●	Nouvelle lune
F	Jour favorable	D	Jour difficile

SANTÉ – Un brin de nervosité ponctue les 10 premiers jours, avant de disparaître sans laisser de traces. Physiquement, c'est plus qu'acceptable, vous ne fracassez aucun record, mais au moins vous contrôlez bien votre énergie. L'arrivée de Vénus dans votre signe vous embellit, le moment serait donc parfaitement choisi de rajeunir votre allure ou de parfaire votre style.

SENTIMENTS – Si Vénus a un effet favorable sur votre apparence, elle agit encore davantage dans ce secteur. Votre charme fait des ravages, si bien que les solitaires pourraient conquérir la perle rare. Pour les autres, la tendresse, voire la passion sont à leur apogée. Votre vie sociale redémarre en grand, votre cercle de relations s'élargit.

AFFAIRES – Ici encore, votre brillante personnalité vous sert à souhait. On apprécie votre savoir-faire, on est impressionné par vos accomplissements. Bon temps pour demander une augmentation de salaire ou pour chercher du travail. Vous aimez le beau, tout le monde le sait, et ces temps-ci ça risque de vous coûter cher; ce n'est pas grave, vous en avez les moyens!

Octobre

D	L	M	M	J	V	S
					1D	2D
3	4	5	6	7	8	9
10	11	12	13●	14	15D	16D
17F	18F	19	20	21	22	23
24/31	25F	26F	27○F	28D	29D	30

○	Pleine lune	●	Nouvelle lune
F	Jour favorable	D	Jour difficile

SANTÉ – Les éclipses ne devraient pas vous perturber, si ce n'est qu'entre le 15 et le 31 vous pourriez vous sentir plus anxieux ou contracter un rhume. À part ça, tout est pour le mieux dans le meilleur des mondes, vous affichez toujours une mine resplendissante et vous débordez d'énergie. Votre intellect fonctionne à la vitesse de l'éclair.

SENTIMENTS – On ne cesse de vous lancer toutes sortes d'invitations, ça tombe bien puisque vous avez le goût de voir du monde. Même si certaines rencontres ne débouchent sur rien, elles vous auront au moins permis de passer de beaux moments. Un membre de la famille vous cause de petits soucis au cours de la seconde quinzaine.

AFFAIRES – Le mois s'annonce à la fois très occupé et rempli de surprises. On vous confie de nouvelles responsabilités ou on vous propose tout un défi. On a une confiance presque aveugle en vous, et dans le fond on a parfaitement raison. Les déplacements d'affaires ou d'agrément vous enchantent, vous en revenez le cœur content.

Novembre

D	L	M	M	J	V	S
	1	2	3	4	5	6
7	8	9	10	11D	12●D	13F
14F	15	16	17	18	19	20
21	22F	23F	24D	25D	26○	27
28	29	30				

○	Pleine lune	●	Nouvelle lune
F	Jour favorable	D	Jour difficile

SANTÉ – Le mois commence de façon exceptionnelle sur le plan physique, mais les choses risquent de se corser à partir du 11. Je vous invite donc à redoubler de prudence afin de ne pas vous blesser ni ressentir de petits malaises. Psychologiquement, par contre, il n'y a que les quatre premiers jours qui laissent à désirer, par la suite vous redevenez un véritable boute-en-train.

SENTIMENTS – Jusqu'au 22, vous bénéficiez d'un transit fort avantageux qui illumine à la fois votre vie sociale et votre destinée amoureuse. De belles surprises vous attendent, on vous montre à quel point on tient à vous: une déclaration, des gestes affectueux ou un cadeau bien choisi témoignent de l'estime qu'on vous porte. Les soucis d'ordre familial disparaissent une fois la première semaine écoulée.

AFFAIRES – Assurément, c'est la première quinzaine qui offre les plus grandes possibilités. Agissez donc sans attendre et ne remettez rien à plus tard. Le reste du mois se présente moins bien, et vous avez quelques difficultés à arriver à vos fins. Toutefois, la persévérance vous permet de passer au travers.

Décembre

D	L	M	M	J	V	S
		1	2	3	4	
5	6	7	8	9D	10D	11●F
12F	13	14	15	16	17	18
19F	20F	21D	22D	23D	24	25
26○	27	28	29	30	31	

○	Pleine lune	●	Nouvelle lune
F	Jour favorable	D	Jour difficile

SANTÉ – Un danger d'accident et de défaillance physique demeure présent jusqu'au 16, attendez donc avant de relâcher votre vigilance. Par après, vous vous remettez rapidement sur pied, vous remontez la pente à vive allure et vous terminez l'année au sommet de votre forme. En ce qui a trait à votre santé nerveuse, le mois entier est bon: pas de journées grises en vue.

SENTIMENTS – Au cours de la première quinzaine, l'harmonie risque d'être compromise si vous ne mettez pas un peu d'eau dans votre vin. Heureusement, tout s'arrange à temps pour les fêtes, et vous devriez alors vivre une période enchanteresse. Plusieurs belles rencontres sont à prévoir, et même un coup de foudre pour les solitaires.

AFFAIRES – Le mois commence un peu de travers; les retards s'accumulent, et vous devez vous y reprendre plus d'une fois pour faire avancer vos projets. Toutes ces petites batailles se soldent néanmoins par autant de victoires. La deuxième quinzaine promet d'être nettement plus encourageante; vos efforts sont largement récompensés, votre budget augmente sensiblement.

Vierge

du 24 août au 23 septembre

Si vous recherchez la perfection jusque dans les plus petits détails, alors il faut confier votre travail à un natif de la Vierge. Vous ne serez pas déçu.

La Vierge a un grand sens pratique. C'est un être travailleur, attentif, minutieux, parfois un peu lent à cause justement de sa grande conscience professionnelle qui l'incite à fignoler le moindre travail. La Vierge ne peut se dépêcher. Elle est méticuleuse et a en horreur le mot brouillon. Quand une Vierge se met à la tâche, vous pouvez être sûr qu'elle s'appliquera, ce qui évidemment demande du temps. Mais n'ayez crainte, le résultat sera parfait. Ce n'est pas du travail, c'est une œuvre d'art.

Évidemment, si vous mettez des heures à nettoyer votre poignée de porte avant de sortir, vous n'aurez plus le temps d'aller bien loin. Mais votre poignée sera la plus brillante en ville!

La Vierge manque parfois de confiance, et, le plus surprenant, de confiance dans la vie; elle est de tempérament craintif. Elle redoute par-dessus tout la maladie, la contamination, les guerres, la pollution et même de manquer de travail, d'argent… Bref, tout est source de craintes pour elle.

Sur le plan financier, la Vierge est sage et économe. Les coups de tête dans les magasins, très peu pour elle. Elle préfère faire des placements sûrs, contribuer chaque année à son REÉR, et les dépenses non planifiées ne sont décidément pas à son programme.

Pour caricaturer sa prévoyance: une Vierge ira jusqu'à comptabiliser le prix d'un litre de lait dans un petit calepin pour être sûre de se conformer à son budget. Vos amis et même votre famille vous traitent de Séraphin. Pourtant, ils sont les premiers à faire la queue devant votre porte pour vous emprunter quelques dollars lorsque leur compte en banque frise l'apoplexie.

En toute chose, la Vierge essaie d'atteindre la perfection; les détails sont fignolés, rien n'est laissé au hasard. Une secrétaire Vierge pourra passer des heures à trouver le bon endroit pour placer une virgule dans un texte. Un comptable Vierge ne réussira pas à dormir s'il s'est glissé une erreur de 2 ¢ dans les comptes de la société qui l'emploie, il voudra trouver à tout prix l'origine de cette perte de capitaux. Une maman Vierge fera des kilomètres pour retrouver un ruban tombé des cheveux de la petite, deux jours plus tôt au parc… Bref, une Vierge aurait tout intérêt à se faire payer à l'heure et pas au contrat ou à la pièce: c'est à son avantage!

L'esprit de la Vierge est à son image, d'une logique purement cartésienne. Les concepts abstraits ne lui font pas peur, et on la voit évoluer à l'aise dans les sciences pures, les mathématiques. Malheureusement, sa timidité l'empêche souvent de tirer le meilleur parti de ses coups d'éclat. Souvent quelqu'un d'autre tirera profit de ses efforts, parce qu'elle hésite à se mettre au premier plan pour revendiquer ses réussites.

La Vierge accorde une importance parfois exagérée au moindre problème de santé. Elle y pense énormément et fait des montagnes de tout petits riens; pourtant, elle n'a pas de quoi s'en faire. Elle se nourrit bien, mène une vie calme et rangée, prend soin de son hygiène et de sa santé, mais malgré tout un petit malaise l'inquiète. Avec elle, un rhume devient une pleurésie avec complications et un comédon le symptôme d'un cancer de la peau. Le pharmacien du coin la connaît bien.

La Vierge peut sembler un personnage froid, austère. En fait, elle extériorise peu ses sentiments. Mais c'est quelqu'un sur qui on peut compter, car elle est dévouée et ressent le besoin d'aider son prochain. Il n'est pas rare de rencontrer une Vierge dans les organismes humanitaires. Tout ce qui demande un dévouement sans limites est fait pour elle, du moment qu'il s'agit d'une bonne cause. Si elle en fait plus que ce qu'on lui demande, elle reste par contre dans l'ombre, car elle n'aime pas se retrouver sous les feux de la rampe. Elle a un caractère timide, mais elle contribue beaucoup au bien-être de ses semblables, satisfaisant en cela son âme de missionnaire. La Vierge agit pour les autres et non pas pour la gloire qu'elle pourrait en tirer.

D'ailleurs, la Vierge vit beaucoup en fonction des autres et de leurs besoins. Elle est toujours prête à sauver le monde, un frère dans le besoin, une sœur malheureuse, un parent débordé. Toutefois, peu à peu, elle se rend compte que la majorité des gens qu'elle aide sont plutôt égoïstes, et cela la force à penser un peu plus à elle-même plutôt qu'aux autres. Vous changerez surtout dans la seconde partie de votre vie, et ceux qui justement vous conseillent de faire plus attention à vous viendront se plaindre que vous faites moins attention à eux… Ils ne réussissent plus à vous manipuler, et cela les irrite. Tant pis pour eux. Vous avez dépassé le stade de la culpabilité, et c'est tant mieux pour vous!

Comment se comporter avec une Vierge?

La Vierge est une personne facile d'accès et accommodante. Toutefois, elle a généralement la tête dure et défend ses idées point par point. Pour réussir à la convaincre, vous devrez développer une argumentation logique, avec des textes, des photos, de la vidéo, des citations ou une source de référence solide pour appuyer vos propos. Armez-vous de patience, car même en lui faisant la preuve par 10 que vous avez raison, elle mettra du temps à l'admettre... et encore, l'admettra-t-elle vraiment?

En fait, il ne faudra pas vous surprendre si quelques semaines plus tard, vous l'entendez affirmer le contraire de ce que vous aviez eu tant de mal à lui faire comprendre plus tôt. Et si vous le lui faites remarquer, elle vous soumettra d'autres références qui appuient ses arguments. Bref, elle aura toujours le dernier mot.

Si vous tenez à ce qu'un natif de la Vierge fasse quelque chose pour vous, le mieux est de le prendre par les sentiments. Son sens du devoir et la crainte de décevoir sont ses points faibles. En tenant compte de cela, vous réussirez à lui faire faire n'importe quoi de raisonnable. Si vous voulez l'entraîner dans des activités loufoques, oubliez ça tout de suite; peu importent vos arguments, vous n'arriverez à rien avec elle.

La Vierge est d'un caractère un peu taciturne, renfermé, et il faut aller au-devant d'elle pour réussir à établir un contact. Elle ne communique pas facilement et peut même sembler froide, mais surtout dure et intransigeante avec elle-même. Elle ne se permet aucune erreur, ne s'en pardonne aucune non plus, et l'idée que les autres se font d'elle est très importante à ses yeux... Son incroyable crainte de déplaire à autrui refait toujours surface.

La Vierge est minutieuse et prend tout son temps. Il faut donc lui mettre des balises, des délais à respecter, sinon rien n'avance. Quand elle fait le ménage, elle ira dénicher la moindre poussière dans le plus petit interstice, alors il n'est pas étonnant si cela lui prend la journée... et tant qu'à faire, elle se mettra à laver les rayonnages du vaisselier et à replacer les petits plats dans les grands, les couteaux et les fourchettes en ordre de grandeur...

La Vierge ne supporte pas tellement la pression, mais un échéancier lui permettra de mieux gérer son travail; celui-ci sera remis à temps et souvent mieux fait que celui des autres.

Les natifs de ce signe ont un besoin constant d'être sécurisés. Il faut leur dire que vous appréciez leur travail; cela leur donnera confiance et ils en seront tout heureux. Une Vierge demande beaucoup de réconfort et de soutien. En la réconfortant, vous vous gagnez sa confiance et sa reconnaissance éternelles.

Ses goûts

Les goûts de la Vierge sont à son image… raisonnables. Les teintes sobres, neutres, les couleurs de terre notamment ont sa préférence. Ses tenues sont plutôt classiques (les mauvaises langues disent démodées) et faites de fibres naturelles. Si vous visitez sa penderie, vous y trouverez des vêtements qui datent de plusieurs années; elle les garde très longtemps et dans un très bon état. La Vierge n'accueille pas facilement les visiteurs. Si elle vous reçoit, soyez conscient que c'est un privilège. Son décor est dépouillé, et l'esthétique n'est pas dans ses priorités. Elle se concentre surtout sur le côté pratique des objets et des meubles… même l'éclairage est strictement fonctionnel. Ce qui frappe surtout, c'est la propreté… pas un grain de poussière à l'horizon!

Si vous voulez lui faire plaisir, optez plutôt pour des objets pratiques dont elle a besoin, car la frivolité n'est pas dans ses goûts. Recevoir une cafetière, un couvre-couette ou un bon et solide poêlon antiadhésif fera son bonheur.

Le natif de la Vierge fait attention à tout, même au nombre de calories contenues dans le plus succulent des mets. En fait, avant de s'exclamer sur la beauté du plat, sur les saveurs et les couleurs, elle analysera le contenu pour en déterminer le taux de gras ou de sucre, avant de l'avaler. La Vierge se classe première au palmarès des adeptes de régimes amaigrissants. Avant de l'inviter à passer à votre table, essayez de savoir si elle n'est pas dans une de ses périodes de restriction.

Son potentiel

La Vierge se trouve souvent sous les ordres de patrons qui recherchent un employé modèle… qui acceptera un salaire de crève-la-faim et fera en plus le travail de plusieurs personnes.

Minutieux, méthodique et silencieux, le natif de la Vierge excelle dans le classement, la paperasse, les chiffres, les mathématiques, la recherche en laboratoire ou les travaux en solitaire. Dans le service au public, c'est la perle rare! En fait, elle doit absolument mettre son sens de la minutie en action pour s'épanouir.

Logique et consciencieuse, la Vierge peut abattre une montagne de travail sans jamais se plaindre ou laisser échapper un mot de découragement. Après la trentaine par contre, elle commence à se rendre compte que certains abusent d'elle et elle tente de mieux définir sa place dans la société, sans toutefois que son zèle, son efficacité et son perfectionnisme en souffrent.

Ses loisirs

L a Vierge ne s'amuse pas sans but. Il lui faut des loisirs qui rapportent, que ce soit de l'argent ou des connaissances. Ses loisirs ont toujours un but précis, car elle n'aime pas gaspiller son temps.

Parmi ses loisirs de prédilection, il y a évidemment la lecture, notamment d'ouvrages techniques, qui l'aideront dans son travail et lui permettront de prendre de l'avance dans ses études ou de poursuivre son cheminement personnel. Les biographies, les livres de référence sont souvent ses livres de chevet. À la télévision, elle choisira de s'installer devant le petit écran pour voir des documentaires ou des émissions éducatives.

La Vierge n'est pas une grande joueuse. Mais si son esprit, ses connaissances ou son intelligence sont mis à contribution, elle appréciera énormément les jeux de société, par exemple Quelques arpents de pièges, le Scrabble, Docte Rat. Du côté stratégie, elle choisira le Risk ou les échecs.

Si vous envisagez une sortie avec une Vierge, il n'est pas nécessaire de vous précipiter sur le plus récent film, car il ne l'intéressera peut-être pas. Une conférence ou les documentaires des *Grands Explorateurs* ont plus de chance d'attirer son attention et de la captiver.

Les natifs de Vierge sont placés sous le signe du bénévolat. Beaucoup d'entre eux consacrent quelques heures chaque semaine à une œuvre qui leur tient à cœur. Ils s'occupent de personnes âgées ou d'enfants en difficulté, par exemple.

Sa décoration

N otre Vierge a des goûts simples où le pratico-pratique est en vedette. Pour elle, le superflu est vraiment superflu. Avec de telles dispositions d'esprit, elle choisira un mobilier adapté à ses besoins. Les effets esthétiques, très peu pour elle.

Les teintes de son intérieur sont plutôt sages et neutres. Le gris, le grège, le beige et le blanc lui plaisent... la couleur du bois naturel l'attire. Ses meubles sont fonctionnels avant tout. Sans hésiter, elle optera pour ceux qui sont le plus susceptibles de se conformer à ses besoins au détriment de ceux qui sont plus beaux et à la mode. La Vierge aime le dépouillement. Si elle vit seule, il y a de fortes chances de ne trouver qu'une seule chaise dans la cuisine, qu'un seul fauteuil dans le salon. Après tout, on ne peut pas s'asseoir sur deux chaises à la fois!

L'esthétique de la décoration n'est pas sa priorité. Un mur vide demeurera dénudé. Tableaux, laminages, encadrements ne sont pas utiles, donc elle s'en passe très bien. Son intérieur étant d'une propreté impeccable, on pourrait manger sur le plancher.

Son budget

Le mot préféré de notre sage Vierge est prévoyance. Courir des risques avec son argent, jamais au grand jamais! Les spéculations et les placements hasardeux, la Bourse, ce n'est certes pas sa tasse de thé. Les investissements sûrs, qui rapporteront peut-être moins mais qui n'engloutiront pas ses économies, voilà de quoi conforter notre Vierge dans ses décisions et la rassurer.

La Vierge n'achète jamais sur un coup de tête; elle ne succombe pas aux coups de foudre. Lorsqu'elle délie les cordons de sa bourse, c'est parce qu'elle sait exactement ce qu'elle veut et la valeur de ce qu'elle achète. Peu importent ses revenus, même modestes, un natif de la Vierge réussit toujours à mettre de côté une partie de son argent, en cas de besoin. Anxieux de nature, il veille à tout prévoir: une maladie, une dépense soudaine, sa retraite. Ses raisons d'économiser sont nombreuses et toujours justifiées.

Toute sa vie, la Vierge aura peur de manquer d'argent, ce qui ne se produira sans doute jamais, car elle est si sérieuse, si sage, si prévoyante… mais elle s'inquiète; c'est dans sa nature.

Quel cadeau lui offrir?

Notre Vierge est résolument attirée par le côté pratique des objets; il est donc inutile de vouloir l'éblouir avec des babioles sans utilité ou des articles de luxe. Le mieux est de vous renseigner sur les objets utiles qui lui manquent encore, par exemple dans la cuisine ou pour son travail. Ce n'est pas la peine de lui offrir une assiette de collection en porcelaine si son aspirateur est en panne. Non seulement la superficialité de votre cadeau lui sautera aux yeux, mais en plus elle sera rongée de culpabilité en songeant à l'argent que vous avez dépensé pour un objet dont elle ne saura que faire.

Si vous envisagez lui offrir un livre, vous rejoignez ses goûts, mais assurez-vous de lui donner une biographie, un recueil de trucs santé, un guide pratique, un livre de référence utile pour la maison ou le travail. Ne sombrez pas dans la frivolité.

Un petit appareil ménager, par exemple un presse-agrumes, une centrifugeuse, un mélangeur, un ouvre-boîtes électrique, un appareil pour

sceller les sachets comblera une Vierge, alors qu'un collier de perles a toutes les chances de finir oublié dans le fond d'un tiroir.

Du côté des vêtements, évitez les extravagances de la mode. Choisissez plutôt une veste en fibres naturelles: lin, coton ou laine. Ses goûts sont classiques, sobres même. Le beige, le café au lait, le gris et le noir lui plaisent beaucoup, et vous serez assuré que votre veste sera portée, soigneusement entretenue et qu'elle la gardera longtemps.

Les enfants Vierge

S ouvent chétifs à la naissance, les bébés Vierge demandent des soins constants de leurs parents durant leurs premières années d'existence. Tout ce qui passe, ils l'attrapent. Il faudra donc veiller à bien les protéger des maladies. Par ailleurs, ce sont des enfants obéissants, dociles, sages; ils ne sont pas bruyants, ne font pas de mauvais coups et peuvent s'amuser tout seuls dans un coin.

En fait, ils ont les défauts de leurs qualités: ce sont des timides. Les parents devront donc veiller à leur faire rencontrer d'autres enfants, à les emmener souvent dans des endroits qui ne leur sont pas familiers. Les enfants Vierge développent des petites phobies; il faut donc savoir les apprivoiser et les rassurer. Pour eux, prendre l'ascenseur, dormir dans le noir, s'approcher d'une chenille ou rencontrer les nouveaux petits voisins de l'autre côté de la rue peut se révéler une montagne à gravir. Vous devrez renforcer leur confiance en eux. Une autre de leur qualité, qui peut rapidement devenir un défaut, est leur grand perfectionnisme, qui a tendance à les ralentir. Entraînez-les à fonctionner un peu plus rapidement ou fixez-leur des délais; vous verrez qu'ils les respecteront sans problème.

Les enfants Vierge ont d'énormes qualités et un fabuleux potentiel, qu'ils ignorent bien souvent. C'est à leur entourage de leur ouvrir les yeux et de les guider.

L'ado Vierge

T u es timide et réservé. Te faire remarquer sans raison n'est vraiment pas dans ta personnalité. Cela te met très mal à l'aise, surtout lorsque tu dois rencontrer des gens que tu ne connais pas. Tu préfères rester à l'écart. C'est dommage, car les autres ne voient pas toujours ton potentiel et tes qualités.

Toi, tu préfères observer le monde de loin, tu as un sens critique très développé, et lorsque tu ouvres la bouche, ce n'est certes pas pour dire n'importe quoi. Tu sais de quoi tu parles et tu peux en dire beaucoup sur les sujets qui t'intéressent.

Tu as beaucoup de qualités que certains voient comme des défauts. En fait, tu accordes beaucoup d'importance à l'ordre et à la propreté, ce qui pourrait devenir une véritable obsession si tu n'y prends pas garde. Tu es perfectionniste, et ton esprit d'analyse est très développé. Tu te fais ta propre idée sur beaucoup de sujets. Ton opinion est toujours bien fondée; tu as tous les arguments en main pour prouver que tu as raison. Malheureusement, tu as aussi tendance à voir les bibites des autres et à négliger leurs qualités.

Tu agis presque toujours par logique, ce qui peut te faire paraître froid à première vue. Tu réfléchis énormément et tu ne laisses guère de place à l'impulsivité, aux coups de tête... Cette façon de faire t'évite bien des ennuis: tu sais où tu t'en vas. Malgré les délais ou les embûches, tu t'arranges toujours pour parvenir à bon port. Tu es travailleur et tu as développé une méthode et une façon de fonctionner qui t'assurent de toujours réussir ce que tu entreprends.

Ton point faible, sur lequel tu dois travailler, c'est ta crainte de tous et de tout. Tu as tendance à te ronger les sangs pour un oui ou pour un non, et même quand tu n'es pas directement impliqué. Ainsi, si tu te tracasses pour ton avenir et ta santé, tu penses aussi à la planète, à l'environnement qui se détériore sans cesse, tu t'inquiètes même de l'opinion que les autres ont de toi... bref, un rien te fait craindre le pire.

Mais finalement, ton défaut principal est celui de ne pas reconnaître ton potentiel. Tu sous-estimes tes capacités. Tu es souvent encore plus intransigeant et sévère avec toi que tu ne l'es avec les autres, ce qui te porte à toujours voir le côté noir des choses et des situations. N'oublie jamais que rien n'est tout noir ou tout blanc. Ouvre tes yeux, fais-toi confiance, et tu verras que ta vie s'améliorera grandement.

Tes études

Puisque tu brilles d'intelligence, ton esprit intellectuel sera souvent mis à contribution. Tu te montres appliqué, studieux, voire zélé dans tes études. Tu as aussi un solide sens critique qui te permet de bien analyser les événements et les situations, mais ton immense talent ne compense pas tes hésitations. Tu t'attardes tellement aux moindres détails que tes coéquipiers, lorsque tu travailles en groupe, ne peuvent s'empêcher de te taquiner à ce propos. Par contre, tu leur permets d'obtenir de très bons résultats, alors on recherche ta compagnie et ta collaboration. D'ailleurs, tu as souvent l'impression qu'on te laisse faire les travaux tout seul, ce qui ne te déplaît pas. Par contre, lorsqu'on annonce les résultats, tout le groupe est présent. N'oublie pas de prendre le mérite qui te revient, car les autres pourraient s'attribuer tout ton travail sans t'en accorder le bénéfice.

Ton orientation

Tu penses souvent à ton avenir… avec inquiétude. Tu connais tes points forts et tu n'as pas peur d'effectuer des stages ou d'entreprendre de longues années d'études pour réussir à atteindre tes objectifs. Tu n'as pas peur de travailler seul ou de fournir beaucoup d'efforts, car tu es très appliqué et minutieux. Les domaines de la recherche scientifique, la médecine, les sciences de la santé, la diététique, les médecines douces, les services sociaux, l'alimentation, la pharmacie, la chimie, la fonction publique, le secrétariat, l'édition, l'éducation et la comptabilité te conviennent parfaitement. Il ne te reste qu'à faire un choix.

Tes rapports avec les autres

Tu es une personne généreuse, toujours prête à aider les autres, à dépanner ceux qui sont moins bien lotis que toi. Par contre, lorsque c'est à ton tour d'avoir besoin d'un petit coup de main, tu te rends compte que tu es bien seul. Souvent, les gens te tiennent pour acquis et t'apprécient parce que tu fais beaucoup de choses pour eux; il va falloir que tu apprennes à renverser cette tendance et que tu t'entoures de gens qui t'apprécient, toi, et non ce que tu peux faire pour eux. En fait, les personnes à problèmes se tourneront facilement vers toi, car tu es sensible et tu as peur de blesser les autres en leur disant non. Le sentiment d'insécurité qui t'habite en est la cause: tu ne veux pas décevoir.

Avec tes amis, c'est la même chose, tu leur laisses occuper toute l'avant-scène, pendant que toi, tu travailles dur. Parfois, ce sont eux qui récoltent les lauriers de la gloire à ta place. Tu ne dis pas toujours ce que tu penses; c'est dommage, car tu gagnerais à t'entourer de gens qui te stimulent et t'aiment vraiment.

Geneviève Brouillette, Claudia Schiffer, Louise Marleau, Normand Brathwaite, Michael Jackson, France Castel, Gilles Latulippe, Mitsou, Gloria Estefan, Nicole Leblanc, Guy A. Lepage, France Beaudoin, Claude Meunier, Paul Piché, Frenchie Jarraud, Joe Bocan, Patrick Norman, Brian De Palma, Michel Drucker, Agatha Christie, David Copperfield, Stéphane Rousseau, Greta Garbo, Lise Dion, Andrée Boucher, Johanne Blouin, Stephen King, Paul Houde.

Pensée positive pour la Vierge

J'ai confiance en mes merveilleuses possibilités. Je suis sur la terre pour apprendre la joie et la cultiver. Enfin, je suis récompensé.

Pensée positive spéciale pour 2004

Je suis réceptif à tout ce que l'univers m'envoie; c'est pour mon plus grand bien.

Le subconscient nous dirige toujours selon nos pensées. En répétant le plus souvent possible ces pensées conçues tout spécialement pour vous, vous vous attirerez plein de belles choses.

Signe: Vierge

Élément: Terre

Catégorie: Mutable

Symbole: ♍

Points sensibles: Intestins, phobies, appendicite, dépression, constipation, maladies psychosomatiques, angoisses.

Planète maîtresse: Mercure, planète de l'intelligence.

Pierres précieuses: Agate, marcassite, aigue-marine.

Couleurs: Beige, brun, marine, les teintes de terre.

Fleurs: Pétunia, lavande, belle-de-jour.

Chiffres chanceux: 4-8-11-17-23-28-30-35-40-44.

Qualités: Sage, sérieux, prudent, minutieux, ordonné, propre, discret, économe, travailleur.

Défauts: Peureux, manque de sécurité, timide, refoulé, angoissé, nerveux, manque de confiance.

Ce qu'il pense en lui-même: Qu'est-ce que les autres vont penser de moi?

Ce que les autres disent de lui: Pour une mission impossible, c'est lui qu'il faut demander: il fait des miracles!

Prédictions annuelles

La majeure partie de l'année sera marquée par la présence de Jupiter dans votre signe, ce qui est d'excellent augure. Comme elle sera exactement chez vous au moment de votre anniversaire, vous continuerez à en ressentir les effets jusqu'à l'automne 2004. Vingt mois avec ce spectaculaire transit, ça n'arrive pas souvent! Cette planète qu'on surnomme la grande bénéfique apporte de la chance et une forte tendance à l'expansion. Cependant, elle nous enlève parfois le contrôle de la situation, ce qui dans votre cas n'est pas tellement apprécié. Pourtant, si vous apprenez à lâcher prise, si vous ne tentez pas de tout contrôler, la vie pourrait vous réserver de belles et grandes surprises.

SANTÉ – Jupiter procure une puissante joie de vivre, toutefois elle prédispose également aux excès de tous genres. Si vous vous mettez à plat en abusant de vos forces ou si votre alimentation échappe aux règles du bon sens, vous risquez d'avoir des pépins. Profitez plutôt du côté positif de la présence de Jupiter pour soigner ces petits malaises qui traînaient, pour suivre une thérapie ou pour adopter une meilleure hygiène de vie; les résultats seront rapides et surtout fort encourageants.

SENTIMENTS – Le terme qui correspond le mieux au climat de la prochaine année est certes popularité. Socialement, vous êtes très en demande. Vous avez l'occasion de revoir d'anciens copains, tout comme de vous faire de nouveaux amis qui correspondent beaucoup mieux aux attentes de la personne que vous êtes devenue. Plein de beau monde apparaît sur votre route. D'ailleurs, les solitaires rencontrent plusieurs prétendants et, parmi ceux-ci, font le bon choix. Pour les couples, il est question de rapprochement, certains officialisent leur engagement, d'autres désirent fonder une famille.

AFFAIRES – Voici un autre domaine où de grosses surprises vous attendent. Vos projets pourraient se réaliser comme par enchantement, vous n'en croirez pas vos yeux! Des événements inattendus risquent également de se produire. N'ayez crainte, même s'ils vous prennent au dépourvu, il en ressortira quelque chose de fort positif. J'irais même plus loin en affirmant que ce qui pourrait à première vue sembler un problème se transformera rapidement en véritable coup de chance. Des rentrées d'argent sur lesquelles vous ne comptiez pas vous parviennent, vous pouvez même vous essayer, avec succès, dans les jeux de hasard. C'est l'année parfaite pour miser sur votre carrière, pour donner un grand coup en avant et pour obtenir cette sécurité dont vous rêvez depuis si longtemps. Bonne période pour les voyages, les nouvelles entreprises, les transactions, particulièrement dans l'immobilier.

Janvier

D	L	M	M	J	V	S
				1F	2F	3F
4D	5D	6	7○	8	9	10
11	12	13	14	15	16	17
18D	19D	20F	21●F	22	23	24
25	26	27	28	29F	30F	31F

○	Pleine lune	●	Nouvelle lune
F	Jour favorable	D	Jour difficile

SANTÉ – On note dans la première quinzaine un brin de fragilité tant sur le plan physique que moral, rien de significatif, puisque quelques précautions vous permettront d'y échapper. Le reste du mois promet d'être facile et agréable; vous vous sentez bien dans votre peau, vous pouvez, entre autres choses, apprendre à vous couper du passé.

SENTIMENTS – Si, en début de mois, vous éprouvez des difficultés dans vos relations interpersonnelles, un manque de communication ou une sensation d'être incompris, tout devrait rentrer dans l'ordre après le 14. Vous trouverez alors les bons mots pour faire passer votre message, sans compter qu'on sera davantage attentif à vos besoins.

AFFAIRES – Ici, c'est pareil, la première moitié de janvier se dessine sous le thème de la contrariété, voire de la frustration, puis tout rentre dans l'ordre. Le fait de changer d'attitude en misant sur le positif plutôt que sur ce qui achoppe vous permettra de triompher sur toute la ligne. Du 15 au 31, vos démarches portent leurs fruits, les demandes que vous présentez sont accueillies favorablement.

Février

D	L	M	M	J	V	S
1D	2D	3	4	5	6○	7
8	9	10	11	12	13	14D
15D	16F	17F	18	19	20●	21
22	23	24	25F	26F	27D	28D
29D						

○	Pleine lune	●	Nouvelle lune
F	Jour favorable	D	Jour difficile

SANTÉ – En ce mois, vous faites d'énormes progrès. Il va sans dire que si vous devez consulter un professionnel, celui-ci sera parfaitement en mesure de vous aider à trouver la solution à vos problèmes passés. Excellente période pour faire provision d'énergie, pour prendre des résolutions et surtout pour les tenir! Votre résistance nerveuse est surprenante, bravo!

SENTIMENTS – À partir du 7, les choses vont de mieux en mieux. Le dialogue coule plus aisément, vos proches vous traitent aux petits oignons, et votre vie sociale repart de plus belle. Des rencontres stimulantes, des amitiés sincères et la possibilité de vous exprimer à votre goût remplissent ces trois semaines de nombreuses satisfactions.

AFFAIRES – Dès le 3, vous amorcez un cycle fort bénéfique, ce qui vous permet de faire des pas de géant. Le moment est venu de chercher du travail ou de négocier en vue d'améliorer vos conditions d'emploi. Une somme d'argent tombe du ciel, peut-être à la suite d'un tirage. Bon temps pour voyager, repenser votre logis et mettre en branle vos projets. Allez de l'avant, vous ne serez pas déçu!

Mars

D	L	M	M	J	V	S
	1	2	3	4	5	6○
7	8	9	10	11	12D	13D
14F	15F	16	17	18	19	20●
21	22	23F	24F	25F	26D	27D
28	29	30	31			

○	Pleine lune	●	Nouvelle lune
F	Jour favorable	D	Jour difficile

SANTÉ – Moralement, vous vivrez une alternance d'euphorie et de découragement pendant les 12 premiers jours, puis ça ira en se stabilisant. Sur le plan physique, ça demeure formidable jusqu'au 21; en plus d'être énergique, vous résistez à tous les microbes. Le reste du mois exige davantage de vigilance si vous voulez éviter un accident ou un malaise.

SENTIMENTS – Du 5 mars au 3 avril, vous bénéficiez simultanément de l'influence de Vénus et de Jupiter. Cette conjoncture exceptionnelle améliore sensiblement votre vie de couple. Les solitaires ne devraient refuser aucune sortie puisque c'est au cours de l'une d'entre elles qu'ils pourraient rencontrer l'amour. Les invitations fusent de tous côtés. Que ce soit chez vous ou à l'extérieur, tout le monde se montre particulièrement gentil avec vous.

AFFAIRES – Ne perdez pas une seconde et agissez d'ici le 21, c'est à ce moment que vos chances de réussir ou de faire un coup d'argent sont les meilleures. Les déplacements d'affaires ou d'agrément, les négociations ainsi que les démarches demeurent favorisés. N'oubliez pas de vous acheter un billet de loterie!

Avril

D	L	M	M	J	V	S
				1	2	3
4	5○	6	7	8D	9D	10D
11F	12F	13	14	15	16	17
18	19●	20F	21F	22D	23D	24D
25	26	27	28	29	30	

○ Pleine lune   ● Nouvelle lune
F Jour favorable   D Jour difficile

SANTÉ – Ce n'est pas l'éclipse qui pose problème, mais plutôt la présence de la planète Mars au carré de votre signe. Ce transit correspond fréquemment à un risque accru de blessures et de malaises, souvent engendrés par notre propre négligence. Je compte donc sur vous pour agir avec sagesse et pour éviter tout risque inutile. La gourmandise ne vous lâche pas, pas facile de garder votre ligne...

SENTIMENTS – À partir du 3, vous ne pouvez plus compter sur Vénus pour embellir votre destinée amoureuse, par conséquent vous devez fournir quelques efforts afin que votre couple continue de se porter aussi bien. Ne prenez pas tout au pied de la lettre, passez par-dessus les maladresses de vos proches. Dans le fond, personne ne vous veut du mal. On continue de vous inviter à gauche et à droite, pourquoi ne pas accepter?

AFFAIRES – Le contrôle de la situation vous échappe, et vous détestez ça. Pourtant, en vous obstinant ou en voulant que tout marche à votre goût, vous risquez non seulement d'envenimer les choses, mais de rater une bonne occasion. Une dépense imprévue vous oblige à débourser des sous, c'est le bouquet!

Mai

D	L	M	M	J	V	S
						1
2	3	4○	5	6D	7D	8F
9F	10	11	12	13	14	15
16	17F	18●F	19D	20D	21D	22
23/30	24/31	25	26	27	28	29

○	Pleine lune	●	Nouvelle lune
F	Jour favorable	D	Jour difficile

SANTÉ – Deux dates à retenir. Le 7, vous êtes débarrassé des risques d'accident et des malaises; malgré tout, d'ici là, demeurez sur le qui-vive. Puis le 16, vous entamez un cycle de remontée et de récupération sur le plan psychologique. Vous entrevoyez la vie de façon plus positive, vos idées s'éclaircissent, et vos réflexes redeviennent vifs.

SENTIMENTS – La première semaine laisse à désirer: votre conjoint est renfermé, vos amis ne répondent pas à vos attentes et, de surcroît, un membre de la famille tente de vous écraser… Heureusement, le reste du mois s'annonce infiniment plus agréable, on se montre plus gentil et disponible. Bon temps donc pour tirer au clair ce qui accrochait.

AFFAIRES – Ici également, c'est à partir du 7 que l'atmosphère change; vous reprenez la situation en main et recommencez à gagner du terrain. Vos efforts en vue d'apporter des correctifs à votre situation professionnelle ou financière sont récompensés, ça vous enlève une grosse épine du pied. Ne craignez pas les nouveaux défis, les responsabilités inhabituelles, vous avez tout ce qu'il faut pour faire vos preuves.

Juin

D	L	M	M	J	V	S
		1	2○D	3D	4F	5F
6	7	8	9	10	11	12
13F	14F	15F	16D	17●D	18	19
20	21	22	23	24	25	26
27	28	29	30D			

○	Pleine lune	●	Nouvelle lune
F	Jour favorable	D	Jour difficile

SANTÉ – Rien de vilain à signaler, si ce n'est un épisode d'anxiété entre le 5 et le 19. On se demande pourquoi vous angoissez, tout va bien, vous n'avez pas de véritable raison de vous faire du mouron. Vous avez du mal à tenir vos belles résolutions, vous êtes même tenté de reprendre une mauvaise habitude que vous aviez abandonnée depuis un bon moment. Changez-vous les idées, ça aidera.

SENTIMENTS – En société et avec les amis, tout va à merveille; les occasions de vous divertir et de voir du beau monde abondent. C'est à la maison que ça tourne moins rond. Votre partenaire n'est pas dans son assiette, il n'a pas grand-chose à dire, il a même tendance à s'isoler dans son coin. Vers le milieu du mois, un enfant s'en mêle et vous en fait voir de toutes les couleurs!

AFFAIRES – Les trois premières semaines sont fort positives, et ce ne sont pas les quelques retards que vous essuyez qui risquent de freiner vos progrès. Les nouvelles technologies ou la modernisation de votre lieu de travail améliorent votre productivité. La seule chose qui menace vos finances, c'est un épisode de magasinage intensif.

Juillet

D	L	M	M	J	V	S
				1D	2○F	3F
4	5	6	7	8	9	10F
11F	12F	13D	14D	15	16	17●
18	19	20	21	22	23	24
25	26	27D	28D	29F	30F	31○

○	Pleine lune	●	Nouvelle lune
F	Jour favorable	D	Jour difficile

SANTÉ – Comme Mars et Mercure se baladent dans votre 12e secteur, votre vitalité est à la baisse. Et ce n'est pas tout, votre motivation ainsi que votre volonté ne sont pas aussi fortes qu'à l'accoutumée, sans compter que vous avez tendance à vous négliger. Mieux vaut vous ressaisir. Faites davantage attention à vous, vous le méritez!

SENTIMENTS – Bien qu'il n'y ait pas de véritables problèmes, vous avez la sensation que votre vie n'est pas parfaite, qu'il vous manque quelque chose pour être heureux. Sans doute serait-il important que vous preniez quelques instants pour faire le point, de même que pour comparer votre existence à celle de plusieurs. Vous constaterez que vous n'êtes pas à plaindre et qu'en y mettant un peu du vôtre, ça pourrait être plus joyeux.

AFFAIRES – Le mois s'annonce un peu creux, les choses ne bougent pas très vite, et vous avez l'impression de piétiner. En fait, il ne s'agit que d'un bref épisode puisque dès le 10 août, vous amorcez un cycle dynamisant au cours duquel ça pourrait même se bousculer. En attendant, planifiez, organisez… et emmagasinez l'énergie, vous allez en avoir besoin!

Août

D	L	M	M	J	V	S
1	2	3	4	5	6	7F
8F	9D	10D	11D	12	13	14
15●	16	17	18	19	20	21
22	23D	24D	25F	26F	27F	28
29○	30	31				

○	Pleine lune	●	Nouvelle lune
F	Jour favorable	D	Jour difficile

SANTÉ – Le 10 marque l'arrivée de Mars dans votre signe, ce qui devrait certainement augmenter votre vitalité tant physique que psychologique. Moins amorphe, vous n'hésiterez pas à prendre le taureau par les cornes. Il n'y a qu'un seul problème lié à ce transit: c'est qu'il augmente le risque d'accidents et de crises de toutes sortes. À vous d'y voir.

SENTIMENTS – Que de joies et d'agréables surprises vous attendent à partir du 7! Les choses vont beaucoup mieux avec votre conjoint, vous pourriez même retrouver cette belle complicité que vous aviez à vos débuts. Pour ce qui est des solitaires, une amitié amoureuse promet d'égayer leur destinée. Seule ombre au tableau: cet enfant qui fait encore des siennes.

AFFAIRES – Rappelez-vous que dès le 10 de ce mois vous entamez un cycle fertile en rebondissements. Certaines situations qui traînaient en longueur peuvent se mettre à évoluer favorablement. Des événements inattendus se produisent et, une fois la phase d'énervement passée, vous vous apercevez que ça vous ouvre plein de portes. Ne faut-il pas commencer par se débarrasser de ce qui est périmé afin de faire de la place pour du nouveau? Ce renouveau vous sera particulièrement bénéfique. Grosses chances au jeu.

Septembre

D	L	M	M	J	V	S
		1	2	3F	4F	
5D	6D	7D	8	9	10	11
12	13	14●	15	16	17	18
19	20D	21D	22F	23F	24	25
26	27	28○	29	30F		

○	Pleine lune	●	Nouvelle lune
F	Jour favorable	D	Jour difficile

SANTÉ – Mars traîne dans votre signe jusqu'au 26, voilà pourquoi vous devez continuer d'avoir une attitude préventive. Protégez votre corps et n'en demandez pas trop à vos nerfs. Vous avez tellement d'énergie que parfois vous avez du mal à la canaliser, vous êtes survolté, vous ne tenez pas en place.

SENTIMENTS – La première semaine déborde de romantisme et de tendresse, alors que le restant du mois s'annonce plus ordinaire. Une chose qui ne faiblit pas, c'est votre vie sociale. Les invitations, les soirées réussies et les occasions de connaître de nouvelles gens se multiplient. Vous avez énormément d'ascendant sur votre entourage… mais pas sur ce jeune qui continue à vous tenir tête.

AFFAIRES – Un autre mois rempli d'imprévus, de changements mais aussi de coups de chance; au fait, vous avez encore la main heureuse au jeu. Excellente période pour les affaires en général, les transactions et les investissements, en autant qu'ils ne soient pas faits impulsivement. Bon temps également pour chercher de l'emploi, pour décrocher un gros contrat et pour voyager.

Octobre

D	L	M	M	J	V	S
					1F	2F
3D	4D	5	6	7	8	9
10	11	12	13●	14	15	16
17D	18D	19F	20F	21	22	23
24/31D	25	26	27○	28F	29F	30D

○	Pleine lune	●	Nouvelle lune
F	Jour favorable	D	Jour difficile

SANTÉ – Les éclipses de ce mois n'ont aucun impact négatif sur vous. À vrai dire, vous êtes tellement soulagé du départ de Mars que rien ne peut vous affecter. Vous gérez beaucoup mieux vos forces, vous retrouvez à la fois votre calme et votre aplomb. Bon mois pour vous remettre en forme, pour mettre de l'ordre dans votre vie, bref, pour repartir du bon pied.

SENTIMENTS – Vénus est chez vous et, grâce à elle, vous pouvez donner un nouvel élan à votre vie de couple. D'ailleurs, votre partenaire ne demande pas mieux. Si la solitude est votre réalité, gardez l'œil ouvert, car l'amour n'est pas loin. Cet enfant qui vous a causé du souci revient à de meilleurs sentiments. Socialement, vous êtes toujours très en demande.

AFFAIRES – Excellent mois pour consolider votre position, pour obtenir une permanence ou pour signer un contrat alléchant. Vos placements donnent un rendement appréciable, on pourrait aussi vous proposer une façon de faire davantage d'argent. La seconde quinzaine est parfaite pour les déplacements et les démarches.

Novembre

D	L	M	M	J	V	S
	1D	2	3	4	5	6
7	8	9	10	11	12●	13D
14D	15F	16F	17	18	19	20
21	22	23	24	25	26○F	27F
28F	29D	30D				

○	Pleine lune	●	Nouvelle lune
F	Jour favorable	D	Jour difficile

SANTÉ – Vous allez de mieux en mieux, même qu'à compter du 11 vous devriez être au sommet de votre forme physique. Bien sûr, il vous arrive encore d'avoir les nerfs en boule, c'est dans votre nature, que peut-on y faire? Vous avez le goût de bouger davantage, de danser, de faire de la gymnastique ou du sport, et c'est une excellente idée.

SENTIMENTS – Les trois premières semaines s'écoulent tout doucement sous le thème de la tendresse. Vous semblez plus casanier au courant de la première quinzaine. C'est vrai que vous êtes bien à la maison, mais les propositions que vous recevez par la suite sont irrésistibles, vous finissez donc par quitter votre douillet petit nid. De quoi se mêle ce membre de la famille qui s'est mis en tête de tout gérer?

AFFAIRES – Vous êtes encore sur une excellente lancée, la cadence de vos progrès va même en augmentant à partir de la nouvelle lune, soit le 12. Les vendeurs et tous ceux qui travaillent auprès du public connaissent un rendement record. Autres secteurs qui demeurent avantageux: les déplacements et les démarches. Si vous devez passer un examen ou vous présenter à une entrevue, vous en sortez gagnant malgré votre trac.

Décembre

D	L	M	M	J	V	S
		1	2	3	4
5	6	7	8	9	10	11●D
12D	13F	14F	15	16	17	18
19	20	21F	22F	23F	24D	25D
26○	27	28	29	30	31	

○	Pleine lune	●	Nouvelle lune
F	Jour favorable	D	Jour difficile

SANTÉ – Vous vous sentez un tantinet fébrile, et c'est normal avec tout ce que vous avez traversé cette année. Néanmoins, vous conservez votre joie de vivre et votre confiance en la vie. Physiquement, tout est magnifique jusqu'au 16, mais par la suite vous devez redoubler de prudence afin ne pas vous blesser. Il serait sage de vous prémunir contre le rhume et les indigestions.

SENTIMENTS – La première quinzaine est extraordinaire, vous êtes sur la trotte plus souvent qu'à votre tour et vous rencontrez plein de beau monde. À la maison également, ça s'annonce bien, puisqu'on s'évertue à vous faire plaisir. Si vous souhaitez que le reste du mois soit tout aussi beau, apprenez à mettre un peu d'eau dans votre vin, particulièrement avec les membres de la famille.

AFFAIRES – Le mois commence en trombe, vous n'avez pas un seul instant à vous. À vrai dire, d'ici le 19 vous êtes parfois même obligé de mettre les bouchées doubles, voire de faire des heures supplémentaires pour réussir à passer au travers de toute la montagne de travail qui vous attend. Par après, vous pouvez enfin penser à vous reposer, vous ne l'avez pas volé !

Balance

du 24 septembre au 23 octobre

Il n'y a pas de doute lorsqu'on vous voit tergiverser avant de prendre une décision, on sait à qui on a affaire: une vraie Balance. Votre recherche de l'harmonie, de la beauté, de la justice est telle qu'il vous est souvent difficile de trancher. Prendre une heure pour choisir entre deux types de pain à la boulangerie, c'est vraiment vous! Et ça, c'est quand vous ne changez pas d'idée juste avant de passer la porte pour sortir.

Vous recherchez le parfait équilibre entre toutes choses. Vivre dans une ambiance harmonieuse où la bonne entente et la cordialité règnent, voilà ce qui vous motive. On remarque votre courtoisie avec tous, que vous vous adressiez à un président de compagnie, à la vieille dame d'en face, au clochard qui hante votre quartier ou au serveur de votre restaurant favori. Un mot gentil ou une attention délicate vient souvent ponctuer vos relations avec les autres. Votre politesse est exquise, ce qui est fort rare et apprécié.

Vous êtes un être sociable qui reçoit toujours des invitations pour un dîner, une sortie, une première, un lancement, un cocktail, ou même pour une balade entre amis. Avouez que vous adorez être l'objet de tant d'attentions. Votre bonne humeur, votre amabilité et votre optimiste sont contagieux, c'est la raison pour laquelle vous êtes si populaire auprès des gens. Quant à votre charme légendaire, il en fait craquer plus d'un.

Le point central de votre vie est l'amour; toute votre existence gravite autour de cet élément. Encore une fois, puisque vous recherchez ce qu'il y a de mieux, le grand amour, le partenaire parfait, ce n'est pas toujours facile. Alors, vous prenez votre temps, convaincu que la félicité vient à point à qui sait attendre.

Vous appréciez également la beauté; vous êtes un hédoniste et vous le revendiquez. Votre plaisir et votre satisfaction vous sont apportés par la beauté: un parterre de fleurs, le dessin du petit dernier. Votre automobile, votre intérieur, tout reflète votre surprenante recherche de l'esthétique. Vous êtes toujours tiré à quatre épingles, vous voulez être à la mode, très chic. On ne peut rien vous reprocher sur votre tenue vestimentaire. Vous y mettez beaucoup d'efforts et, bien entendu, les compliments pleuvent, ce qui ne manque pas vous plaire, avouez-le!

Votre sens de la justice et de l'équité est une autre de vos principales caractéristiques: ne représente-t-on pas la Justice par une femme aux yeux bandés portant un glaive et une balance? Qu'il s'agisse des affaires de l'État ou d'une querelle entre les enfants, d'une mésentente au bureau ou des conflits au Moyen-Orient, vous voudriez que la justice règne partout. Vous vous révoltez en pensant que les droits les plus élémentaires des individus sont bafoués partout dans le monde.

En toute circonstance, vous cherchez la paix et l'harmonie. La violence et l'agressivité vous répugnent. Lorsqu'un climat orageux tend à s'installer à l'endroit où vous êtes, vous préférez souvent partir plutôt que d'assister à des prises de bec. Pourtant, la solitude vous pèse. et vous ne restez jamais éloigné des autres trop longtemps. Mais vous savez choisir votre entourage, car la vulgarité vous blesse.

Votre humeur est remarquable, vous débordez d'optimisme et trouvez toujours le côté positif d'un événement ou d'une situation. Votre frère a perdu son emploi? Tant mieux, c'est l'élément déclencheur qu'il lui fallait pour réorienter sa carrière. Votre meilleure amie est malade? Eh bien, elle pourra ainsi se reposer, elle qui n'avait jamais le temps de souffler. Vous avez toujours le bon mot, mais surtout l'attitude appropriée, pour aider vos proches à surmonter leurs difficultés. Cette façon d'agir vous vaudra de nombreux compliments et plusieurs amitiés.

Ce que l'on remarque au premier regard, c'est votre douceur et l'harmonie de votre silhouette. Vos gestes sont élégants, votre démarche, sensuelle, et vous avez de petits tics tout à fait charmants, comme pencher la tête lorsque vous réfléchissez ou balancer la jambe quand vous êtes assis…

Évidemment, une telle recherche de la perfection et de la beauté en toutes choses ne vous permet pas de vous décider au quart de tour, et c'est là que le bât blesse parfois; vos compagnes de magasinage trépignent d'impatience, vos collègues ragent… mais ça prendra le temps qu'il faudra, vous voulez être sûr de faire le meilleur choix possible.

Comment se comporter avec une Balance?

La Balance est un être tout à fait charmant et d'abords agréables. Discuter avec un natif de ce signe est un charme, du moment qu'il a tous les éléments en main: le pour, le contre, les circonstances. Avant de rendre un verdict, il a souvent besoin de connaître le «qui-du-pour-quoi-du-comment». Son processus pourra vous sembler bien long, car il se rappelle qu'il n'a pas pris tel élément en considération et que tel autre mériterait aussi qu'on s'y attarde. Bref, tous les aspects d'un problème sont mis dans la balance.

Qu'il siège à l'ONU ou qu'il compare les ingrédients de deux sauces tomate, c'est long! Son interlocuteur doit bien souvent s'armer de patience.

Dans un dilemme, proposant deux solutions opposées, il suggérera des compromis pour accommoder toutes les parties. La Balance ne se fâche que très rarement, en fait, elle se sert plutôt de la douceur pour convaincre et tempérer ses contradicteurs. Si vous voulez faire sortir une Balance de ses gonds, il faudra vraiment que vous y mettiez le paquet, et encore, c'est peut-être vous qui sortirez de vos gonds avant elle. Lorsqu'on discute avec un natif de ce signe, la courtoisie et le sang-froid sont de mise. Exposez calmement vos doléances ou votre point de vue, et n'ayez crainte, une de ses légendaires idées ingénieuses l'aidera à dénicher une solution équitable pour tous.

Pour cohabiter harmonieusement avec une Balance, il faut lui créer un environnement calme et paisible. Les chicanes continuelles et les discussions orageuses pour un rien ne contribuent certes pas à une ambiance qu'il appréciera. De toute façon, vous n'arriverez à rien avec un natif de la Balance en utilisant l'agressivité, les cris et les larmes; la douceur, le charme et la gentillesse vous permettront de tout obtenir sans difficulté.

La Balance est un tantinet lente, donc si vous voulez absolument qu'elle ne manque pas votre rendez-vous, fixez le moment de la rencontre une heure plus tôt que prévu, ainsi vous serez assuré qu'elle sera là à temps.

Une Balance est systématiquement en retard, car elle prend trop de temps à se décider: des chaussures bleues ou noires, une robe moulante ou un pantalon ample, une cravate ou un polo à col ouvert... bref, elle tergiverse des heures devant la porte de la garde-robe. Et, bien entendu, lorsqu'elle se montre enfin le nez, vous pouvez être sûr que ses raisons seront bonnes, et ses excuses, adorables. Une Balance à l'heure, c'est vraiment un hasard!

Ses goûts

Pour la Balance, ce qui compte, c'est le beau. Un natif de ce signe est très sensible à la beauté, à l'harmonie. Ses vêtements sont choisis avec beaucoup de goût, de raffinement. Il est d'une élégance peu commune: généralement, couleurs, textures, accessoires sont assortis, des sous-vêtements au parapluie, rien n'est laissé au hasard et la recherche est parfaite. Il ne faut donc pas s'étonner de voir une Balance fouiller dans tous les recoins d'un magasin pour dénicher le portefeuille, la ceinture, les boucles d'oreilles qui s'agencent parfaitement à ses tenues.

Pour les couleurs, une Balance s'en tient surtout aux teintes douces et tendres qui reflètent bien sa personnalité. Les textures, pour leur part, sont souvent soyeuses, fluides, confortables.

Si la Balance s'habille avec un profond souci du détail, que dire de sa demeure. Dans son petit nid, tout est recherché et étudié. Plantes, papier peint, peintures, bibelots, éclairages, tentures, rien ne détonne… On se demande comment elle fait, tellement tout est à sa place…

Lorsqu'une Balance vous convie à sa table, vous pouvez être assuré que le plaisir des yeux tout autant que celui de la bouche sera comblé: chandelles, belles assiettes, nappes et serviettes de table faites à la main, ustensiles ciselés, sa présentation est étudiée et raffinée. Les mets, pour leur part, seront à son image: recherchés. Elle est un fin gourmet. Elle ne résiste pas devant un dessert bien présenté. Mais n'ayez crainte, si vous l'invitez, un natif de ce signe se montrera toujours charmant, élégant et reconnaissant, même si vous l'accueillez à la bonne franquette.

Son potentiel

Le natif de la Balance n'est pas un être impulsif, il préfère soupeser, étudier, voir le pour et le contre; il ne faut donc pas lui confier un poste où les décisions se prennent rapidement. Par contre, si vous cherchez quelqu'un qui saura analyser le moindre aspect d'une tâche ou d'une décision avant de rendre son verdict, c'est le candidat qu'il vous faut.

Ses préférences le poussent à opter pour des activités dans le domaine des arts. C'est un artiste remarquable, un fin artisan: la beauté n'a plus aucun secret pour lui, et il atteindra des sommets inégalés si on lui confie des contrats où l'harmonie est le trait essentiel de sa production. Par exemple, il sera un architecte talentueux, mais excellera également en horticulture, en esthétique, en décoration, en étalagisme, en mode, en coiffure et en orfèvrerie. Si par hasard ses pas le conduisent dans une autre voie, il œuvrera par exemple en tant qu'avocat, juge, procureur, coroner, ou notaire; des tâches qui demandent un solide esprit d'analyse, mais qui viendront également combler son esprit de justice. Il pourrait aussi se distinguer en relations publiques ou dans la diplomatie.

Ses loisirs

Si notre Balance n'a pas choisi un métier du domaine artistique, il leur consacrera sans aucun doute ses loisirs et il aura l'embarras du choix, car c'est un être doué d'un talent remarquable: peinture, aquarelle, céramique, poterie, couture, broderie, tricot, création de sites Web, design d'intérieur, aménagement paysager, toutes les portes lui sont ouvertes.

En fait, tout ce que touche une Balance devient une œuvre d'art: qu'il s'agisse de se maquiller ou d'assortir les couleurs des coussins du salon, elle le fait avec goût et élégance.

La Balance aime également la nature, et surtout les fleurs et les plantes. Son intérieur en est probablement rempli. Donnez-lui un lopin de terre, vous verrez ce qu'elle en fera. Pour un natif de ce signe, avoir le pouce vert n'est pas une expression dénuée de sens. S'il habite en ville, son balcon sera fleuri, et il s'occupera même des carrés d'arbres de sa rue.

La Balance est également une personne très sociable. La solitude lui pèse vite, et rester seule trop longtemps la conduira tout droit à l'ennui. Des sorties, des réunions entre amis, des dîners au restaurant, des spectacles sont des éléments essentiels à son équilibre mental. La Balance est une personne agréable qui sait séduire et enjôler; elle ne reste donc jamais seule très longtemps.

Sa décoration

Son cocon est si douillet et si harmonieux qu'on pourrait avoir l'impression d'entrer dans un monde de rêves lorsqu'on y pénètre. Le temps et l'énergie que notre Balance a consacrés à son intérieur sont incalculables. Chez elle, rien ne dépasse: le tapis et les tentures se marient harmonieusement avec les meubles, et le moindre bibelot occupe la place qui lui convient exactement.

Son intérieur est une symphonie de couleurs subtiles et de formes délicates où tout est parfait, en équilibre. Il faut dire que le moindre élément a été sélectionné avec soin; on pourrait se croire dans les pages d'un magazine de décoration.

En fait, la Balance a un don inné pour la décoration, un goût sûr qui fait de son intérieur un écrin d'élégance et de beauté. Si vous avez des conseils de décoration à demander à quelqu'un, tournez-vous vers une Balance; vous ne serez jamais déçu.

Son budget

É videmment, toute cette beauté a un prix, et notre Balance doit avoir un porte-monnaie bien rempli pour se permettre toutes ces dépenses. Eh bien, même si un natif de ce signe ne roule pas sur l'or, n'ayez crainte, c'est un excellent comptable... et un très bon consommateur qui sait magasiner, même s'il se laisse tenter facilement et dépense généreusement. En fait, une Balance qui a un budget restreint connaîtra les bons endroits où se faire plaisir à peu de frais, tout en satisfaisant ses goûts pour la beauté et l'esthétique.

Par contre, si le natif de ce signe est un peu plus à l'aise financièrement, il voudra mettre un peu d'argent de côté. Mais si la tentation est assez grande, il succombera et remettra l'épargne à plus tard. Il est rare qu'une Balance songe à investir dans un REÉR alors que sa garde-robe du printemps doit être renouvelée... ou le mobilier du salon, changé pour qu'il s'harmonise aux nouveaux tapis et aux nouvelles peintures qu'elle vient d'appliquer sur les murs.

Bref, pour une Balance, l'argent est un moyen d'acquérir de belles choses; ce n'est pas fait pour dormir dans un coffre-fort, et encore moins pour être investi dans des portefeuilles boursiers qui sont à ses yeux des comptes tout à fait virtuels.

La Balance possède une nature résolument optimiste et ne s'inquiète pas outre mesure quand les factures arrivent... en toutes circonstances, elle garde son sourire charmeur et règle les problèmes lorsqu'ils se présentent, sans anticiper.

Quel cadeau lui offrir?

F aire plaisir à un natif de ce signe est probablement la chose la plus aisée qui soit: il est toujours content.

Puisque notre Balance aime les beaux objets, les vêtements à la mode, les bijoux précieux, les œuvres d'art, les créations haute couture ou d'artisans, vous aurez l'embarras du choix.

Du matériel d'artiste, peinture, pastel, fusain, verrerie et étain pour vitraux, tapisserie aux petits points lui permettront de mettre en valeur son immense talent. En tant que mélomane avertie, elle appréciera le plus récent disque de son artiste favori. Vous pouvez également arriver chez elle avec des plantes plein les bras, des fleurs ou des parfums qui embaument; vous ne vous tromperez pas.

D'ailleurs, quel que soit le cadeau que vous lui offrirez, il sera sans doute apprécié, car notre Balance adore recevoir. Un bel emballage, un joli ruban et une carte de vos bons vœux la rendront folle de joie.

Les enfants Balance

Quels adorables chérubins! Ils sont mignons, souriants, enjoués et de bonne humeur. Par contre, il faut leur trouver des compagnons de jeu, car ils détestent rester seuls. S'ils sont enfants uniques, ils seront constamment dans les jambes de leurs parents.

Ce sont aussi des enfants charmeurs qui savent séduire avant même d'avoir prononcé leurs premiers mots. Leur sourire est enjôleur, et personne ne peut y résister. Ainsi, ils obtiennent souvent tout ce qu'ils veulent par un simple gazouillis... Ils choisiront la méthode douce pour vous amadouer; avec eux, pas de pleurs ni de cris.

Aimable, gentil, disposé à faire plaisir, l'enfant Balance est un compagnon de jeu agréable, et ses petits amis ne se trompent pas, c'est un bambin populaire auprès des autres.

En classe, il sera sûrement le boute-en-train de l'école, car il adore jouer; par contre, pour les études, il aura besoin d'être constamment motivé, car il y a tellement de choses à explorer dans ce vaste monde que son esprit vagabondera souvent bien loin de ses devoirs et de ses leçons.

Ses parents devront lui apprendre à étudier, à se concentrer sur une tâche et à se décider. Il aura tendance à changer d'avis rapidement.

Une autre de ses petites faiblesses est son manque de ponctualité. Évidemment il n'arrive pas à se décider, il perd du temps; il faudra donc lui apprendre à mieux gérer son temps.

L'ado Balance

Tu as une belle personnalité que beaucoup de tes camarades t'envient: tu es sociable, tu t'intéresses aux autres et tu aimes faire plaisir. Tu es très charmeur, et peu de monde peut te résister. Tu sais d'ailleurs utiliser ce pouvoir pour parvenir à tes fins.

Tu aimes sortir, voir du monde, échanger, rencontrer de nouvelles personnes. La solitude, ce n'est décidément pas pour toi, car tu t'ennuies rapidement. Les arts, la musique te font vibrer, et tu es très sensible à la beauté sous toutes ses formes.

L'amour te donne des ailes et occupe une place très importante dans ta vie. Tout autour de toi et en toutes choses, tu recherches l'harmonie. Aussi bien dans ta famille que dans ton cercle d'amis, tu ne supportes pas les disputes; c'est souvent toi qui règles les petits différends entre ceux que tu côtoies.

Tu as un sens très aigu de la justice, tu ne supportes pas que quelqu'un soit maltraité devant toi. Par contre, avant de te lancer dans une entreprise, quelle qu'elle soit, tu pèses longuement le pour et le contre... et il t'est parfois difficile de te décider: tu hésites, tu balances, tu ne sais pas... Tes amis trouvent que tu «ne te branches pas».

Les deux petits défauts qu'on pourrait éventuellement te reprocher sont liés à l'une de tes grandes qualités: tu cherches constamment à faire plaisir et à te faire aimer. Mais voilà, cela peut te rendre superficiel aux yeux des autres. Tu dois aussi corriger ton manque de ponctualité; tu as tellement de mal à te décider que tu arrives en retard partout. Ce qui te distingue des autres cependant, c'est ton éternel optimisme; rien ne te démonte, tu es toujours capable de déceler le bon côté des choses, même dans les pires situations.

Tes études

Tu es brillant, tu as un bon jugement, tu es même capable d'assimiler deux formations très différentes à la fois. Le grand problème, c'est de savoir à laquelle accorder le plus d'importance; tu n'arrives pas à prendre une décision finale.

Comme tu apprécies la beauté et l'harmonie, tu excelles dans tes cours d'art plastique ou de musique. Le petit hic, c'est que tu t'intéresses plus à la vie sociale de l'école, aux sorties de groupe et aux réunions qu'à tes études. Avoue-le, tu es un peu paresseux de nature, et ces multiples occupations parascolaires sont pour toi de bonnes excuses pour ne pas trop travailler en classe.

Pourtant, tu es doué, et la réussite t'attend si tu parviens à mettre un peu de discipline dans ta vie... et si tu n'arrives pas en retard dans tes cours.

Ton orientation

Ce n'est pas facile pour toi de choisir un métier, car il y a tellement de domaines qui t'intéressent! En fait, le problème est que tu peux revenir sur ta décision, même lorsque tu jures que cette fois tu ne changeras plus d'idée.

Tes buts changent constamment; il est difficile de faire quelque chose de ta vie dans de telles conditions. Par contre, si tu te diriges vers des métiers artistiques (les arts, la décoration, l'esthétique, la coiffure, la mode, la joaillerie, la musique, la comédie, l'horticulture, l'architecture, la littérature, l'ébénisterie, la danse) tu parviendras sûrement à te tailler une place de choix. Les communications, la diplomatie, la justice, le droit, le commerce, l'éducation ou les relations publiques sont aussi des domaines où tu pourras briller.

Tes rapports avec les autres

Tes amis, ta famille occupent une place prépondérante dans ta vie, car tu ne supportes pas d'être seul. Même pour étudier, tu as besoin de monde autour de toi. Donc, tu seras meilleur dans les travaux scolaires en équipe. Tu as également besoin d'un environnement calme où règne la bonne entente; les cris et les disputes te perturbent énormément. Tu penses beaucoup aux autres, tu essaies de faire plaisir et tu as besoin de te sentir aimé pour bien fonctionner dans un groupe.

Tu es quelqu'un de très généreux, mais tu n'as pas besoin de dépenser de l'argent pour conquérir les autres; ton sourire te permet de te faire facilement des amis. Le plus important pour toi est cependant de bien les choisir.

Dominique Michel, Anne Rice, Sonia Benezra, Sean Connery, Brigitte Bardot, Diane Dufresne, Hélène Lauzon, Julien Clerc, André Robitaille, Susan Sarandon, Kate Winslet, Matt Damon, François Pérusse, Sigourney Weaver, John Lennon, Guylaine Tremblay, Daniel Lemire, Jean-Jacques Goldman, Chantal Fontaine, Danielle Proulx, Gilles Vigneault, Luck Mervil, Claude Léveillée, Claude Charron, Luciano Pavarotti, Éric Lapointe, Catherine Deneuve, Will Smith.

Pensée positive pour la Balance

Je capte toute l'harmonie de l'univers et la canalise dans ma vie. Je fais le bon choix en toute situation et j'avance vers l'amour.

Pensée positive spéciale pour 2004

Je me défais du passé, je suis de mieux en mieux avec moi-même. Je cultive l'autonomie.

Le subconscient nous dirige toujours selon nos pensées. En répétant le plus souvent possible ces pensées conçues tout spécialement pour vous, vous vous attirerez plein de belles choses.

Signe: Balance

Élément: Air

Catégorie: Cardinal

Symbole: ♎

Points sensibles: Reins, vessie, appareil urinaire, bas du dos, obésité, diabète, hypoglycémie. Attention au sucre!

Planète maîtresse: Vénus, planète de l'amour.

Pierres précieuses: Opale, jade, corail.

Couleurs: Les tons pastel et les couleurs tendres, rose, turquoise.

Fleurs: Violette, jonquille, rose thé... et toutes les autres.

Chiffres chanceux: 6-9-15-18-23-26-36-39-41-45.

Qualités: Doux, tendre, affectueux, amoureux de l'amour, juste, diplomate, charmeur.

Défauts: Indécis, instable, dépensier, retardataire, effrayé par la solitude.

Ce qu'il pense en lui-même: Je voudrais que tout soit si beau autour de moi.

Ce que les autres disent de lui: Il ne se branche pas... Mais on le lui pardonne; il est si adorable!

Prédictions annuelles

Vous continuez de vous interroger sur le sens à donner à votre existence. Parfois, vous avez l'impression de naviguer en eaux troubles. Pourtant, ça vaut la peine de poursuivre cette réflexion profonde, cette quête d'identité qui ne peuvent que vous aider à mieux fonctionner. Vous affrontez vos peurs, vous déterrez de vieux souvenirs qui vous ont traumatisé pour enfin vous en libérer. Bien que plutôt lourde, cette conjoncture apporte toujours un extraordinaire sentiment de libération à ceux qui vivent à fond. Inutile de cacher la poussière sous le tapis comme vous l'avez fait par le passé. Après votre anniversaire survient la période la plus intéressante, car le vent tourne complètement. Vous êtes alors, croyez-le ou non, en pleine période de chance.

SANTÉ – Avec les effets de Saturne qui continuent à se manifester, vous avez tout intérêt à vous montrer conséquent. N'abusez pas de vos forces, qu'elles soient physiques ou psychologiques. Soignez vos malaises sans attendre et restez dans les limites d'une saine hygiène de vie. En agissant de la sorte, vous éviterez de vous retrouver sur le carreau. Comme vous êtes prévenu d'avance, vous pouvez prendre les moyens nécessaires pour conserver votre bonne forme, voire recouvrer la santé. De toute façon, il est temps de mettre un peu d'ordre dans tout ça.

SENTIMENTS – Comme vous êtes toujours en pleine période d'introspection, il est tout à fait normal que les autres passent en second. Vous avez trop souvent donné le beau rôle à votre entourage, vous contentant des restants. Trop souvent aussi, vous avez fait des compromis qui allaient à l'encontre de vos véritables valeurs, uniquement pour ne pas être seul. Désormais, vous avez davantage de cran, vous souhaitez ce qu'il y a de meilleur et vous avez parfaitement raison de le faire. La santé d'un proche risque de vous causer quelques soucis. Une fois que vous aurez fait le point, l'automne apporte un changement remarquable: vous avez envie de vous ouvrir, de connaître de nouvelles gens. D'ailleurs, ceux qui sont seuls ou qui ont vécu une rupture peuvent refaire leur vie.

AFFAIRES – Vous avez fréquemment à composer avec des situations inattendues. Heureusement que vous appartenez à un signe fort adaptable, ce qui vous permet de vous réorganiser rapidement. À cause du carré de Saturne, mieux vaut être trop méfiant que pas assez: ne faites pas confiance au premier venu, mettez ce qui vous appartient en sécurité et, surtout, exigez des garanties sérieuses. Je sais que vous êtes on ne peut plus poli, que vous avez peur de déplaire, pourtant cette année vous devez apprendre à vous protéger. Importante remise en question sur le plan de la carrière; vous arrivez à un tournant, le besoin de changement devient pressant. À compter de votre anniversaire, la chance commence à se ranger de votre côté. Les incertitudes professionnelles et les finances en dents de scie se mettent à se résorber. Vous remontez la pente et pourriez même mériter quelques prix dans les tirages.

Janvier

D	L	M	M	J	V	S
				1	2	3
4F	5F	6D	7○D	8	9	10
11	12	13	14	15	16	17
18	19	20D	21●D	22F	23F	24
25	26	27	28	29	30	31

○	Pleine lune	●	Nouvelle lune
F	Jour favorable	D	Jour difficile

SANTÉ – L'opposition de Mars à votre signe vous complique la vie. Afin d'alléger ce transit et même d'en conjurer les fâcheux effets, redoublez de prudence afin de ne pas vous faire mal, proscrivez les risques et soignez-vous sans attendre. Vos réserves nerveuses semblent chancelantes au cours de la seconde quinzaine, mieux vaut vous reposer et vous changer les idées.

SENTIMENTS – Vous vous débrouillez plutôt bien d'ici le 14. Vos brillantes interventions empêchent les discussions avec vos proches de dégénérer, tandis que l'animation de votre vie sociale vous permet de vous divertir. Par après, vous êtes à court de mots, parfois même maladroit, et vous mettez le feu aux poudres sans le vouloir. Comme vous détestez la chicane, cela vous perturbe, vous vous repliez sur vous-même. Un parent vous inquiète.

AFFAIRES – Malgré votre bonne volonté et vos efforts répétés, rien ne marche à votre goût; les choses traînent en longueur, vous vous heurtez à de nombreux écueils. Inutile de rager, bientôt vous aurez la voie libre. En attendant, ne laissez personne vous déposséder de vos biens et acquis. Prudence et patience sont probablement vos meilleures alliées.

Février

D	L	M	M	J	V	S
1F	2F	3D	4D	5	6○	7
8	9	10	11	12	13	14
15	16D	17D	18F	19F	20●	21
22	23	24	25	26	27F	28F
29F						

○	Pleine lune	●	Nouvelle lune
F	Jour favorable	D	Jour difficile

SANTÉ – Dès le 3, vous êtes libéré des mauvais aspects qui vous menaçaient en début d'année. Lentement mais sûrement, vous recouvrez vos forces tant morales que physiques. Excellent mois pour vous reprendre en main, pour adopter une meilleure hygiène de vie. Vous abandonnez un ancien schème de pensée, quelle libération!

SENTIMENTS – Vous retrouvez votre aisance et votre facilité d'élocution: cela vous permet de régler tous les différends survenus récemment. Vous avez davantage envie de voir du monde. Ça tombe bien, vous faites de belles rencontres. La famille se porte mieux, d'ailleurs un enfant pourrait vous confier une bonne nouvelle ou adopter un comportement dont vous serez très fier. Seul votre partenaire maugrée à l'occasion, mais votre humour opère.

AFFAIRES – Les démarches et les déplacements effectués entre le 6 et le 25 donneront des résultats positifs rapidement. Pendant la même période, vous avez des idées de génie, grâce auxquelles vous vous détachez du peloton. Sans oublier que votre flair aiguisé vous aide à saisir au vol une magnifique occasion. Un nouveau départ s'annonce.

Mars

D	L	M	M	J	V	S
	1D	2D	3	4	5	6○
7	8	9	10	11	12	13
14D	15D	16F	17F	18F	19	20●
21	22	23	24	25	26F	27F
28D	29D	30D	31			

○	Pleine lune	●	Nouvelle lune
F	Jour favorable	D	Jour difficile

SANTÉ – Jusqu'au 20, vous vous tirez très bien d'affaire, vous continuez à investir temps et énergie dans votre bien-être physique, ce qui donne par la suite des résultats du tonnerre. En effet, à partir du 21, vous êtes en super forme, vous donnez même l'impression de rajeunir. Entre le 12 et le 31, nous décelons toutefois une phase d'anxiété dont vous pouvez venir à bout en vous relaxant et en faisant davantage confiance à la vie.

SENTIMENTS – Une fois la première semaine écoulée, votre conjoint redevient plus souriant. Non seulement est-il de meilleure humeur, mais il pourrait vous confier une nouvelle réjouissante. Un enfant fait des siennes, rien de trop grave heureusement! La fin du mois vous réserve plusieurs bonnes surprises; les invitations abondent, vous élargissez votre cercle de relations.

AFFAIRES – Vous travaillez d'arrache-pied durant les trois premières semaines, ça avance, mais plutôt lentement. Cependant, les progrès des 10 derniers jours vous permettent de rattraper le temps perdu et surtout de faire un grand pas en avant. C'est un cycle formidable pour chercher du boulot et pour améliorer votre situation financière.

Avril

D	L	M	M	J	V	S
				1	2	3
4	5○	6	7	8	9	10
11D	12D	13F	14F	15	16	17
18	19●	20	21	22F	23F	24F
25D	26D	27	28	29	30	

○	Pleine lune	●	Nouvelle lune
F	Jour favorable	D	Jour difficile

SANTÉ – L'éclipse de ce mois a davantage de répercussions sur votre moral que sur votre métabolisme et, encore une fois, vous pouvez en surmonter les effets en cultivant une attitude positive. Physiquement, vous avez le vent dans les voiles, votre belle énergie ainsi que votre vitalité font plaisir à voir. Magnifique mois pour les remises en beauté, les rajeunissements de style.

SENTIMENTS – Les astres vous favorisent grandement, bon temps donc pour mettre du piquant dans votre vie de couple ou pour vous lancer à la recherche de l'âme sœur. Socialement aussi, ça redémarre. Vous qui appréciez voir du monde êtes servi à souhait, d'autant plus que les gens que vous rencontrez ont énormément d'affinités avec vous. Vous balancez (sans jeu de mots) par-dessus bord de vieilles relations qui ne vous apportaient plus rien.

AFFAIRES – Le moment est venu de foncer, de chercher du travail, de mettre vos projets, y compris les plus ambitieux, en branle. L'obtention d'un contrat, des négociations menées avec brio pourraient également contribuer à votre essor financier. Les voyages et déplacements d'affaires ou d'agrément sont avantageux.

Mai

D	L	M	M	J	V	S
						1
2	3	4○	5	6	7	8D
9D	10F	11F	12	13	14	15
16	17	18●	19F	20F	21F	22D
23D/30	24/31	25	26	27	28	29

○	Pleine lune	●	Nouvelle lune
F	Jour favorable	D	Jour difficile

SANTÉ – Une première semaine à tout casser, malgré l'éclipse. Le reste du mois exige toutefois plus de doigté. En prenant vos précautions, vous pouvez éviter une blessure ou une série de malaises. Psychologiquement, une vague de nervosité vous perturbe jusqu'au 16, mais vous devriez retrouver votre aplomb par la suite.

SENTIMENTS – Un jeune risque encore de vous embêter au courant de la première quinzaine, puis tout rentre dans l'ordre. Vos amours demeurent favorisées, les couples se rapprochent et les solitaires ont de bonnes chances de trouver une personne à la hauteur de leurs aspirations. Toujours sur la trotte, vous continuez de rencontrer des gens formidables. Avec la famille, c'est une autre paire de manches, on vous en fait voir de toutes les couleurs...

AFFAIRES – Si vous avez de grands projets ou si vous devez présenter une demande importante, agissez sans attendre, car c'est jusqu'au 7 que vos chances sont les meilleures. Par après, vous avez à vous débattre beaucoup plus pour que ça fonctionne. Ente le 8 et le 31, des situations inattendues surviennent, le contrôle de la situation vous échappe, et vous n'êtes pas non plus à l'abri des voleurs.

Juin

D	L	M	M	J	V	S
		1	2○	3	4D	5D
6F	7F	8	9	10	11	12
13	14	15F	16F	17●D	18D	19D
20	21	22	23	24	25	26
27	28	29	30			

○	Pleine lune	●	Nouvelle lune
F	Jour favorable	D	Jour difficile

SANTÉ – Les dissonances planétaires perdurent jusqu'au 23 et pourraient encore vous valoir un accident ou une défaillance physique; soyez sur vos gardes, ne relâchez pas trop tôt votre vigilance. Psychologiquement, vous n'aurez pas à attendre aussi longtemps: dès le 5, vous êtes au sommet de votre forme.

SENTIMENTS – Avec la marmaille, tout rentre dans l'ordre, restent donc les problèmes familiaux avec lesquels vous devez encore composer durant les trois premières semaines. Au moins, votre vie sociale se porte à merveille, tout comme vos amours qui persistent à vous procurer beaucoup de bonheur. Les belles rencontres figurent toujours au programme de ce mois: votre charme ne laisse personne indifférent.

AFFAIRES – La dernière semaine est remplie de promesses tant sur le plan financier que professionnel. Hélas! d'ici là, vous risquez d'en arracher. Ça piétine, vous n'arrivez pas à progresser comme vous le désirez, bref, vous ne semblez pas maître de votre destin. Quand ce ne sont pas les autres qui décident à votre place, c'est la vie qui se charge de mettre votre patience à l'épreuve. Pas grave, ça achève!

Juillet

D	L	M	M	J	V	S
				1	2○D	3D
4F	5F	6	7	8	9	10
11	12	13F	14F	15D	16D	17●D
18	19	20	21	22	23	24
25	26	27	28	29D	30D	31○F

○	Pleine lune	●	Nouvelle lune
F	Jour favorable	D	Jour difficile

SANTÉ – Les influences déstabilisantes ont cédé la place à des aspects planétaires plus positifs grâce auxquels vous devriez rapidement être remis sur pied. Votre résistance nerveuse et physique augmente sensiblement, vous entrevoyez la vie avec davantage d'optimisme et vous vous sentez à la fois dynamique et vigoureux, sans oublier que vous continuez à être beau comme un cœur.

SENTIMENTS – Vraiment, la conjoncture vous favorise. Des rencontres stimulantes ponctuent ce mois, l'une d'entre elles pourrait même permettre aux solitaires de refaire leur vie. Quant aux autres, la flamme qui les unit à leur partenaire se ravive. Mieux encore, vous aurez la tête tranquille pour savourer votre bonheur puisque enfants et autres membres de la famille ont cessé de vous donner du fil à retordre.

AFFAIRES – Vous voici dans un cycle nettement plus prometteur. Vos affaires débloquent, votre carrière connaît un important essor et vous avez fini de tirer le diable par la queue. Au lieu d'être en présence de gens qui vous mettent des bâtons dans les roues, voici que vous rencontrez les bonnes personnes. On pourrait même vous donner un solide coup de main pour atteindre votre but.

Août

D	L	M	M	J	V	S
1F	2	3	4	5	6	7
8	9F	10F	11F	12D	13D	14
15●	16	17	18	19	20	21
22	23	24	25D	26D	27D	28F
29○F	30	31				

○	Pleine lune	●	Nouvelle lune
F	Jour favorable	D	Jour difficile

SANTÉ – Les 10 premiers jours sont marqués par une joie de vivre et une vitalité sans limites. Le reste du mois ne vous réserve rien de vilain, vous pourriez tout simplement vous sentir un brin plus abattu, plus fatigué. Il va sans dire qu'avec cette baisse d'énergie votre motivation et même votre volonté en prennent un coup. Attention, ne vous laissez pas aller.

SENTIMENTS – Jusqu'au 9, ça demeure excitant tant en société que dans l'intimité. Par après, votre carnet mondain est moins rempli, et vous devez faire preuve de délicatesse pour conserver l'harmonie avec vos proches. Dans votre entourage, une séparation vous désarme quelque peu.

AFFAIRES – Vous avez devant vous toute la première semaine pour foncer, pour donner suite à vos projets et entreprendre vos démarches. Ne la laissez pas filer, puisque le restant du mois, sans être néfaste, devrait se dérouler plus au ralenti. Entre le 15 et le 31, voyages et déplacements promettent d'être avantageux.

Septembre

D	L	M	M	J	V	S
			1	2	3	4
5F	6F	7F	8D	9D	10	11
12	13	14●	15	16	17	18
19	20	21	22D	23D	24F	25F
26	27	28○	29	30		

○	Pleine lune	●	Nouvelle lune
F	Jour favorable	D	Jour difficile

SANTÉ – Un autre mois où la léthargie semble omniprésente. Vous retombez dans vos mauvaises habitudes et remettez les choses à plus tard. Sacrée procrastination! Le moral est bon, mais vous n'avez guère le goût de grand-chose; pourtant, en faisant un tout petit effort, vous vous requinqueriez. L'action appelle l'action, alors que l'inertie endort de plus en plus...

SENTIMENTS – Joyeuse période du 6 au 30. Les activités sociales repartent de plus belle tandis que dans votre couple le dialogue et la complicité sont de retour. Si vous êtes seul, une amitié amoureuse pourrait égayer votre vie. La marmaille et la famille ne vous causent aucun souci: au contraire, on redouble d'attention à votre égard.

AFFAIRES – Au cours des 10 premiers jours, vous récoltez énormément de succès dans vos démarches et déplacements. La clarté de vos idées, la justesse de vos paroles ainsi que les solutions ingénieuses que vous apportez à votre travail vous mettent en vedette. Par après, ça s'annonce plus tranquille, mais vous n'avez aucune raison de vous inquiéter.

Octobre

D	L	M	M	J	V	S
					1	2
3F	4F	5D	6D	7D	8	9
10	11	12	13●	14	15	16
17	18	19D	20D	21D	22F	23F
24/31F	25	26	27○	28	29	30

○ Pleine lune   ● Nouvelle lune
F Jour favorable   D Jour difficile

SANTÉ – L'arrivée de Mars dans votre signe vous tire de votre torpeur. Vous affichez un dynamisme manifeste, vous avez de nouveau envie de mordre dans la vie... et dans le reste aussi. Attention donc à la gourmandise, qui menacerait tant votre silhouette que votre bien-être. Ce mois comporte un risque accru d'accident, demeurez sur le qui-vive.

SENTIMENTS – Vous traversez un cycle de popularité grandissante. Vos amis s'arrachent votre présence, d'anciens copains refont surface, sans compter que se présentent de multiples occasions de faire de nouvelles connaissances. Tout ça est bien stimulant, vous n'avez pas le temps de vous ennuyer! Un proche vous confie une nouvelle du tonnerre, alors qu'un aîné, hélas! traverse des moments plus difficiles.

AFFAIRES – Le 24 septembre, Jupiter est venu s'installer dans votre signe, et il est possible que vous en ressentiez déjà les effets. Un changement radical au travail ou une rentrée d'argent surprise, possiblement à la loterie, témoigne justement de sa présence. Un conseil: méfiez-vous des voleurs, des beaux parleurs et des escrocs.

Novembre

D	L	M	M	J	V	S
	1F	2D	3D	4	5	6
7	8	9	10	11	12●	13
14	15D	16D	17F	18F	19	20
21	22	23	24	25	26○F	27F
28F	29D	30D				

○	Pleine lune	●	Nouvelle lune
F	Jour favorable	D	Jour difficile

SANTÉ – Les 11 premiers jours sont encore marqués par le passage de Mars. Vous débordez d'énergie, mais vous risquez de vous faire mal en allant trop vite, tout comme de vous retrouver sur le carreau si vous en faites trop. Par la suite, vous n'avez plus rien à craindre si ce n'est la gourmandise, toujours bien présente.

SENTIMENTS – Avec la belle Vénus et Jupiter dans votre signe, vous pouvez espérer une destinée amoureuse féerique. Les solitaires ont un coup de foudre, alors que les autres renouent avec la passion des premiers jours. Socialement, vous conservez la vedette, il faudrait pouvoir vous dédoubler pour répondre à toutes les invitations qu'on vous lance.

AFFAIRES – Mois très constructif durant lequel changements, transformations et renouveau sont au programme. Vous élargissez vos horizons, vous pourriez même vous retrouver dans une sphère d'activité totalement inhabituelle. N'ayez pas peur de faire face à la musique, vous en sortirez gagnant. Parlant de gain, vous avez des chances au jeu d'ici le 22.

Décembre

D	L	M	M	J	V	S
		1	2	3	4	
5	6	7	8	9	10	11●
12	13D	14D	15F	16F	17	18
19	20	21	22	23	24F	25F
26○D	27D	28D	29	30	31	

○	Pleine lune	●	Nouvelle lune
F	Jour favorable	D	Jour difficile

SANTÉ – Tout est beau! Vous canalisez à merveille votre potentiel, gérez adéquatement votre énergie, en plus d'avoir un moral à toute épreuve. Vous voulez modifier votre allure, vous remettre en beauté? Parfait. Si vous agissez entre le 16 et le 31, votre nouveau look vous vaudra une foule de compliments.

SENTIMENTS – Bien que la première quinzaine s'annonce fort agréable, c'est surtout la seconde qui vous réserve les plus belles surprises, entre autres sur le plan amoureux. Tout au long du mois, vous entretenez des rapports cordiaux avec vos proches et la famille, baignant dans ce climat d'harmonie que vous affectionnez tant. Vous êtes un parent comblé, votre progéniture représente votre plus belle réussite.

AFFAIRES – Un autre très bon mois durant lequel vous continuez à avancer à pas de géant. Votre carrière est en plein essor, nous sommes bien loin des jours gris que vous avez connus antérieurement. Les démarches, les déplacements et même les voyages se déroulent à merveille. Vous vous montrez convaincant, tous se rallient à votre cause.

Scorpion

du 24 octobre au 22 novembre

Il ne vous sert à rien de vouloir le cacher: vous êtes un Scorpion, un vrai. D'ailleurs, vous le savez pertinemment, car rien ne vous échappe.

Ce qui frappe en premier chez vous, ce sont vos yeux. Remplis de mystère, scrutateurs, ils pénètrent au plus profond de vos interlocuteurs, jusqu'à leur âme. Lorsque vous regardez quelqu'un, cette personne a l'impression que vous lisez en elle comme dans un livre ouvert et qu'elle ne peut rien vous dissimuler.

En fait, ce n'est pas tant ce que vous voyez que ce que vous devinez qui est incroyable. Vous êtes doté d'une remarquable intuition: vous pressentez les événements, vous devinez les gens, leurs intentions et leurs sentiments. Vous percez leurs secrets les plus intimes, ce qui, bien entendu, les met parfois mal à l'aise en votre présence.

Votre charisme et votre magnétisme sont si puissants que vous troublez les gens; avouez que cela vous plaît bien. Ce côté mystérieux de votre personnalité n'est pas le moindre. Votre charme et votre grand pouvoir de séduction contribuent également à vous constituer un tempérament bien différent de tous les autres.

Ce que l'on sait moins de vous, car vous ne le laissez jamais paraître – sans doute par crainte d'être blessé – c'est que vous êtes hypersensible et très émotif. Vos sentiments sont à l'image de votre regard: ardents, jamais fades, et toujours remplis de passion. Que vous aimiez ou que vous haïssiez, il n'y a pas de demi-mesures.

Vos sentiments sont profonds, très profonds, souvent un peu confus et parfois même troubles. C'est la raison pour laquelle on a parfois l'impression que vous vous moquez des gens, que vous êtes hautain, dédaigneux des autres, alors que c'est plutôt une sorte de distance que vous mettez entre vous et eux pour mieux les comprendre et pour être sûr de la qualité de vos relations. Vous avez tellement peur d'être blessé que vous vous tenez en retrait, à l'abri sous votre épaisse carapace. Prêt à vous défendre avec votre aiguillon, vous piquez comme la bestiole qui vous représente, puis vous jugez des réactions. Ce n'est pas de la méchanceté, simplement un test. Et c'est là que réside le problème: personne n'aime être ainsi testé, et on se plaint de votre côté démoniaque, de votre cruauté, de votre méchanceté... de ces travers qui intriguent, bien entendu, ceux qui ne vous connaissent pas.

Votre tempérament est contrasté. Vous ne parlez pas, ce qui dérange, et quand vous parlez, cela dérange encore plus: vos propos sont si nets, si catégoriques. Mais encore une fois, cela est dû au mur de protection que vous dressez autour de vous. Si on parvient à vous rejoindre dans votre forteresse, tout se passe très bien.

Vous êtes une personne passionnée des mondes étranges, des personnes insolites, de sciences ésotériques, de parapsychologie, et la mort vous fascine. Bref, vous vous êtes construit un monde de mystère fascinant. Comme vous finissez toujours par trouver ce que vous cherchez, vous excellez dans des domaines où votre intuition et votre extraordinaire perception sont mises à l'épreuve. Mais, bien sûr, vous gardez toutes ces découvertes pour vous.

Votre flair et votre mémoire sont terribles, et comme, en plus, vous êtes très visuel, peu de choses vous échappent. Vous vous souvenez de ce qu'on vous fait et, surtout, de ce qui vous blesse. Même 30 ans plus tard, tout est encore aussi frais à votre esprit. Vous n'oubliez rien et vous êtes assez rancunier. Votre vraie vengeance se manifeste par une méfiance accrue... À moins que vous ne décidiez d'ignorer complètement la personne qui vous a blessé. Dans ce cas, c'est comme si elle n'existait plus pour vous.

Que ce soit le camarade de classe qui vous avait lancé un élastique en deuxième année, la fatigante qui tournait autour de votre premier ami de cœur, le vieil oncle qui vous taquinait un peu trop quand vous étiez petit ou le conjoint repentant qui revient avec des fleurs, mais que vous attendez de pied ferme malgré votre sourire, et qui recevra votre venin... tous ceux qui vous ont blessé goûteront un jour à votre médecine, ils ne perdent rien pour attendre.

Lorsque quelqu'un vous fait du mal, un jour ou l'autre, ça se retournera contre lui. Vous savez être sarcastique, placer vos pointes à l'endroit le plus vulnérable, au point sensible, là où vous savez que vous atteindrez parfaitement votre but. Puisque vous avez une tendance à la rancune, vous êtes porté à vivre un peu trop dans le passé, à remuer le fer dans la plaie et à mijoter votre vengeance, même si cela vous fait souffrir.

Vous êtes possessif, que ce soit en amour ou en amitié. Par contre, vous êtes très fidèle et dévoué envers les gens qui comptent pour vous; avec eux, c'est à la vie à la mort.

Vous taquinez parfois un peu vos proches, vous mettez l'être cher à l'épreuve. Mais si quelqu'un vient causer de la peine à ceux que vous aimez, vous saurez les accueillir avec votre redoutable aiguillon.

Votre confiance n'est pas facile à gagner, mais une fois que c'est fait, votre amitié et votre affection sont indéfectibles. Toutefois, personne n'est à l'abri de vos petites remarques acidulées, pas même votre entourage, que vous aimez tant.

Comment se comporter avec un Scorpion?

Il n'est pas du tout facile de trouver la bonne attitude du premier coup lorsqu'on le rencontre. Que penser de lui, comment l'aborder sont autant de questions délicates. S'il fait preuve d'humour, on se demande s'il rit à nos dépens. Avec lui, on demeure perplexe, même lorsqu'il fait partie de nos proches depuis bon nombre d'années.

En fait, la première chose à faire est de mériter sa confiance, ce qui n'est pas gagné d'avance. De toute façon, il ne l'accordera pas spontanément. Avec lui, le mot gagner prend tout son sens. Car il faudra peut-être des années avant qu'il ne vous donne sa confiance. Et si jamais vous la perdez, ne comptez pas la retrouver facilement. Vous devrez aussi vous habituer à ses remarques, à ses petites crises, aux flèches qu'il décoche si facilement à tous.

Comme c'est un être très sensible, vous constaterez que ses angoisses sont lourdes à supporter, pour lui, bien sûr… mais aussi pour les autres.

Pour le convaincre de votre idée, il ne sert à rien de tempêter ou de vouloir lui enfoncer vos principes dans le crâne… laissez-le découvrir de lui-même les raisons profondes de vos positions. Il le fera souvent à votre insu, et ensuite seulement il se décidera. Vos arguments ne changeront rien. D'ailleurs, il ne se laissera sûrement pas influencer par votre raisonnement. Si, par malheur, vous lui cachez quoi que ce soit ou, pire, si vous lui mentez, c'est terminé; il ne vous fera pas confiance, et vous ne pourrez certainement pas le convaincre du bien-fondé de votre opinion.

Le temps ne changera rien à son comportement, vous aurez beau le connaître depuis des années, il ne sera pas plus sociable avec vous. Il s'ouvrira un peu — jamais complètement —, mais avec les autres, il ne changera pas. Son esprit de contradiction, ses sarcasmes, son humour cinglant et ses attitudes mystérieuses font partie intégrante de sa personnalité. Il faudra le prendre tel quel, sans chercher à vouloir le changer.

En toutes circonstances, le Scorpion est gouverné par ses émotions. Pour cette raison, il a besoin de savoir qu'il peut se fier aveuglément à vous, que vous lui êtes dévoué et fidèle, et surtout de savoir que, même lorsque vous ne le comprenez pas, vous l'acceptez totalement.

Le Scorpion n'est pas un être comme les autres, ne l'oubliez jamais. C'est un être exceptionnel, extraordinaire, dans le vrai sens du terme, c'est-à-dire qui sort de l'ordinaire. C'est d'ailleurs ce qui vous a attiré vers lui. Alors, n'essayez surtout pas d'en faire un être ordinaire; vous perdriez votre temps et dépenseriez votre énergie pour rien.

Ses goûts

Par-dessus tout, il aime semer un léger trouble chez les autres. Pour lui, tout est tout blanc ou tout noir, c'est clair et net. Il n'y a pas de juste milieu. Il affiche sur lui cette caractéristique: ses vêtements seront blancs, rouges ou noirs et non crème, rose ou gris. Dans les matières, c'est la même chose. Elles sont généralement brutes: le cuir, le métal. Il ne détestera pas les chemises gitanes. Les femmes Scorpion portent presque exclusivement le pantalon. Si elles choisissent une robe, elle sera moulante et très sexy. Le Scorpion dégage beaucoup de magnétisme; on le remarque de loin et, bien entendu, il utilise cette facette de sa personnalité.

Pour son intérieur, il oubliera les flaflas. La décoration de son logement est généralement déconcertante, presque glaciale. En fait, on ne s'y sent pas toujours à l'aise. Vous entrez dans son domaine et avez cette sensation dès que vous avez franchi le pas de la porte.

À table, il aime la viande, les fruits de mer, les mets très relevés, très épicés; n'ayez pas peur de brûler son palais! S'il a préparé le repas, demandez donc un verre d'eau: vous en aurez besoin, croyez-moi. Il aime les alcools grisants, les vins corsés et capiteux. Ainsi, même à table, il ne connaît pas les demi-mesures. Avec de tels goûts, ce n'est guère étonnant qu'il ait parfois des problèmes d'estomac.

Son potentiel

Faire des cachotteries à un Scorpion relève de l'exploit. Il sait tout, devine tout, voit tout, entend tout, même lorsqu'on pense qu'il n'écoute pas. Il fera fureur dans des métiers où l'investigation est reine: policier, détective, espion ou chercheur.

Le domaine de la recherche est vraiment sa discipline. Il excellera dans les techniques policières, la sécurité, la médecine, la recherche fondamentale, la chirurgie, la psychiatrie, l'astrologie ainsi que la boucherie et le travail des métaux. Étant très attiré par tout ce qui touche de près ou de loin à la mort, à la sexualité ou au monde interlope, il pourrait devenir enquêteur aux homicides, par exemple.

De toute façon, peu importe sa branche, son intuition lui permet de trouver ce qu'il veut... Et il vaut mieux ne pas le contrecarrer ou être l'objet de son enquête!

Ses loisirs

Évidemment, notre cher Scorpion aime bien mettre ses capacités et son flair à l'épreuve. Il adore les romans policiers à l'univers très sombre, presque glauque, ou les livres qui lui permettent d'en découvrir plus sur un sujet qui le passionne, notamment les sciences occultes. Quand il veut trouver quelque chose, croyez-moi, il y arrive. Parfois, il lui faut remuer mers et mondes, mais cela ne l'arrête pas, au contraire.

Rat de musées, il affectionne ces endroits de culture, qui représentent pour lui une autre façon d'en apprendre un peu plus. Pour cette raison, il se montrera intéressé par l'archéologie, le monde relevant du paranormal, des sciences occultes, bref par ce que la majorité des gens ignorent ou craignent un peu.

C'est un être qui analyse constamment ce qui l'entoure: les gens, les choses, les situations. Il devrait essayer de se dépenser un peu plus physiquement et de brûler son trop-plein d'énergie en pratiquant un sport ou en faisant des activités manuelles. Il développe beaucoup son côté intellectuel et cérébral au détriment de son physique.

Pour lui faire plaisir, vous pouvez l'emmener au cinéma voir un thriller noir, rempli de rebondissements avec une intrigue bien touffue où un suspect n'attend pas l'autre. Il vous étonnera, car il sera probablement le seul à découvrir le coupable avant la fin.

Sa décoration

Le Scorpion recherche ce qu'il y a de plus à la mode, notamment dans les objets et les tendances, et évidemment, sa décoration reflète ses goûts branchés. Du côté des couleurs, il opte pour des teintes franches, audacieuses, par exemple le rouge et le noir, qu'il n'hésite pas à marier. Pour les objets, il préfère ceux ayant une signification à ses yeux, leur valeur décorative important peu. Il se pourrait, par exemple, qu'il collectionne les armes et utilise une épée comme portemanteau... déconcertant pour ses invités, mais tout à fait logique pour lui.

L'ambiance de sa tanière est souvent dramatique. Les meubles ont des angles marqués, l'éclairage est étonnant et même insolite. En fait, son intérieur est théâtral, déconcertant... on a parfois l'impression d'entrer dans le repaire d'un être bizarre. Et il n'est pas toujours facile pour les autres d'y évoluer confortablement.

Son cadre de vie ne plaira certes pas à tous, mais n'oublions pas que notre Scorpion n'est justement pas n'importe qui.

Son budget

Son compte en banque et ses finances sont, bien entendu, à son image, entourés d'un halo de mystère. Il vous demandera votre salaire sans sourciller, mais n'essayez pas de lui demander combien il gagne, car il vous répondra que ça ne vous regarde pas.

Notre Scorpion se fie davantage à son intuition qu'à son jugement, même dans ses finances. Il a du flair et sait détecter les bonnes affaires lorsqu'elles se présentent. Ses placements et ses investissements suivent la même règle: il les choisit avec audace, dans des secteurs auxquels personne n'aurait pensé. Bien entendu, ses pressentiments se révèlent justes, et il fait de bonnes affaires.

Par contre, pour gérer son budget au jour le jour, il effectue des acrobaties et ne calcule pas. Il dépense ce qu'il veut quand il le veut... du moins, en apparence. Parce que, ne vous en faites pas, il sait exactement de combien il dispose, jusqu'où aller dans ses petites folies sans mettre en péril son compte en banque.

Quel cadeau lui offrir?

Le Scorpion attache beaucoup d'importance aux émotions et aux sentiments; l'objet est secondaire. Il préfère qu'on lui accorde du temps; un diamant ou une voiture de luxe sans réelle amitié ne compte pas pour lui.

Par contre, s'il sait combien vous tenez à lui, une simple carte de vœux lui fera plaisir. N'oubliez pas qu'il accorde beaucoup d'importance aux souvenirs et à des objets qui ont une réelle signification pour lui, et ce ne seront pas forcément les cadeaux les plus beaux ni les plus chers qu'il préférera.

Si vous tenez absolument à lui offrir un présent dont il se souviendra, choisissez un objet inusité ou très rare. S'il sait qu'il n'y en a qu'un seul sur la terre (ou quelques-uns tout au plus), il en sera d'autant plus touché. Si vous lui donnez un objet que vous avez fait faire spécialement pour lui, un parfum ou un bibelot, il l'appréciera d'autant plus, car il y attachera une valeur sentimentale.

Le Scorpion est une personne à l'esprit analytique très aiguisé, donc un roman policier où il défiera Hercule Poirot ou l'inspecteur Maigret saura lui plaire. Des ouvrages sur des civilisations disparues ou mythiques (l'Atlantide, Mu le continent oublié) ou sur des sujets mystérieux ou relevant du paranormal piqueront sa curiosité.

Des alcools rares ou des épices peu connues lui plairont beaucoup, et il s'en régalera.

Les enfants Scorpion

L es petits Scorpion se démarquent des autres par leur regard puissant. Ils observent, ils veulent voir tout ce qui se passe, ils veulent comprendre. Même tout petits, ils en savent déjà beaucoup plus que ce que vous soupçonniez.

Ce sont des enfants fouineurs, curieux de tout, qui auront mille et une questions à vous poser en toutes circonstances, et bien sûr pas n'importe lesquelles. Vous en serez souvent désemparé. Il est inutile de chercher à vous y soustraire en faisant semblant de n'avoir pas entendu, ou même de tenter de changer de sujet: ils vous attendent de pied ferme, et n'allez pas leur dire n'importe quoi pour vous débarrasser d'eux, ils devineront votre astuce… On a souvent l'impression que ces enfants pressentent les gens et lisent dans les pensées.

Ils ne sont pas faciles à éduquer, car ils sont trop intelligents. Ils cherchent sans cesse à tester les réactions d'autrui et sont d'habiles manipulateurs… Très curieux, ils fouilleront dans vos tiroirs, liront votre courrier personnel, essaieront de découvrir ce que vous leur cachez, sur votre passé notamment, bref ils ne vous laisseront pas en paix une minute. Ils sont également très possessifs, surtout envers leurs parents qu'ils n'acceptent pas de partager; leurs frères et leurs sœurs en savent quelque chose.

À l'école, comme ils sont très visuels, ils s'ennuient quand le professeur se lance dans des concepts trop vagues; ils ont besoin d'exemples concrets.

Le Scorpion est un enfant très sensible; il a peur d'être blessé. Pour cette raison, il préfère l'attaque à la défense. Il faut lui enseigner que pour être aimé, il faut faire preuve d'amabilité et faire des compromis. Comme il ne donne pas facilement sa confiance, vous devez lui apprendre à partager et à être plus sociable, à se faire des amis au lieu de rester dans son coin. Son bonheur et son équilibre en dépendent.

L'ado Scorpion

Cher Scorpion, tu n'es pas une personne très accessible, et il n'est pas toujours simple de te comprendre. Même tes proches ont de la difficulté à bien cerner ta nature. Et cela peut parfois créer des problèmes dans tes relations avec les autres, mais il faut dire que tu veilles jalousement à sauvegarder ton mystère. Tu leur fais un peu peur, et on dirait que cela t'amuse... Ta volonté est forte, tu es secret, passionné, mais tu parles peu...

Tu sembles très fort. Tu ne fais pas de compromis. Tu t'exprimes facilement et sans mâcher tes mots. Tu n'as pas envie de te montrer aimable simplement pour être gentil ou pour faire plaisir, et c'est justement en adoptant ce comportement que tu te crées des problèmes. Tu veux que les autres t'acceptent comme tu es, mais tu ne leur donnes pas la chance d'entrer en communication avec toi. Ils ne savent vraiment pas sur quel pied danser. Pourtant, lorsqu'on te connaît un peu mieux, on peut voir sous ta carapace que tu es un être très sensible et très émotif.

Tu décèles facilement les intentions des gens qui t'entourent, tu devines rapidement les choses et tu découvres aisément la personnalité des autres. Tu as beaucoup de flair, et on ne peut rien te cacher. Lorsque quelqu'un te déplaît ou t'agace, tu trouves toujours le mot juste pour toucher son point faible.

En amour, ta passion explose, mais lorsque tu hais, aïe! tu es tout aussi excessif. Tes sentiments sont puissants, et il n'y a rien à ton épreuve. Ta volonté est exceptionnelle. Tout cela fait de toi quelqu'un de différent, de «pas comme les autres», et cela attire évidemment l'attention du sexe opposé. Tu dégages beaucoup de magnétisme et même si tu décides de te mettre à l'écart, tu passes rarement inaperçu.

Tes études

Tu es très curieux et tu t'intéresses à tout ce qui est ardu à comprendre; tu trouves souvent et rapidement la solution à des problèmes. Tout ce qui est caché t'intrigue. Par contre, l'échec t'effraie. Ta volonté et ta détermination font cependant en sorte que tu échoues rarement. Tu as un esprit scientifique. Comme tu approfondis tout, les travaux d'équipe ne te conviennent pas. Les autres se plaignent de ta lenteur et toi, tu les trouves trop superficiels! Il vaut mieux que tu travailles seul: ton rendement scolaire sera alors exceptionnel.

Comme ta mémoire est fabuleuse, tu apprends très rapidement; tu retiens tout ce que tu entends et surtout tout ce que tu vois.

Ton orientation

L'important, c'est que tu te diriges vers un domaine que tu aimes; généralement tu opteras pour la recherche, que ce soit des études scientifiques ou les techniques policières. Un autre de tes domaines de prédilection est la psychologie, car tu analyses très bien les situations et les gens, et tu devines ce que les autres pensent ou ressentent.

Pour toi, la médecine, les sciences, la chirurgie, l'industrie minière, l'armée, la criminologie, la sexologie, les assurances, la sculpture sont des domaines intéressants. Mais tu peux également préférer des secteurs plus inusités encore, par exemple tout ce qui est lié à l'ésotérisme et à la mort. Des choix qui bien sûr étonneront ton entourage.

Tes rapports avec les autres

Tu es une personne solitaire. On peut compter le nombre de tes copains sur les doigts d'une seule main. Si tu as peu d'amis, tu sais par contre que tu peux compter sur eux, car tu les as triés sur le volet. Pour les comprendre, pas besoin de discuter avec eux pendant des heures, tu lis en eux comme dans un livre ouvert. Avec les gens qui croisent ton chemin, tu te montres méfiant et souvent sarcastique; tes remarques font grincer des dents… mais tu t'en moques un peu, n'est-ce pas?

Lorsque tu cherches à plaire, tu sais mettre de l'avant ton petit côté mystérieux. Tu déploies alors tout ton charme, et ton magnétisme est surprenant. Tes sentiments ne connaissent pas la nuance, et tu n'aimes pas à moitié: c'est tout ou rien. Si quelqu'un te déçoit, te ment effrontément ou te blesse, tu deviens très désagréable, et regagner ta confiance est presque une mission impossible. Tu es assez rancunier et tu dois apprendre à balayer les vieilles histoires pour mieux aller de l'avant.

Pablo Picasso, Noémie Godin-Vigneault, Patricia Paquin, Claude Poirier, Roberto Benigni, Louise Deschâtelets, Julia Roberts, Brian Adams, Sally Field, Marc Favreau, Alain Delon, Lise Watier, Anne Dorval, Michel Pagliaro, Leonardo Di Caprio, Calista Flockhart, Demi Moore, Daniel Pilon, Andrée Lachapelle, Whoopi Goldberg, Serge Postigo, Sophie Marceau, Charlotte Laurier, Jodie Foster, Nanette Workman, Meg Ryan, Marc Labrèche, Sophie Lorain, Goldie Hawn.

Pensée positive pour le Scorpion

Je me libère de tout ce qui est arrivé par le passé. Je me pardonne et je pardonne aux autres. Ainsi, ma route devient de plus en plus agréable et lumineuse.

Pensée positive spéciale pour 2004

J'entame une nouvelle tranche de ma vie. Une grande légèreté m'habite et me permet d'avancer plus facilement.

Le subconscient nous dirige toujours selon nos pensées. En répétant le plus souvent possible ces pensées conçues tout spécialement pour vous, vous vous attirerez plein de belles choses.

Signe: Scorpion

Élément: Eau

Catégorie: Fixe

Symbole: ♏

Points sensibles: Organes de reproduction, maladies vénériennes, rectum, estomac, sinus, prostate.

Planète maîtresse: Pluton, planète de la mort.

Pierres précieuses: Tourmaline, malachite, sanguine.

Couleurs: Noir, blanc, rouge et toutes les couleurs franches.

Fleurs: Orchidée, chrysanthème, fleurs exotiques... y compris les plantes carnivores!

Chiffres chanceux: 5-8-14-17-23-29-30-39-41-44.

Qualités: Ardent, passionné, intuitif, actif, magnétique, patient, capable de tout, trouve toujours ce qu'il cherche.

Défauts: Renfermé, sarcastique, catégorique, méfiant, rancunier, tendance à se cantonner dans le passé.

Ce qu'il pense en lui-même: Je fais bien peu confiance aux êtres humains... je reste sur mes gardes.

Ce que les autres disent de lui: Qu'est-ce qu'il va encore nous sortir aujourd'hui?

Prédictions annuelles

Les influences planétaires s'exerçant dans votre ciel continuent d'être positives, vous êtes donc en droit de vous attendre à une année favorable. Saturne est toujours là, veillant sur vos projets à long terme et sur toutes vos entreprises sérieuses. C'est le temps ou jamais d'établir les bases de votre avenir, car cette année vous construisez sur du solide. Comme les dissonances de Jupiter se sont transformées en aspects bénéfiques, vous pouvez agir sans tout le temps devoir faire face à des événements imprévus. Mieux encore, vous sentez un courant de chance intervenir en votre faveur plus souvent qu'à votre tour.

SANTÉ – Vous semblez plus motivé qu'au cours des deux ou trois dernières années, et ce changement d'attitude vous fait le plus grand bien. Moins enclin à vous négliger, vous vous ressaisissez. Vous prenez de bonnes résolutions et, surtout, vous avez le courage de les tenir. À toutes ces merveilleuses dispositions s'ajoute le désir d'en finir une fois pour toutes avec le passé, de vous libérer d'un lourd fardeau. Félicitations!

SENTIMENTS – Plusieurs d'entre vous se sentent prêts à s'engager sérieusement; pas étonnant qu'il soit question de vie commune, de fiançailles, voire de mariage ou même de fonder une famille. Les solitaires, quant à eux, pourraient voir une douce amitié se transformer en quelque chose de plus intime. Vous mettez de côté certaines relations qui ne vous apportent plus rien, ou qui étaient peut-être même en train de vous détruire. Plus solide que par le passé, vous apprenez à faire davantage confiance, vous élargissez votre cercle d'amis, et cela vous fait le plus grand bien.

AFFAIRES – Vous amorcez l'année avec un pressant besoin d'aller de l'avant, d'améliorer votre situation financière et professionnelle, et cette louable ambition sera largement comblée. Bonne période pour chercher du boulot, pour effectuer des transactions, pour consolider le budget ou pour obtenir une promotion. On ne vous reconnaît plus: à certains moments, vous faites même preuve d'audace. Vous êtes le premier surpris de constater à quel point ça joue en votre faveur. Vous avez également de belles occasions de voyager, la chance de déménager si le cœur vous en dit, sans compter que vous pourriez décrocher un ou deux prix secondaires dans des tirages.

Janvier

D	L	M	M	J	V	S
				1	2	3
4	5	6F	7○F	8F	9D	10D
11	12	13	14	15	16	17
18	19	20	21●	22D	23D	24F
25F	26F	27	28	29	30	31

○	Pleine lune	●	Nouvelle lune
F	Jour favorable	D	Jour difficile

SANTÉ – L'année commence plutôt bien. Même si vous semblez fonctionner plutôt au ralenti au cours de la première quinzaine du mois, rien de vilain ne devrait vous affliger. Par la suite, vous êtes plus énergique, vous avez davantage le goût de foncer et de profiter de la vie. Si vous vous aimiez un peu plus, ce serait parfait.

SENTIMENTS – Votre meilleure période s'étend du 14 au 31, quand vous bénéficiez de la présence de Vénus dans votre cinquième secteur. Un rapprochement avec l'être cher vous procure beaucoup de bonheur. Si vous êtes seul, vous pourriez avoir à choisir entre deux prétendants. Bonne période également pour les activités sociales, pour vous faire de nouveaux amis.

AFFAIRES – La première moitié du mois risque d'être plus ardue que la seconde. Inutile de trop vous acharner: laissez agir le temps, et vous verrez que tout se mettra à débloquer comme par enchantement. Vos démarches et déplacements seront alors particulièrement avantageux. Votre facilité d'élocution alliée à votre charme vous ouvrent toutes les portes.

Février

D	L	M	M	J	V	S
1	2	3F	4F	5D	6○D	7
8	9	10	11	12	13	14
15	16	17	18D	19D	20●F	21F
22F	23	24	25	26	27	28
29						

○	Pleine lune	●	Nouvelle lune
F	Jour favorable	D	Jour difficile

SANTÉ – L'opposition de la planète Mars a quelques effets contra-riants. Votre énergie passe d'un extrême à l'autre, tantôt vous êtes sur-volté, tantôt vos batteries sont à plat. Ce transit prédispose également aux accidents de toutes sortes: je compte sur vous pour prendre les pré-cautions qui s'imposent.

SENTIMENTS – Jusqu'au 8, tout marche comme sur des roulettes, votre popularité se maintient et vos amours sont une énorme source de gratification. Par après, vous risquez de chercher la bête noire, de met-tre l'accent sur des peccadilles plutôt que de vous concentrer sur ce qui va bien. Des proches pourraient alors choisir de prendre momentané-ment leurs distances, et vous en souffririez.

AFFAIRES – Les choses ne vont pas comme vous le voudriez, parti-culièrement entre le 6 et le 25. Votre destin est mal synchronisé, et vous devez livrer une foule de batailles pour arriver à vos fins. On vous fait poireauter, ce qui vous met hors de vous. En vous impatientant ou en réagissant trop brusquement, vous ne feriez qu'envenimer les choses.

Mars

D	L	M	M	J	V	S
	1F	2F	3D	4D	5D	6○
7	8	9	10	11	12	13
14	15	16D	17D	18D	19F	20●F
21	22	23	24	25	26	27
28F	29F	30F	31D			

○	Pleine lune	●	Nouvelle lune
F	Jour favorable	D	Jour difficile

SANTÉ – L'opposition de Mars s'étend encore sur les trois premières semaines. Vous risquez donc d'avoir du mal à bien gérer vos ressources. Ajoutons que la menace de blessure est toujours dans le décor et qu'il ne faut en aucun cas relâcher votre vigilance. Au moins, le moral est meilleur, vous envisagez l'avenir avec plus d'optimisme, voire une certaine candeur.

SENTIMENTS – Il faut à tout prix que vous cessiez d'imaginer des problèmes là où il n'y en a pas. Évitez de voir dans la simple maladresse des autres des complots ou des gestes accomplis à dessein. Allez-y, prenez quelques instants pour faire la part des choses, vous retrouverez alors votre beau sourire.

AFFAIRES – Ça continue d'être harassant jusqu'au 21. Les retards s'accumulent, plusieurs affaires demeurent en suspens et, pour quelqu'un qui aime autant que vous les situations claires, c'est l'enfer. Un brin de patience et bientôt tout rentrera dans l'ordre. En attendant, ce n'est pas dans les magasins que vous trouverez de véritables consolations.

Avril

D	L	M	M	J	V	S
				1D	2	3
4	5○	6	7	8	9	10
11	12	13D	14D	15F	16F	17
18	19●	20	21	22	23	24
25F	26F	27D	28D	29D	30	

○	Pleine lune	●	Nouvelle lune
F	Jour favorable	D	Jour difficile

SANTÉ – Bon débarras, la planète Mars est sortie du décor! Même l'éclipse n'arrive pas à miner votre vitalité. Vous canalisez beaucoup plus adéquatement votre énergie, le cycle des montagnes russes est bel et bien terminé. Sur le plan de votre moral aussi, on note une nette amélioration et, si vous n'étiez pas en train de toujours tout décortiquer, tout irait à ravir.

SENTIMENTS – Les tensions qui teintaient vos relations interpersonnelles se dissipent. Il est vrai que vous êtes plus coulant, plus souriant, ce qui vous aide grandement. Vos amis se font plus présents, votre partenaire est très épris de vous et tous les petits tracas disparaissent. Bon temps pour dire à vos proches que vous les aimez: une déclaration en attire une autre.

AFFAIRES – Vous avez enfin une meilleure marge de manœuvre. Vous avancez avec davantage d'aisance, et même ceux qui vous critiquaient ou tentaient de freiner votre réussite deviennent vos alliés. Un nouveau départ s'annonce, vos activités se transforment, et tout ça est pour le mieux. Bon mois pour analyser, pour dissocier l'essentiel du superflu, bref, pour mettre votre talent à la bonne place.

Mai

D	L	M	M	J	V	S
						1
2	3	4○	5	6	7	8
9	10D	11D	12F	13F	14	15
16	17	18●	19	20	21	22F
23F/30	24D/31	25D	26D	27	28	29

○	Pleine lune	●	Nouvelle lune
F	Jour favorable	D	Jour difficile

SANTÉ – Après une première semaine tout à fait acceptable, vous entrez dans une phase particulièrement positive. Bon temps pour vous ressaisir et même pour guérir certains malaises qui vous empêchaient de fonctionner à plein régime depuis un certain temps. Vous êtes mû par un dynamisme et une vitalité hors du commun.

SENTIMENTS – Vous vous exprimez avec beaucoup plus de facilité, au grand bonheur de vos proches. Avouez que c'est plus facile de vous donner ce qui vous fait vraiment envie quand on sait ce que vous voulez... Il n'y a pas qu'avec vos intimes que ça baigne dans l'huile, vous rencontrez de nouvelles gens que votre petit côté énigmatique fascine.

AFFAIRES – Entre le 7 et le 31, vous disposez d'aspects planétaires extraordinaires qui vous permettent d'accéder à cette stabilité dont vous rêvez depuis longtemps. On pourrait même vous donner un sérieux coup de pouce pour atteindre votre but. Votre carrière connaît un essor fulgurant, ça repart en grand. Les changements d'environnement, les voyages, les déménagements ou les déplacements sont réussis.

Juin

D	L	M	M	J	V	S
		1	2○	3	4	5
6D	7D	8F	9F	10F	11	12
13	14	15	16	17●	18F	19F
20F	21D	22D	23	24	25	26
27	28	29	30			

○	Pleine lune	●	Nouvelle lune
F	Jour favorable	D	Jour difficile

SANTÉ – Vous continuez de remonter la pente et de faire d'immenses progrès tant sur le plan physique que psychologique. Toutefois, entre le 23 et le 30, nous détectons un risque de blessure. Faites donc davantage attention à vous si vous ne voulez pas compromettre cette belle vitalité qui vous habite depuis quelques semaines.

SENTIMENTS – Du 1er au 6, vous pourriez déplorer un manque de communication ou avoir à endurer les caprices d'un enfant. Par la suite, tout se replace, et le climat devient même franchement extraordinaire. Vous faites encore de belles rencontres, vous resserrez les liens avec ceux que vous chérissez, et tout le monde cherche à vous faire plaisir.

AFFAIRES – Ne tardez pas et agissez d'ici le 23, car c'est maintenant que vos chances de succès sont les meilleures. Votre situation professionnelle et financière devient de plus en plus stable, vous faites même des envieux. Changer d'air vous ferait le plus grand bien; les voyages, les mutations et les déménagements demeurent donc positifs.

Juillet

D	L	M	M	J	V	S
				1	2○	3
4D	5D	6F	7F	8	9	10
11	12	13	14	15F	16F	17●F
18D	19D	20	21	22	23	24
25	26	27	28	29	30	31○D

○	Pleine lune	●	Nouvelle lune
F	Jour favorable	D	Jour difficile

SANTÉ – Tout au long du mois, la planète Mars fait obstacle à votre signe, ce qui risque d'engendrer une série d'incidents fâcheux si vous n'adoptez pas une attitude préventive. Une blessure ou une défaillance physique guette ceux qui se croiront tout permis ou qui joueront les casse-cou. De plus, vous avez les nerfs en boule, ce qui n'arrange rien. Soyez sur vos gardes, et ça ira.

SENTIMENTS – Vous avez l'impression que tout accroche. Le conjoint n'est pas à prendre avec des pincettes, la famille vous en fait voir de toutes les couleurs, même les enfants s'en mêlent. Ce n'est qu'un moment creux à passer, et vous pouvez d'ailleurs l'alléger en ménageant vos paroles et en gardant la tête froide.

AFFAIRES – Ici également, la situation se corse. Vous faites de louables efforts, mais vous vous heurtez constamment à différents écueils. Certains projets pourraient, provisoirement, être mis sur la glace, et une réponse que vous attendez tarde à vous parvenir. Au travail, on dépasse les bornes, on a des exigences excessives, quand on n'est pas constamment sur votre dos.

Août

D	L	M	M	J	V	S
1D	2F	3F	4	5	6	7
8	9	10	11	12F	13F	14D
15●D	16D	17	18	19	20	21
22	23	24	25	26	27	28D
29○D	30F	31F				

○   Pleine lune   ●   Nouvelle lune
F   Jour favorable   D   Jour difficile

SANTÉ – Une fois les 10 premiers jours écoulés, vous pouvez enfin souffler. Les menaces d'accidents, de malaises, de crise nerveuse appartiennent alors au passé, et vous pouvez repartir du bon pied. Bonne période pour vous soigner, pour refaire le plein d'énergie et de vitalité ou pour subir une remise en beauté.

SENTIMENTS – À partir du 7 et pour un mois complet, les natifs de votre signe sont les chouchous de Vénus, planète du bonheur amoureux et de la popularité. Votre charisme vous met en vedette, les solitaires peuvent même avoir une grosse surprise au cours d'une sortie. Quant aux autres, ils peuvent célébrer le retour de l'harmonie et de la passion. Les tracas occasionnés par la marmaille et la famille disparaissent, vous pouvez profiter de la vie au maximum.

AFFAIRES – Si le mois commence de travers, vous pouvez être assuré que tout se tasse après le 10. Vous faites des progrès notables, ce qui était enchevêtré s'éclaircit et vous pourriez même avoir gain de cause dans un litige. Des appuis sérieux vous aident à atteindre votre but, ce qui semblait être une impossibilité le mois passé.

Septembre

D	L	M	M	J	V	S
		1	2	3	4	
5	6	7	8F	9F	10D	11D
12D	13	14●	15	16	17	18
19	20	21	22	23	24D	25D
26F	27F	28○	29	30		

○	Pleine lune	●	Nouvelle lune
F	Jour favorable	D	Jour difficile

SANTÉ – Excellent mois en perspective, durant lequel vous pouvez faire ce que bon vous semble. Vous disposez d'une solide dose de dynamisme, vous savez faire preuve de détermination. Mieux encore, à partir du 10, vous avez le parfait contrôle de vos nerfs et envisagez l'avenir avec confiance.

SENTIMENTS – N'oubliez pas que la première semaine est encore illuminée par la présence de Vénus; en société et dans l'intimité, on vous gâte. Par la suite, vous devez éviter les remarques désobligeantes et les abus de pouvoir, sans quoi un proche risque d'éclater. Bonnes nouvelles de la part d'un enfant entre le 11 et le 28. À la même époque, un ami, un frère ou une sœur pourrait également vous apprendre quelque chose qui vous ravira.

AFFAIRES – En plus d'être productif, vous savez rallier tout le monde à votre cause. On continue de vous prodiguer de bons conseils, de vous épauler dans ce que vous entreprenez. Vous vous familiarisez avec de nouvelles technologies, on peut également vous offrir de relever un défi de taille. Dans un cas comme dans l'autre, vous faites vos preuves. Bon mois pour les démarches, les requêtes ainsi que les négociations.

Octobre

D	L	M	M	J	V	S
					1	2
3	4	5F	6F	7F	8D	9D
10	11	12	13●	14	15	16
17	18	19	20	21D	22D	23F
24F/31	25	26	27○	28	29	30

○	Pleine lune	●	Nouvelle lune
F	Jour favorable	D	Jour difficile

SANTÉ – Mars traverse actuellement votre 12e secteur, ce qui mine légèrement votre résistance et vos réserves d'énergie. Ajoutons que vous pensez trop et que ce n'est certes pas de cette façon que vous améliorerez votre sort. Changez-vous plutôt les idées, mangez bien et accordez-vous suffisamment de repos. Ainsi, vous déjouerez les astres et même les éclipses.

SENTIMENTS – Vos proches reviennent à de meilleurs sentiments, et avouons que vous aussi vous faites de gros efforts de gentillesse. Le climat affectif s'allège, tout le monde est content. Les copains vous consacrent davantage de temps, vous passez en leur compagnie de charmants moments. Un jeune tente de vous faire une cachotterie, vous avez tôt fait de découvrir le pot aux roses.

AFFAIRES – Bien que votre carrière n'évolue pas à toute vitesse, vous continuez à gravir des échelons. Un jaloux tente de ternir votre réputation. Tant pis pour lui, il se fait prendre à son propre jeu. Laissez faire ceux qui voudraient vous emprunter de l'argent ou qui souhaiteraient vous engager dans une affaire trop belle pour être vraie. Soyez averti, il y a aussi un risque de contravention ou d'amende en ce mois!

Novembre

D	L	M	M	J	V	S
	1	2F	3F	4D	5D	6D
7	8	9	10	11	12●	13
14	15	16	17D	18D	19F	20F
21F	22	23	24	25	26○	27
28	29F	30F				

○	Pleine lune	●	Nouvelle lune
F	Jour favorable	D	Jour difficile

SANTÉ – Le même transit que le mois dernier se poursuit jusqu'au 11, grugeant encore votre vitalité; ce n'est donc pas le temps de vous laisser aller. Par après, Mars entre dans votre signe et aussitôt vous sentez votre énergie remonter. Bravo! Permettez-moi toutefois de vous donner un conseil: comme la présence de Mars prédispose aussi aux accidents, vous devez absolument redoubler de prudence.

SENTIMENTS – Les trois premières semaines sont bonnes et se déroulent dans le calme; rien de vilain à signaler, mais rien de spectaculaire non plus. Le reste du mois s'annonce plus emballant; votre vie sociale redémarre, tandis que vos amours s'embrasent. On trouve le moyen de vous surprendre agréablement.

AFFAIRES – Jusqu'au 15, vous traînez un peu de la patte et, j'en conviens, votre situation n'est pas très stimulante. Vous risquez également d'avoir à débourser une somme imprévue. Par la suite, le vent tourne, vous avez de nouveau l'occasion de vous détacher du peloton. Bonne période pour chercher du boulot ou pour améliorer vos conditions de travail.

Décembre

D	L	M	M	J	V	S
		1D	2D	3D	4	
5	6	7	8	9	10	11●
12	13	14	15D	16D	17F	18F
19	20	21	22	23	24	25
26○F	27F	28F	29D	30D	31	

○	Pleine lune	●	Nouvelle lune
F	Jour favorable	D	Jour difficile

SANTÉ – Mars demeure dans le décor de la première quinzaine, et vous auriez tort d'abuser de vos forces ou d'agir négligemment. Par après, le ciel se dégage, vous êtes soumis à des influences plus faciles à gérer. Vous êtes alors bien portant et plus souriant. Un régime ou un nouveau look vous vaudrait plein de compliments.

SENTIMENTS – La belle Vénus guide vos pas d'ici le 16. Un coup de foudre attend les solitaires, alors que les autres sont à nouveau courtisés par leur douce moitié. Les invitations arrivent de tous les côtés, le téléphone ne dérougit pas. Le reste du mois se déroule lui aussi de façon harmonieuse, et vous n'avez rien à redouter.

AFFAIRES – Vous n'avez pas le choix, il faut mettre les bouchées doubles. En effet, vous faites face à une montagne de travail et, comme vous excellez dans vos activités, on ne cesse de vous en demander. Difficile de refuser! Même si, par moments, vous en doutez, vous finirez bien par passer au travers, et avec brio de surcroît.

Sagittaire

du 23 novembre au 20 décembre

Jupiter, la planète de l'abondance, joue un rôle crucial dans votre vie, et toute votre personnalité en est fortement influencée. Seriez-vous le plus chanceux du zodiaque? Tout porte à le croire.

Votre optimisme et votre bonne humeur légendaires contribuent à cette chance. Lorsque vous sentez la tristesse et la mélancolie vous envahir, vous ne vous laissez pas abattre. Rapidement, vous y trouvez un remède: sortir, mettre le nez dehors. Pour vous, ne pas rester enfermé est la meilleure des solutions, le plus puissant des toniques. On se demande même pourquoi vous avez un domicile; on ne vous y trouve jamais!

Vous ne pouvez pas rester en place. Rester à l'intérieur vous fait dépérir. Que ce soit pour faire une course au dépanneur du coin, pour aller voir une vieille connaissance à l'autre bout de la ville ou pour vous promener sur les canaux de Venise, vous devez absolument sortir de chez vous. Vous êtes un fanatique des voyages, les tampons de votre passeport le prouvent. Et bien sûr, plus c'est loin, plus vous êtes aux anges. Vivre dans vos valises ne vous fait absolument pas peur, au contraire, c'est ce que vous appréciez le plus.

Découvrir de nouvelles coutumes, le folklore régional, la cuisine et, surtout, les habitants des quatre coins du monde, voilà ce qui vous attire. Il ne serait d'ailleurs pas étonnant que votre partenaire soit d'origine étrangère. Il se pourrait que vous ayez de nombreux amis en Nouvelle-Zélande ou au fin fond de la Mandchourie, des amis d'ailleurs que vous n'hésiterez pas à aller voir, malgré les milliers de kilomètres qui vous séparent. Vous avez constamment besoin de changement, de renouveau, et, bien sûr, les voyages vous en fournissent l'occasion. Vous êtes toujours entre deux avions, et vos proches s'en plaignent parfois, car ils n'arrivent pas à vous voir… à moins de se mettre à fréquenter assidûment les aéroports.

Le symbole de votre signe est le centaure, mais au lieu d'un arc et de flèches, il pourrait porter des valises et avoir des billets d'avion à la main.

À la maison, les pays que vous avez visités ou que vous aimeriez connaître occupent une place importante dans votre décor. Vous collectionnez les bibelots, les tapis, les toiles représentant toutes ces contrées lointaines.

Mais le voyage n'est pas votre unique passion, vous en avez d'autres, qui demandent elles aussi beaucoup d'énergie: le sport, les jeux de hasard, le magasinage et surtout la danse sont pour vous d'excellents moyens de dépenser votre énergie... tout en sortant. Vous passeriez des nuits entières dans les boîtes de nuit à la mode, à vous trémousser sur la piste.

Votre trait de caractère le plus marquant est votre redoutable besoin d'indépendance. Vous devez vous sentir libre, être autonome, ne pas dépendre de qui que ce soit et aller où bon vous semble, sans avoir de comptes à rendre. Votre conjoint devra s'y faire. S'il tente de vous retenir dans les mailles de son filet, de vous garder tout à lui, le beau cheval fougueux qui vous représente ouvrira vite la porte de sa belle écurie dorée. Évidemment, cela rend vos relations sentimentales un peu difficiles, surtout au début puisque votre conjoint n'a pas encore appris à bien vous connaître. En fait, pour vous garder, il faut savoir vous laisser partir...

Vous aimez les grands espaces, la nature et la campagne. Vous vous sentez très attiré par les animaux: chats, chiens, perroquets, chevaux. Vous vous entourez d'une véritable ménagerie. Le problème est de trouver quelqu'un pour garder tous vos pensionnaires lorsque vous décidez de lever les voiles pour quelque temps.

Vous êtes régi par la planète de l'abondance, et votre physique reflète bien cette influence. Votre stature est imposante, vous vous exprimez avec éloquence et par de grands gestes, et vous avez une légère prédisposition à l'embonpoint. De toute façon, on ne peut pas vous rater. Vous êtes de ceux qui apprécient les plaisirs de la vie, en particulier ceux de la table.

Franc et direct, vous n'aimez pas faire de chichis ni mettre de gants blancs pour donner votre opinion. Le problème est que tout le monde n'est pas comme vous, et que certains se sentiront blessés par vos propos parfois peu diplomates. Avec vous, c'est à prendre ou à laisser... et cela fait grincer les dents de certaines gens. Par contre, une fois qu'on vous connaît, c'est votre nature généreuse et votre cordialité qu'on remarque.

Vous brassez de grandes idées, mais, en même temps, vous réussissez souvent à bien vous adapter au système et à vous créer une existence confortable, quitte à mener de front deux activités.

Comme vous êtes une personne chanceuse, il vous arrive souvent d'être sauvé par la cloche, c'est-à-dire que tout vous arrive à point nommé: un chèque substantiel, un contrat lucratif ou un gain viennent vous renflouer.

Comment se comporter avec un Sagittaire?

Il ne faut surtout pas brimer sa liberté; s'il se sent enfermé ou attaché, il ne pourra pas le supporter et se sauvera. Même chose s'il sent que vous vous accrochez à lui: il prendra la poudre d'escampette. Donc, pour bien vous entendre avec un natif de ce signe, vous devez comprendre son besoin d'indépendance, son goût de liberté. Le laisser sortir, voyager à sa guise est une excellente façon de vous assurer qu'il vous reviendra...

Lors d'une discussion, il ne faut pas tergiverser avec lui. Allez droit au but, sans l'affronter directement; il n'aime pas être contredit de manière trop radicale. Lui, de son côté, il ne mâchera pas ses mots; la diplomatie et le Sagittaire sont deux mondes bien éloignés l'un de l'autre.

Par contre, c'est un être très volubile. Si vous avez quelque chose à dire, dites-le vite, car après vous ne pourrez plus placer un mot. C'est un vrai moulin à paroles. Ou alors... il sera déjà parti!

Le Sagittaire discute sans écouter. Il fait presque un monologue. Donc, armez-vous de patience pour le convaincre. En fait, vous devrez sans aucun doute rabâcher souvent les mêmes choses pour qu'il finisse par y porter attention. Le mieux est de lui faire croire que l'idée vient de lui; dans ce cas, il dissertera longtemps sur le sujet, et vous n'aurez qu'à vous laissez convaincre... mais attention, si vous vous rangez trop vite de son côté, il trouvera votre attitude suspecte. Il n'aime pas gagner sans combattre.

C'est un être essentiellement actif, qui ne reste jamais en place, qui a un besoin presque viscéral de bouger. Donc, s'il vous propose une sortie, acceptez... il serait bien capable de vous laisser seul à la maison et de sortir quand même. Par contre, si vous décidez de sortir seul, il n'y verra probablement aucun inconvénient, car il a besoin de se sentir libre. Il est indépendant dans l'âme.

S'il vous propose un voyage à l'autre bout du monde, n'hésitez pas à l'accompagner; il a besoin de quelqu'un pour bien fonctionner dans ses pérégrinations. Et s'il désire partir seul, laissez-le faire, il aime bien s'ennuyer un peu des êtres chers, à condition que ce soit lui qui parte.

Donc, si vous croisez la route d'un Sagittaire, mettez de bonnes chaussures de marche, gardez votre passeport valide sous la main et soyez prêt à le suivre. Soyez aussi prêt à l'attendre. Il a besoin de votre patience et de votre confiance, parce qu'il en manque terriblement.

Ses goûts

Immanquablement, il sera fasciné par tout ce qui vient de loin, ce qui est exotique, ce qui sort de l'ordinaire. Généralement, il croit que c'est toujours plus beau dans le jardin du voisin; il aimera bien aller y jeter un coup d'œil.

Lorsqu'il part, ce n'est pas pour aller dans la ville voisine; les destinations peu connues, les contrées inexplorées sont de nouveaux mondes à découvrir pour lui. Et ses bagages regorgeront vite de souvenirs achetés dans un souk du Moyen-Orient, d'armes de chasse ramenées d'Amazonie, de chants pygmées enregistrés sur bandes magnétiques et de recettes typiques de Papouasie–Nouvelle-Guinée.

Évidemment, il fera également une razzia dans les boutiques des pays qu'il parcourt, alors vous devez vous attendre à le voir avec une chemise tibétaine, des bijoux gigantesques, des pantalons hindous très amples, bref des articles fort peu adaptés à nos conditions météorologiques, mais dans lesquels notre Sagittaire se sent parfaitement à l'aise.

Son intérieur est, bien entendu, à l'avenant. Les objets qui décorent sa demeure viennent des quatre coins du monde: meubles de bambous d'artisan népalais côtoyant des faïences de Quimper, des estampes japonaises surmontant des tapis persans… On a l'impression de faire le tour de la planète en quelques secondes.

Et devinez ce qu'on trouve dans son assiette? Des tacos, des sushis, du couscous, de la paella, le fameux haggis écossais (panse de brebis farcie), bref, de tout, sauf du bon vieux pâté chinois. Et les portions sont généreuses; si vous l'invitez, n'hésitez pas une seconde à lui offrir des mets exotiques. Les vins et les alcools importés, le saké, l'ouzo… bref, toutes ces boissons qui viennent d'ailleurs sont pour lui de véritables nectars… et il en redemandera.

Pour terminer la soirée, si vous l'invitez à danser — évidemment ce sera la salsa — notre Sagittaire sera aux anges.

Son potentiel

Comme il a constamment la bougeotte, il sera un formidable agent de voyages ou un guide touristique passionnant. L'import-export, les relations extérieures, représentant de commerce et toutes les professions qui l'obligent à se déplacer, comme astronaute, agent de bord ou conducteur d'autobus, lui conviennent.

Le gouvernement, la politique, la philosophie, la sociologie, les automobiles, la justice, l'élevage et le commerce de produits d'origine animale, le transport de personnes ou de marchandises sont d'autres sphères d'activité où il fera certainement ses preuves, car cela demande de bonnes connaissances et une grande soif d'apprendre.

Si vous voulez faire dépérir un Sagittaire, vous n'avez qu'à lui offrir un travail de bureau ou de machiniste sur une chaîne de montage; il vous fera une dépression à coup sûr.

Ses loisirs

Au moindre petit congé, le voilà sautant dans un avion pour visiter des pays inconnus ou au volant de son véhicule tout terrain dans les chemins cahoteux du fin fond de la Côte-Nord ou du Labrador. Il ne peut rester bien longtemps à la maison et il n'hésitera pas à sortir pour un oui ou pour un non, même si ce n'est que pour aller chercher un pain au coin de la rue.

Notre Sagittaire aime parcourir les rues à la recherche d'une bonne aubaine. Si vous voulez magasiner avec un natif de ce signe, armez-vous de patience et enfilez votre meilleure paire de chaussures de marche, car avec lui, une courte visite au magasin peut se transformer en excursion d'une journée.

Le Sagittaire est un être actif, qui a besoin de dépenser son énergie, il excelle donc dans le sport. C'est aussi un amant de la danse; il a le rythme dans le corps. C'est également un passionné de la vie animale. Tous les animaux l'intriguent et l'intéressent, de la petite fourmi au gigantesque dragon du Komodo. S'il peut aller les voir vivre dans leur habitat naturel, il en est encore plus heureux.

Il passera des heures en compagnie de ses animaux. Exploiter un élevage d'autruches ou simplement promener son chien, tout est prétexte à sortir, à exprimer son goût de la liberté.

Comme il est curieux, il demeure sur le qui-vive et cherche sans cesse à améliorer ses connaissances. Il peut donc décider de suivre des cours universitaires sur des sujets peu orthodoxes; pour lui, c'est une autre façon d'élargir ses horizons.

Sa décoration

Il n'hésite pas à ramener des objets parfois bien hétéroclites de ses nombreuses expéditions de par le monde. Avec lui, il faut s'attendre à tout. Son intérieur peut ressembler à une véritable caverne d'Ali Baba: un tapis du Pakistan, de la vaisselle de l'île de Crète, des peintures éclatantes des Antilles... Même son conjoint peut venir de l'étranger!

Et comme le natif de ce signe a beaucoup de goût, tous ces objets de différentes origines donnent beaucoup de chaleur à son intérieur et s'harmonisent parfaitement bien entre eux. Notre Sagittaire est un citoyen du monde et il l'affiche.

Son logis est invitant; on peut y rester des heures à tout observer de près. Le dépaysement y est garanti. Et pour parfaire l'impression, il vous offrira sans doute un café turc, du saké ou une bonne grappa.

Son budget

À quoi bon tenir un budget, telle pourrait être la devise d'un bon Sagittaire. Il se débrouille très bien sans aligner de colonnes de chiffres. Jupiter, la planète qui régit ce signe, est celle de l'abondance; il ne manque jamais de rien.

Il a beau être dans une impasse sur le plan financier, il y a toujours quelque chose qui lui tombe du ciel pour le sauver: un nouvel emploi, un contrat, une petite prime, que sais-je encore?

Il attache peu d'importance à la vie matérielle, et l'argent ne semble pas au cœur de ses préoccupations. Il préfère s'accorder les plaisirs qui le tentent, y compris les sorties et les voyages, sans considérer l'aspect financier. Quant au travail, il est relativement chanceux; il n'en manque jamais longtemps. Il a même un certain flair pour les bonnes affaires et pour faire fructifier son l'argent ou pour en gagner rapidement.

Même s'il n'achète qu'un billet de loterie par année, il gagnera plus souvent qu'un autre qui participe à chaque tirage. L'argent lui tombe entre les mains, même s'il s'en préoccupe fort peu. C'est peut-être à cause de cela, justement!

Quel cadeau lui offrir?

Des billets d'avion ou une croisière sont le cadeau idéal, mais si votre budget ne vous permet pas de lui offrir un tel présent, vous pouvez lui donner un objet exotique d'un pays qu'il n'a pas encore visité, ou des billets pour un film des *Grands Explorateurs*... il en sera ravi.

Si vous partez vous-même dans un pays lointain, pensez donc à lui rapporter un souvenir. Même une bagatelle, si elle a fait du chemin, lui fera beaucoup plus plaisir qu'un objet coûteux qu'il verra dans tous les magasins de la ville.

Si vous optez pour un livre, regardez du côté des récits de voyages, des guides sur des contrées exotiques qu'il n'a pas encore découvertes.

Comme c'est un amateur de sport, un accessoire pour son vélo sera apprécié, tout comme des DVD ou des CD de musique de danse. Et pourquoi pas un petit animal de compagnie, s'il n'en a pas encore...

Les enfants Sagittaire

Joufflus et potelés, ce sont de vrais chérubins. Ils affichent toujours un air satisfait, mais ils ont constamment faim. Ce sont des petits êtres dynamiques. Ils sont bien difficiles à suivre ou à contenir. Attention, ils sont fascinés par le feu; ne laissez pas d'allumettes ou de briquets à portée de leurs petites mains fouineuses. Ils adorent les animaux et votre foyer risque de ressembler très vite à une ménagerie: chiens, chats, lapins, souris blanches, iguanes, furets, et j'en passe. Ils vont probablement adopter tous les animaux errants des alentours et vous les ramener à la maison sans vous avertir. Demander la permission ne leur viendra sûrement pas à l'idée.

Du côté des sports, ils aiment la compétition. Du tricycle à la trottinette, de la planche à roulettes aux patins à roues alignées, ils chercheront des moyens qui les aideront à se déplacer plus vite et plus loin. Un jour, ils finiront par vous demander une voiture.

Comme ils adorent la danse, ils passeront sûrement leurs soirées de fin de semaine dans les discothèques de la région. Très jeunes, ils ont déjà un bon groupe d'amis, et vous ne les verrez pas souvent, à moins qu'ils ne ramènent toute la bande dîner chez vous, sans vous prévenir évidemment.

Le bambin Sagittaire déborde de vitalité et d'initiative, mais ce serait bon de lui apprendre à respecter un peu les autres — à commencer par ses propres parents — et à écouter davantage. Ces enfants ont tendance à ne pas penser aux autres; ce n'est pas qu'ils soient égoïstes, cela ne leur vient pas à l'idée tout simplement. Il faudra donc leur apprendre à porter attention aux autres, et plus tard, vous verrez que ces beaux principes ne seront pas tombés dans l'oreille d'un sourd.

L'ado Sagittaire

Tu ne peux rester en place plus de cinq minutes d'affilée. C'est vrai qu'il y a tellement de choses à réaliser, de gens à voir, de découvertes à faire qu'il serait aberrant de rester entre les quatre murs de ta maison. En fait, le seul endroit où tu n'es à peu près jamais, c'est chez toi.

Impulsif et franc, tu as un franc-parler qui n'est pas toujours apprécié de ton entourage. Ta loyauté est exemplaire. Ton grand défaut est cependant ton manque de discipline: il est impossible de t'enfermer pour te forcer à faire quelque chose, que ce soit pour étudier ou simplement pour faire plaisir à tes parents. Tu es tellement indépendant et autonome que tu ne sembles avoir besoin de personne. Tu es très individualiste: tu as tes goûts et tes idées, et tu n'en changes pas facilement.

Tu adores découvrir des endroits que tu ne connais pas, rencontrer des gens, communiquer avec le plus de personnes possible. Tu es très attiré par les grands espaces et la nature; partir en camping dans des endroits sauvages et reculés ne te fait vraiment pas peur. D'ailleurs, tu rêves de voyager, de rencontrer des gens différents, de découvrir d'autres cultures. Ta devise pourrait être «les voyages forment la jeunesse», et dès que tu en auras l'occasion, tu voudras sauter dans le premier avion pour un pays lointain. Tu aimes le sport et la danse, ce qui te permet de brûler ton énergie… tu en as tellement.

En général, tu te débrouilles bien. Tu es quelqu'un de chanceux qui a une attitude positive face à la vie et aux événements; pas grand-chose ne peut te démonter. Tu sais toujours te tirer des situations les plus étranges haut la main.

Indépendant de nature, tu n'aimes pas attendre après les autres. Non seulement tu ne les attends pas, mais tu ne les écoutes pas non plus; on pourrait te le reprocher. Alors, même si tu aimes communiquer avec les autres, fais attention de ne pas imposer tes idées sans écouter celles de tes amis ou des étrangers qui croiseront ta route.

Tes études

Tu as beaucoup de facilité pour apprendre, et comme tu as aussi une ambition presque démesurée, tu peux réussir presque tout ce que tu entreprends. Par contre, concentre-toi sur un seul but à la fois, car ta petite tendance à vouloir tout faire en même temps et quand tu en as envie pourrait te causer quelques problèmes mineurs. Tu as réponse à tout et tu adores discourir sur tous les sujets, ce qui te permet de te faire remarquer. Tu aime attirer l'attention. Tu as horreur de ne pas être le centre d'intérêt. Ta facilité à parler dérange les autres, tes amis, tes professeurs, car si la parole te vient à propos, écouter n'est pas toujours ton fort. Et en plus, tu aimes rire, alors tu prends énormément de place. Et si, par le plus grand des hasards, tu es en classe alors que le soleil brille de tous ses feux, il devient presque impossible de te garder sagement assis à écouter…

Ton orientation

Tout t'intéresse. Cela devient un réel problème, car tu n'arrives pas à choisir un domaine précis, tes champs d'intérêt varient au gré de tes humeurs et de tes découvertes. Fixe-toi un objectif, même s'il est très ambitieux, puis accroche-toi. Puisque tu es naturellement doué, si tu persistes, tu réussiras mieux que beaucoup d'autres. Évidemment, si on t'offre un emploi routinier et monotone, ça n'ira pas. Il te faut du mouvement, du monde autour de toi, des défis pour te stimuler. Un domaine qui te conviendrait bien est celui des voyages, que ce soit en tant qu'agent de bord, capitaine de bateau ou commandant de bord. Tu seras aussi excellent dans l'import-export et les échanges commerciaux en général, la promotion, la publicité, les communications, les relations publiques, les finances, le journalisme, la philosophie, les sports, les soins vétérinaires, l'agriculture, l'élevage, ainsi que tous les emplois qui demandent des déplacements fréquents.

Tes rapports avec les autres

Chaleureux et sociable comme tu l'es, tu ne manques certes pas d'amis, et bien souvent tu es le leader d'un petit groupe. Tu proposes les activités, décides des sorties, et comme tu as beaucoup d'idées et que tu aimes bouger, tout le monde te suit sans protester. Tu as beaucoup de copains et on recherche ta compagnie, car ta bonne humeur est contagieuse, tout comme ton entrain et ta vivacité. Pas le temps de déprimer avec toi. Malgré tout, tu aimes bien t'isoler parfois, pour faire les choses par toi-même et à ta façon, histoire de bien démontrer à tous que tu es une personne autonome.

Francis Cabrel, Hugo St-Cyr, Clémence Desrochers, Louise Laparé, Thierry Lhermitte, Pierre Marcotte, Tina Turner, Bruce Lee, Shirley Théroux, Bette Midler, Maria Callas, Walt Disney, Patricia Kaas, Jean Lapointe, Marc-André Coallier, Marie-Louise Arsenault, Pierre Nadeau, Simon Durivage, Frank Sinatra, Kevin Parent, Jocelyne Cazin, André Philippe Gagnon, Steven Spielberg, Christina Aguilera, Brad Pitt, Édith Piaf, Michel Chartrand, Reine Malo, Diane Lavallée, Woody Allen

Pensée positive pour le Sagittaire

Je vais où la vie m'appelle, sachant que l'Univers s'apprête à me combler. Je déborde de reconnaissance pour toute la chance dont je dispose.

Pensée positive spéciale pour 2004

Je prends tout le temps nécessaire pour agir. Ma réflexion donne de merveilleux résultats, et je m'en félicite.

Le subconscient nous dirige toujours selon nos pensées. En répétant le plus souvent possible ces pensées conçues tout spécialement pour vous, vous vous attirerez plein de belles choses.

Signe: Sagittaire

Élément: Feu

Catégorie: Mutable

Symbole: ♐

Points sensibles: Hanches, cuisses, reins, troubles musculaires, crampes, obésité. Ils ont les plus belles jambes du zodiaque.

Planète maîtresse: Jupiter, planète de l'abondance.

Pierres précieuses: Turquoise, grenat, saphir.

Couleurs: Crème, beige, brun, orange.

Fleurs: Amarante, violette et narcisse.

Chiffres chanceux: 8-9-12-18-23-27-35-36-44-45... et tous les autres. Ils ont tellement de veine!

Qualités: Autonome, indépendant, bon vivant, robuste, sportif, amateur de voyages, confiant, globe-trotter.

Défauts: Dépensier, gourmand, incapable de rester en place, matérialiste, n'écoute pas.

Ce qu'il pense en lui-même: J'ai tellement hâte d'aller me promener!

Ce que les autres disent de lui: Il n'est jamais chez lui... Il devrait au moins s'acheter un répondeur!

Prédictions annuelles

Jusqu'au 24 septembre, les mauvais aspects de Jupiter risquent de freiner vos élans; si vous commettez des actes irréfléchis ou si vous agissez avec trop de témérité, votre destinée pourrait se voir bouleversée. Alors c'est simple, misez sur la sagesse, pesez bien le pour et le contre de vos gestes, de cette façon vous connaîtrez une année formidable. Dans le fond, il suffit d'un peu doigté pour que ça marche à votre goût. Vous êtes veinard de nature, alors si vous ne sabotez pas vous-même votre chance, vous triompherez haut la main.

SANTÉ – Voici un domaine où l'influence de Jupiter peut vous jouer des tours. Les ennuis vous guettent si vous vous croyez tout permis, si vous abusez de vos forces ou si vous faites fi des règles du gros bon sens. Toutefois, ceux qui se prendront en main, qui seront à l'écoute de leurs véritables besoins maximiseront leurs possibilités et pourraient même se débarrasser définitivement de certains problèmes qu'ils traînent depuis assez longtemps. Moralement, l'année devrait se dérouler sous le thème de la gaieté.

SENTIMENTS – Vous continuez d'avoir la chance de rencontrer beaucoup de monde, de vous divertir à souhait. Vous pourriez en profiter pour vous étourdir, pourtant vous misez davantage sur la qualité des relations que sur leur nombre. À un certain moment, votre passé refait surface, mais le temps est venu de tourner la page, vous en avez la conviction profonde. L'automne donne aux solitaires l'occasion de refaire leur vie; pendant la même saison, les couples peuvent aplanir toutes leurs difficultés et repartir main dans la main. Vous risquez de rencontrer certains problèmes avec la famille; par moments, vous aurez le goût de vous en éloigner.

AFFAIRES – D'ici le 24 septembre, les événements ne se produisent pas nécessairement selon vos attentes, et il se peut fort bien que vous ayez à réviser vos positions, voire à changer de cap. Comme vous avez un esprit plutôt aventurier et que vous réagissez rapidement, vous arrivez à tirer votre épingle du jeu et vous vous adaptez aisément aux nouvelles situations. Vos finances connaissent des hauts et des bas, rien de bien significatif à moins que vous n'envenimiez les choses par des investissements risqués, des prêts ou des dépenses insensées. Les trois derniers mois sont marqués par l'arrivée d'un fort courant de chance. Tout se met à marcher comme sur des roulettes, vous avez même des possibilités de remporter un prix secondaire au jeu. Bonne période pour voyager.

Janvier

D	L	M	M	J	V	S
				1	2	3
4	5	6	7○	8	9F	10F
11D	12D	13	14	15	16	17
18	19	20	21●	22	23	24D
25D	26F	27F	28F	29	30	31

○	Pleine lune	●	Nouvelle lune
F	Jour favorable	D	Jour difficile

SANTÉ – La présence de Mars dans votre cinquième secteur vous insuffle de l'énergie, si bien qu'à partir du 15 vous êtes au sommet de votre forme. Si vous ressentez le besoin de bouger davantage, de faire du sport, ça tombe bien. D'ici là, gare au rhume, prenez soin de votre dos et gardez-vous du temps pour vous aérer les idées.

SENTIMENTS – La première quinzaine s'annonce splendide. L'ambiance des fêtes se poursuit, vous êtes constamment sur la trotte et vous voyez du bien beau monde. Les solitaires pourraient même trouver quelqu'un à leur goût. À la maison, votre chéri fait d'énormes efforts pour vous satisfaire. Le reste du mois requiert plus de souplesse, vous devez mettre un peu d'eau dans votre vin.

AFFAIRES – C'est le temps de foncer et de mettre vos projets en branle. Vous avez des arguments du tonnerre lorsqu'il s'agit de présenter une demande ou de soumettre un nouveau plan d'action. Vos finances se portent fort bien, mais vous vous apprêtez à faire un gros trou dans votre budget; cette dépense est-elle vraiment nécessaire? Bon mois pour les voyages et les déplacements.

Février

D	L	M	M	J	V	S
1	2	3	4	5F	6○F	7D
8D	9D	10	11	12	13	14
15	16	17	18	19	20●D	21D
22D	23F	24F	25	26	27	28
29						

○	Pleine lune	●	Nouvelle lune
F	Jour favorable	D	Jour difficile

SANTÉ – Décidément, ça va de mieux en mieux, d'ailleurs plusieurs remarquent à quel point vous avez l'air en forme et reposé. Vous avez un petit je-ne-sais-quoi de rajeuni. Il va sans dire que le moral est à l'avenant et qu'on ne se gêne pas pour venir puiser chez vous une bonne dose de pep. Vous rayonnez sur votre entourage.

SENTIMENTS – Grâce au charisme et à la jovialité qui vous animent, vous faites des ravages. Personne ne peut demeurer insensible à votre brillante personnalité. Bon temps pour partir à la recherche de l'âme sœur si vous êtes seul. Les couples, quant à eux, se rapprochent. Vous avez le tour de mettre de l'humour et de la gaieté dans votre quotidien. On vous adore!

AFFAIRES – Ici encore votre charme opère et vous ouvre toutes les portes. Ceux qui doivent passer une entrevue pour un nouveau poste le font avec tellement d'assurance qu'ils obtiennent automatiquement l'emploi. Même chose si vous devez négocier. Et s'il vous reste du temps, ce dont je doute tellement vous êtes occupé, vous pourriez faire un beau voyage.

Mars

D	L	M	M	J	V	S
	1	2	3F	4F	5F	6○D
7D	8	9	10	11	12	13
14	15	16	17	18	19D	20●D
21F	22F	23	24	25	26	27
28	29	30	31F			

○	Pleine lune	●	Nouvelle lune
F	Jour favorable	D	Jour difficile

SANTÉ – Jusqu'au 21, vous avez toujours le vent dans les voiles, bien que vous ne soyez pas aussi survolté qu'au cours des dernières semaines. Durant les 10 derniers jours, vous devez faire plus attention à vous, car certaines dissonances planétaires risquent de vous valoir un accident ou quelques ennuis de santé.

SENTIMENTS – Jusqu'à la pleine lune, soit le 6, vous continuez à susciter énormément d'intérêt tant en société que dans l'intimité. Par après, ça s'annonce un peu plus tranquille. Parfois, c'est même vous qui décidez de décliner les invitations qu'on vous lance. Vers la fin du mois, un conflit menace d'éclater; prudence dans vos paroles et vos gestes!

AFFAIRES – Mois très occupé en perspective, vous n'arrêtez pas deux secondes. Au moins, vos efforts ont de grosses retombées, particulièrement durant les trois premières semaines. Par la suite, vous devriez vous méfier des actes impulsifs, des achats ou des transactions conclus sur un coup de tête; passez outre les beaux parleurs ainsi que les éternels emprunteurs.

Avril

D	L	M	M	J	V	S
				1F	2D	3D
4	5○	6	7	8	9	10
11	12	13	14	15D	16D	17F
18F	19●F	20	21	22	23	24
25	26	27F	28F	29F	30D	

○	Pleine lune	●	Nouvelle lune
F	Jour favorable	D	Jour difficile

SANTÉ – Ce n'est pas tant l'éclipse que l'opposition de la planète Mars qui vous guette. Celle-ci coïncide fréquemment avec un danger de blessure, de chute et une moins bonne résistance. Le moral est bon, mais on ne peut pas en dire autant de votre volonté; vous avez tendance à vous négliger. Attention, si vous ne vous ressaisissez pas, vous courez au-devant des problèmes!

SENTIMENTS – C'est tout ou rien. Tantôt on vous traite aux petits oignons, tantôt on vous enquiquine pour des riens. Votre partenaire est lui aussi bien changeant: parfois adorable, parfois désagréable, sans doute parce qu'il vit des choses difficiles. Heureusement qu'avec la marmaille tout se passe bien. Vous pourriez même être touché par la sympathie que vous manifeste un enfant ou par la détermination de ses actions.

AFFAIRES – Armez-vous de patience, car les retards risquent de se multiplier. Vous qui aimez que ça roule êtes obligé de vous adapter à un tempo moins stimulant. Certains imprévus vous laissent pantois. Inutile de réagir violemment, ça n'arrangerait rien. Une dépense inattendue ou une contravention vous fait sortir de vos gonds.

Mai

D	L	M	M	J	V	S
						1D
2	3	4○	5	6	7	8
9	10	11	12D	13D	14F	15F
16F	17	18●	19	20	21	22
23/30	24F/31	25F	26F	27D	28D	29

○	Pleine lune	●	Nouvelle lune
F	Jour favorable	D	Jour difficile

SANTÉ – L'opposition de Mars sévit encore jusqu'au 7, mais après vous avez la voie libre. Partis les dangers de vous faire mal et les bobos de toutes sortes! Vous pourriez même en finir avec une mauvaise habitude et mettre de l'ordre dans votre vie. Bonne période pour chercher de l'aide, pour consulter un spécialiste ou, à tout le moins, pour trouver un appui sérieux dans votre démarche.

SENTIMENTS – Les querelles de la première semaine cèdent la place à un climat harmonieux, pour peu que vous mettiez un peu d'eau dans votre vin. La progéniture vous procure toujours de grandes satisfactions. Quant aux amis, qui vous avaient temporairement délaissé, ils reviennent dans le décor pleins de bonnes intentions.

AFFAIRES – Ça ne vaut pas vraiment la peine de vous démener d'ici le 10, les résultats seraient décevants. Le reste du mois offre cependant des possibilités supérieures. C'est le temps de rajuster votre tir, de faire le point. Vous pourrez ainsi repartir du bon pied. N'hésitez pas à tourner la page lorsqu'une situation ne vous offre plus ce que vous désirez; de meilleures avenues s'offrent à vous.

Juin

D	L	M	M	J	V	S
		1	2○	3	4	5
6	7	8D	9D	10D	11F	12F
13	14	15	16	17●	18	19
20	21F	22F	23D	24D	25	26
27	28	29	30			

○	Pleine lune	●	Nouvelle lune
F	Jour favorable	D	Jour difficile

SANTÉ – Une recrudescence de nervosité, de fébrilité vous tenaille entre le 5 et le 19. Physiquement, la tendance est à la récupération et à la remise en forme d'ici le 23. Cette période est suivie d'une semaine du tonnerre durant laquelle vous débordez de vitalité, de robustesse et d'optimisme.

SENTIMENTS – Dans la première quinzaine surtout, vos paroles dépassent votre pensée, ce qui menace de mettre le feu aux poudres. À la même époque, un enfant vous donne du fil à retordre. Ne soyez pas trop dur, pensez plutôt à toutes les joies qu'il vous a données récemment. Les sept derniers jours sont les meilleurs, plein de surprises et de rencontres vous attendent.

AFFAIRES – C'est en jouant la carte de la souplesse tout en demeurant déterminé que vous pourrez progresser. En forçant la note, vous risquez de compromettre vos chances. Les délais continuent de vous empoisonner l'existence, mais il faut demeurer patient. Attention aux coups de tête! Vers la fin du mois, un nouveau départ s'annonce et vous fait oublier toutes vos petites misères.

Juillet

D	L	M	M	J	V	S
				1	2○	3
4	5	6D	7D	8F	9F	10
11	12	13	14	15	16	17●
18F	19F	20D	21D	22D	23	24
25	26	27	28	29	30	31○

○	Pleine lune	●	Nouvelle lune
F	Jour favorable	D	Jour difficile

SANTÉ – Vous traversez actuellement un cycle nettement plus favorable. Le moral est excellent, et vous ressentez une nette remontée de votre énergie et de votre robustesse. Seuls la gourmandise et le laisser-aller pourraient ralentir cette belle progression. Bon mois pour bouger, pour faire de la danse ou du sport.

SENTIMENTS – Vous trouvez les mots justes pour désamorcer un conflit. Votre sens de l'humour est lui aussi un atout précieux. Constamment sur la trotte, vous avez l'occasion de faire d'agréables rencontres, les solitaires pourraient même vivre une idylle. Ce marmot qui vous inquiétait le mois dernier revient à de meilleurs sentiments ou se sort du pétrin par ses propres efforts.

AFFAIRES – Le moment est venu de passer à autre chose, de chercher du travail si vous n'en aviez pas ou d'élargir vos horizons dans celui que vous possédez déjà: on pourrait d'ailleurs vous faire une intéressante proposition. Bon mois pour trouver la maison ou l'appartement de vos rêves, de même que pour voyager.

Août

D	L	M	M	J	V	S
1	2D	3D	4F	5F	6F	7
8	9	10	11	12	13	14F
15●F	16F	17D	18D	19	20	21
22	23	24	25	26	27	28
29○	30D	31D				

○	Pleine lune	●	Nouvelle lune
F	Jour favorable	D	Jour difficile

SANTÉ – Jusqu'au 10, tout continue de marcher comme sur des roulettes; le reste du mois exige cependant davantage de précautions. Un mauvais aspect planétaire pourrait vous valoir un accident ou une défaillance. Vous recommencez à vous négliger. Je sais que vous êtes fort occupé, que vous vivez pas mal de stress, mais ce n'est pas une excuse valable pour faire fi des règles du gros bon sens.

SENTIMENTS – Drôle de période en perspective... Vos amours vous déçoivent durant la première semaine, puis elles se replacent. Avec la famille, le mois commence bien, mais la sauce risque de tourner en cours de route. La santé ou la situation d'un proche pourrait également vous préoccuper. Une personne que vous aviez perdue de vue refait surface, était-ce vraiment nécessaire?

AFFAIRES – Le contrôle de la situation ne vous appartient pas et, c'est bien regrettable, vous êtes à la merci des autres. Vous n'avez guère d'autre choix que de faire face à la musique et de vous incliner. Ce ne sera pas toujours ainsi, mais en attendant, mieux vaut cultiver l'adaptabilité. N'allez pas trop vite en affaires, évitez les signatures précipitées et les achats impulsifs.

Septembre

D	L	M	M	J	V	S
			1F	2F	3	4
5	6	7	8	9	10F	11F
12F	13D	14●D	15	16	17	18
19	20	21	22	23	24	25
26D	27D	28○F	29F	30		

○	Pleine lune	●	Nouvelle lune
F	Jour favorable	D	Jour difficile

SANTÉ – Cette vilaine planète vous a encore à l'œil jusqu'au 26. Par conséquent, il faut absolument continuer d'investir dans votre santé et vous prémunir contre les blessures. En redoublant de prudence, en agissant avec circonspection, vous resterez à l'abri des contretemps. Tant qu'à faire, changez-vous donc les idées, vous avez un peu trop tendance à broyer du noir.

SENTIMENTS – Dès le 6, vous bénéficiez de l'appui de Vénus pour donner un nouvel élan à votre destinée amoureuse. Un doux rapprochement avec l'être cher ne devrait pas tarder, alors que ceux qui sont seuls auront un coup de cœur pour une personne hautement compatible. Ce n'est pas tout: votre vie sociale est elle aussi en pleine effervescence, vous revoyez vos copains, vous en rencontrez de nouveaux. Seule la famille pose encore quelques problèmes.

AFFAIRES – Les trois premières semaines sont ardues, par moments vous avez la sensation que vous ne verrez jamais le bout du tunnel. Pourtant, vers la fin du mois, une lueur d'espoir commence à poindre, vous retrouvez alors votre motivation. En attendant, ne prêtez pas un sou, tenez-vous à l'écart des magasins et n'apposez pas votre griffe sans avoir, au préalable, exigé des garanties sérieuses.

Octobre

D	L	M	M	J	V	S
					1	2
3	4	5	6	7	8F	9F
10D	11D	12D	13●	14	15	16
17	18	19	20	21	22	23D
24D/31	25F	26F	27○F	28	29	30

○	Pleine lune	●	Nouvelle lune
F	Jour favorable	D	Jour difficile

SANTÉ – Le mauvais cycle est terminé: même les éclipses ne viennent pas à bout de cette ardeur fraîchement retrouvée. L'énergie remonte graduellement, tout comme la résistance nerveuse. Ajoutons que vous dominez plus facilement vos pulsions, que vous pourriez même vous défaire d'une mauvaise habitude.

SENTIMENTS – Les invitations et les occasions de vous divertir ne cessent de se multiplier. Passer de bons moments à l'extérieur vous fait le plus grand bien, d'autant plus que votre partenaire n'est pas toujours dans son assiette. Les tracas familiaux s'estompent, mais vous avez pris certaines résolutions: on ne vous fait plus marcher à la baguette. Tant mieux!

AFFAIRES – Jupiter qui vous compliquait la vie depuis un an s'est désormais rangé de votre côté. Dorénavant, vous pouvez agir plus librement et vous n'avez plus à vous casser la tête avec le budget. Bon mois pour faire des démarches, pour planifier un renouveau professionnel. Au besoin, on vous épaule, on vous conseille judicieusement. Petites possibilités au jeu.

Novembre

D	L	M	M	J	V	S
	1	2	3	4F	5F	6F
7D	8D	9	10	11	12●	13
14	15	16	17	18	19D	20D
21D	22F	23F	24	25	26○	27
28	29	30				

○	Pleine lune	●	Nouvelle lune
F	Jour favorable	D	Jour difficile

SANTÉ – Autre mois fort constructif durant lequel vous ne cessez de faire des progrès. Autour de vous on a tôt fait de remarquer que vous êtes plus souriant, que vous avez meilleure mine. Au fait, vous êtes en beauté; un régime ou un nouveau style pourrait vous rendre encore plus séduisant. L'exercice physique se révèle toujours avantageux.

SENTIMENTS – Les trois premières semaines s'annoncent magnifiquement bien. En plus de jouir d'une popularité hors du commun, vous êtes toujours à la bonne place au bon moment, ce qui pourrait, soit dit en passant, transformer la vie des solitaires. Pour les autres, on prévoit une vague de romantisme; leur couple connaît une évolution profitable.

AFFAIRES – Vous faites des pas de géant. Vos démarches portent leurs fruits, et on est sensible à vos arguments lorsque vous négociez. Un nouveau boulot, une promotion ou une proposition de contrat contribue à votre remontée financière. À cela s'ajoutent quelques chances au jeu et la possibilité de faire un superbe voyage.

Décembre

D	L	M	M	J	V	S
			1F	2F	3F	4D
5D	6	7	8	9	10	11●
12	13	14	15	16	17D	18D
19F	20F	21	22	23	24	25
26○	27	28	29F	30F	31D	

○	Pleine lune	●	Nouvelle lune
F	Jour favorable	D	Jour difficile

SANTÉ – Vous avez tellement couru cet automne qu'on serait fatigué à moins. Vous semblez fonctionner au ralenti durant la première quinzaine, et je trouve sage que vous preniez un peu de repos. Surtout qu'à partir du 16, vous repartez encore une fois à toute allure. Un conseil cependant: regardez où vous allez et soyez prudent avec les sources de chaleur et les instruments tranchants si vous ne voulez pas vous faire mal.

SENTIMENTS – À partir du 16 et pendant presque un mois, vous bénéficiez de la présence de Vénus dans votre signe. Votre vie sociale devient époustouflante, sans compter que vos amours devraient vous transporter au septième ciel. Tous cherchent à vous gâter et trouvent les bons mots pour vous exprimer leur attachement. Vous avez la vedette, ça ne vous déplaît pas du tout.

AFFAIRES – Tout continue d'aller pour le mieux, vous êtes en train d'asseoir solidement votre avenir. Au cours de la seconde quinzaine, le règlement d'un litige, l'obtention d'un contrat ou d'un emploi, voire une rentrée d'argent inattendue vous permet de terminer l'année confortablement. C'est aussi une autre bonne période pour voyager.

Capricorne

du 21 décembre au 20 janvier

L e natif du Capricorne a un don tout à fait particulier: il passe inaperçu, tellement d'ailleurs qu'il finit par se faire remarquer, quel paradoxe! Si vous trouvez un de vos invités tout seul dans la cuisine en train d'essuyer les verres, pas de doute, il s'agit d'un Capricorne.

Ce signe est la sagesse et le sérieux incarnés. Quant à sa patience, elle est légendaire. Le temps court pour le Capricorne. Avec votre capacité de travail étonnante, on se demande pourquoi vous n'êtes pas un peu plus énergique. Vous êtes plutôt flegmatique, et rien ne semble vous démonter. Vous maîtrisez les concepts abstraits comme nul autre, tant et si bien que votre esprit analytique et votre logique terre à terre sont des atouts indéniables.

Vous êtes cependant d'une telle rectitude – oserions-nous dire d'une telle rigidité – que votre peur des changements, votre sens de l'économie, qui tient de l'ascèse, sont souvent critiqués par votre entourage. Vous n'êtes pas une personne qui agit sur des coups de tête; avec vous, tout est mûrement réfléchi. Vous n'êtes vraiment pas démonstratif, et vous exprimer oralement n'est pas une de vos qualités. D'ailleurs, vous parlez peu et surtout jamais de vous.

Votre modestie peut parfois vous jouer des tours. Vous préférez rester dans l'ombre, et c'est sûrement la peur qui conditionne cet isolement. Par contre, lorsque vient le moment de rationaliser, de travailler sur un problème complexe, vous n'hésitez pas à vous mettre à la tâche, souvent en solitaire. Votre minutie, votre perfectionnisme sont exceptionnels, mais toujours dans le but de ne pas vous faire remarquer. Vous pouvez être président d'une société et avoir l'air d'un simple ouvrier, être riche comme Crésus et porter des vêtements dont votre bonne ne voudrait pas. L'habit ne fait pas le moine… et surtout pas le Capricorne!

En bon signe de terre, vous souffrez d'insécurité et vous craignez la solitude. Pourtant, vous n'hésitez pas à vous retirer pour vous ressourcer. Vous avez un sens de l'économie très développé et vous avez peur de manquer de ressources financières… tellement que vous cachez de l'argent ici et là pour les mauvais jours, mais vous ne l'avouerez jamais! Votre pire crainte est d'être rejeté, et vous craignez la fuite du temps.

À partir de la trentaine toutefois, la vie du Capricorne prend un tournant pour le moins surprenant lorsqu'on le sait si réservé. Plusieurs d'entre eux sortent de l'ombre, leur situation évolue très favorablement. Leur caractère, leur moral et même leur vitalité s'améliorent, tout comme leur compte en banque! Le temps qui passe est votre meilleur allié; grâce à lui, vous vous bonifiez, comme le bon vin.

Le natif du Capricorne fonctionne différemment des autres, à «rebrousse-temps» serait-on tenté de dire. Il se comporte comme un vieillard dans sa jeunesse et semble rajeunir avec les années. La deuxième partie de sa vie est donc bien meilleure que la première, alors que dire de la troisième! Le Capricorne n'a donc pas à s'inquiéter des années qui passent, car pour lui, le meilleur est à venir.

Pour gagner votre amitié ou votre amour, la patience est de rigueur. Mais une fois que vous avez accordé votre confiance et votre cœur, vous êtes prêt à tous les sacrifices pour ceux que vous aimez. Comme vous ne parlez pas beaucoup, vous exprimez vos sentiments par des gestes qui sont souvent empreints d'une grande générosité. L'amitié et l'amour sont éternels pour vous, et vous ne dérogez pas à cette règle.

Dévoué, parfois jusqu'à l'abnégation, vous vous effacez devant les autres, vous sacrifiez vos propres intérêts, vous vous consacrez à des missions impossibles, à des gens qui n'en valent pas la peine ou qui abusent de vous. Votre générosité n'a pas de bornes, et bien des gens le savent et en profitent. Heureusement, avec le temps, votre grand complice, vous apprenez à mieux mesurer votre propension à vous dédier aux autres et à choisir ceux qui vous entourent. Peu à peu, vous déterminez avec plus de justesse ce que vous voulez donner et jusqu'à quel point vous pouvez le faire. De plus en plus, vous balisez votre générosité, ce qui n'est pas plus mal.

Vous êtes sage, sérieux, vous n'avez pas de temps pour la frivolité et les divertissements stériles, ce qui peut vous faire paraître distant. Vous ne vous liez pas facilement et vous ne vous confiez pas non plus; vous avez l'impression que vous ennuyez les autres avec vos petits malheurs. Tant de discrétion passe pour de la froideur. Avec le temps, vous vous ouvrirez un peu plus, au grand bonheur de votre entourage et au vôtre également.

Comment se comporter avec un Capricorne?

S'approcher d'un Capricorne relève parfois du parcours du combattant. Si on se fait insistant, il recule et reste dans son coin, discret. Si on le laisse s'éloigner, la solitude le fait souffrir. Ce n'est pas évident, avec lui, de doser ses approches. Pourtant, vous devez impérativement faire le premier pas parce qu'il ne prendra pas d'initiative.

Par contre, si un Capricorne décèle un problème ou un ennui chez vous, il sera le premier à vouloir vous aider, mais sans dévoiler ses propres attentes et ses propres difficultés. Pour commencer une relation avec un natif de ce signe, la patience, l'attention, la capacité de lire entre les lignes sont vos meilleurs atouts. Il n'est pas facile de l'approcher, mais une fois qu'il s'est laissé apprivoiser, vous aurez sans aucun doute le meilleur et le plus fidèle allié dont vous puissiez rêver.

Dans une réunion entre amis, s'il va vider le lave-vaisselle ou passer un coup de balai dans la cuisine, cela ne veut pas dire qu'il ne s'amuse pas… il se rend utile. Il aime bien qu'il y ait du monde… dans la pièce d'à côté. Les mondanités ne l'intéressent pas particulièrement, et il n'aime pas gaspiller le temps.

Si votre conjoint est un Capricorne, ne l'obligez pas à vous suivre dans vos sorties; il le ferait à reculons, et ce ne serait agréable ni pour l'un ni pour l'autre. Dans ces cas-là, son âme de solitaire prend le dessus. Puisqu'il vous fait confiance, vous pouvez sortir et vous amuser l'esprit en paix; il en sera très heureux pour vous.

Si vous tenez absolument à le convaincre de s'afficher en société, il faudra y aller graduellement, argument par argument, en lui démontrant la logique de votre raisonnement. Il ne faut jamais chercher à transformer radicalement la vie d'un Capricorne par des changements trop brusques. Montrez-lui ses intérêts et les avantages, oubliez autant que possible les inconvénients – il pourrait avoir peur – et surtout laissez-le peser le pour et le contre avant de lui demander de prendre sa décision.

La réflexion lui est aussi indispensable que l'air qu'il respire. Il doit considérer et reconsidérer la suggestion avant de se ranger à votre avis, mais il n'avouera peut-être pas ce qu'il pense. Si finalement vous constatez que rien n'y fait, qu'aucune de vos propositions ne l'aide à se décider, il faudra peut-être le prendre par les sentiments et lui démontrer à quel point telle ou telle chose, telle ou telle sortie compte pour vous. Dans ce cas, si c'est pour vous donner un coup de main, il acceptera sans trop rechigner. Il ne voudrait pas se sentir coupable de vous avoir fait rater une rencontre avec des gens importants pour votre carrière, par exemple.

Le Capricorne n'a pas confiance en ses moyens, et l'énergie pour lancer des projets lui fait souvent défaut. Sa crainte le paralyse. Votre aide et votre appui sont significatifs pour lui; vous pouvez lui donner un sérieux coup de main, et il vous en sera éternellement reconnaissant.

Ses goûts

Ce qui le caractérise, c'est la simplicité et la frugalité. Il n'a pas besoin de strass, de paillettes, de flaflas pour vivre heureux. Il vit selon ses moyens, même parfois en dessous, mais c'est ainsi. Rien chez lui n'est ostentatoire.

Les objets sobres, classiques, voire anciens, ont sa préférence. Ses vêtements sont bien coupés ou, plutôt, ont été bien coupés à l'époque; la mode a eu le temps de passer et de revenir, mais il a toujours le même ensemble. En fait, notre Capricorne ne paie pas de mine; ses employés, ses enfants sont mieux habillés que lui, mais son portefeuille est drôlement bien garni. Quel économe quand même!

Dans son intérieur, son besoin de sécurité entre parfois en contradiction avec son goût de la parcimonie. Pour cette raison, il préfère les grosses maisons, les gros meubles, ce qui a l'air solide, durable, ce qui traversera la barrière du temps.

À table, les excès sont presque bannis, sa sagesse prenant le dessus. Mais il a un petit problème, il oublie de diversifier suffisamment son alimentation. Les légumes, les crudités, les fruits ne se retrouvent pas forcément à son menu en quantité suffisante pour maintenir un bon état de santé... et, surtout, il aime parfois un peu trop les sucreries!

Son potentiel

Travailleur déterminé, le Capricorne ne craint pas les projets à très long terme. Il travaille à son rythme, c'est-à-dire lentement, dans l'ombre ou à l'écart, il fait son chemin sans que personne ne s'en aperçoive. Lorsqu'il touche au but, tout le monde est bien étonné. Sa devise pourrait être: «Rien ne sert de courir, il faut partir à point.»

Comme c'est un travailleur méticuleux qui ne laisse rien au hasard, il fera sa marque dans les domaines qui requièrent un esprit plus terre à terre: l'administration, la gestion, les banques — il aime bien l'argent! —, les mathématiques, les recherches, les investigations (comptables ou autres), les relations d'aide, la gérontologie, l'enseignement ou la politique.

Le natif du Capricorne peut être une personne influente, exercer un pouvoir étendu et gérer une immense fortune, et rien n'y paraîtra. Il laisse les autres s'auréoler de leur succès, alors que c'est plutôt lui qui tire les ficelles dans l'ombre.

Ses loisirs

Sérieux comme il est, on se demande bien quels loisirs lui permettent de se détendre. Dans ses moments libres comme dans sa vie quotidienne, le Capricorne aime bien rester à l'écart. Il optera donc pour des passe-temps de solitaire, qui lui permettent de réfléchir, de penser à ce qu'il lui plaît sans être obligé de converser ou de faire belle figure devant quiconque.

Il choisira souvent de faire de longues promenades, même en ville. Le ski, la raquette, la natation et la pêche lui conviennent très bien. La lecture est pour lui un excellent moyen d'évasion, et il choisira souvent des ouvrages en rapport avec ses préoccupations ou ses activités professionnelles. C'est un être réfléchi qui se ressource en plongeant dans ses pensées. Mais il ne faut pas oublier qu'il est aussi sensible alors, de temps à autre, il faut le secouer et le convaincre de socialiser un peu plus.

Sa décoration

En matière de décoration, comme en toute chose dans sa vie, la sobriété est sa marque; il a un esprit très conservateur. D'ailleurs, il accumule les objets et ce, depuis des années. C'est un véritable écureuil. Ses armoires sont des petites réserves où il entasse ce qui lui permettrait de survivre plusieurs années en cas de disette subite: nourriture, papeterie, vêtements, quincaillerie, il ne sera jamais pris au dépourvu. Et puis, il y a la remise, le grenier, la cave…

Son sens de l'économie est tellement fort qu'il ne dépensera pas un sou pour toutes ces babioles vite démodées qu'on annonce dans les magazines. Par contre, comme il souffre d'insécurité, tout le nécessaire sera toujours à portée de main. Son domicile est son refuge; il lui faut donc quatre murs bien solides autour de lui. Il peut acheter une immense maison, et on se demandera ce qu'il va faire de tant d'espace; il sera vite utilisé, n'ayez crainte.

Le Capricorne n'aime pas la modernité; il préfère les objets et les choses que le temps a éprouvés. Ce sera donc un amateur éclairé d'antiquités qui représentent des valeurs sûres; il en aura certainement beaucoup chez lui. Pour son intérieur, il choisira des meubles lourds, solides, imposants, bref qui donnent une image de stabilité, et cela souvent en quantité industrielle. Bien qu'il reçoive très rarement, il dispose d'un assortiment de vaisselle à faire rougir les plus grands restaurateurs.

Il conserve tout, des assiettes de grand-maman au gros La-Z-boy de papy, de l'armoire canadienne au canapé Louis XV hérité de la vieille tante Hortense, du bureau de son enfance au lit de son adolescence: tout est là. Vous comprenez maintenant pourquoi il lui faut une si grande maison.

Le Capricorne a ses petites habitudes, ses petites manies. Il aime sa tranquillité, et c'est souvent à son domicile qu'il trouve cette sécurité dont il est si friand. Retrouver ses petites affaires là où il les a déposées, quel soulagement! Bref, si vous êtes son conjoint ou son colocataire, de grâce, ne changez pas les meubles de place pendant qu'il a le dos tourné... vous le mettriez très mal à l'aise.

Son budget

L'économie n'est pas un vain mot pour le Capricorne. Sage et prévoyant de nature, il ne se laisse jamais aller à des dépenses inconsidérées. Il n'ouvre son portefeuille bien garni que lorsqu'il y est obligé. Au magasin, il vérifiera la qualité, évaluera la valeur, la garantie, essaiera peut-être même d'obtenir un rabais, s'assurera de faire une bonne affaire, et, malgré tout, à la caisse, il aura encore un pincement au cœur. Tout coûte terriblement cher de nos jours, n'est-ce pas?

Le Capricorne n'est pas avare, mais il souffre d'insécurité et a toujours peur de manquer d'argent. Il est également conscient de la valeur des choses. Comme il a des goûts modestes, il ne se fait jamais à l'idée d'être obligé de dépenser. Mais il a bon cœur, et quand il se permet une dépense, c'est pour offrir quelque chose aux autres, pas à lui-même...

Le Capricorne économise sur tout; il fait constamment attention à son portefeuille et arrive à faire des prouesses avec un budget limité. Même si ses revenus sont peu élevés, il réussira encore à mettre de l'argent de côté en prévision de jours moins fastes. Il adore créer des petites cachettes: quelques pièces dans le pot de biscuits, une enveloppe bien garnie sous une pile de chandails, dans le compartiment secret du portefeuille; un peu ici, un peu là, sans parler des comptes en banque, des placements... bref, avec lui, l'expression avoir son bas de laine est tout à fait véridique.

La prévoyance est l'une de ses belles qualités; il prépare ses vieux jours depuis longtemps et, croyez-moi, il ne sera pas dans le besoin, loin de là. Il a des REÉR, des obligations, des placements, des actions en tous genres. Et pourtant, même s'il est assis sur des millions, l'inquiétude lui triture quand même les neurones...

Quel cadeau lui offrir?

On a vu que notre Capricorne est plutôt conservateur et qu'il garde tout très longtemps. Il serait peut-être indiqué de remplacer quelques objets, comme sa vieille télé noir et blanc, qui pourrait peut-être passer au numérique… à condition que vous la lui achetiez, car pour lui son téléviseur des années 60 lui convient bien (d'ailleurs, il le gardera au fond du grenier, même s'il accepte d'en mettre un modèle plus récent dans le salon).

Le natif du Capricorne vous dira qu'il n'a besoin de rien, et il en est convaincu. Vous devrez donc faire de sérieux efforts pour trouver une chose utile qu'il n'a pas en quatre ou cinq exemplaires. Optez avant tout pour des objets sobres et plutôt traditionnels; la modernité et les gadgets ne sont pas dans ses goûts. S'il a besoin d'un bon agenda, n'arrivez pas avec un Palm; achetez-en un plus classique.

Regardez aussi du côté des vêtements, car les siens doivent être complètement démodés; il en achète si peu souvent. Les coupes classiques, la qualité et les teintes neutres lui conviendront le mieux. Un beau tricot, des gants ou un foulard le réchaufferont, car il est frileux et aime son confort.

Le natif du Capricorne ne se permet jamais de petites gâteries. Il revient donc à ses proches de lui offrir des petits luxes. Il sera mal à l'aise, ne saura pas comment vous remercier, mais sera tellement content que son bonheur fera plaisir à voir.

Les enfants Capricorne

Sage et docile, le bébé Capricorne ne pose jamais de problème. En grandissant, il sera toujours aussi sage, et même sérieux pour son âge. Il a besoin de contact avec des enfants plus âgés, voire des adultes ou des personnes âgées. Il est fasciné par les vieilles personnes et les écouterait pendant des heures. Les grands-mamans et les grands-papas sont aux anges avec eux.

Par contre, avec les amis de son âge, il n'est pas très sociable; en fait, le petit Capricorne préfère rester à l'écart pour observer de loin le monde. La solitude lui plaît, et son petit côté individualiste ressort déjà.

Il est important de lui apprendre à s'amuser, à avoir du plaisir et surtout à fréquenter des petits camarades de son âge. Il est craintif, renfermé et manque de confiance en lui. Par contre, au fil du temps, il réussira à surmonter sa timidité maladive.

L'ado Capricorne

Pour ton âge, tu es quelqu'un de très mûr, qui ne perd pas son temps pour des broutilles. Tes amis sont probablement plus âgés que toi et ils te stimulent beaucoup. Tu es tranquille, réfléchi, calme, et tu aimes prendre ton temps. Mais lorsque tu te décides à agir, tu vas jusqu'au bout de tes idées et de tes actes. On ne peut pas te reprocher de faire les choses à moitié.

Comme tu es très responsable, les gens n'hésitent pas à te confier certaines tâches et bien souvent cela passe avant tout, même au détriment de tes loisirs ou de tes goûts personnels. On peut se fier à toi, et souvent on t'en demande un peu trop pour ton âge, car tu es si raisonnable qu'on te croit souvent plus âgé que tu ne l'es réellement.

Tu as des valeurs traditionnelles, conservatrices: la justice, la famille, l'ordre établi comptent beaucoup pour toi. Tu t'intègres bien au système, sans te rebeller. Tu es aussi attaché à l'aspect matériel de la vie, tu es économe et sérieux, tu te fais même de petites réserves en cas de besoin, et tu ne jettes jamais rien, tu prends soin de tes affaires.

Malgré les apparences, tu es un être très fier, et lorsqu'on pique ton orgueil, tu t'en souviens longtemps.

Sur le plan social, tu es plutôt discret. On te trouve même distant et froid. Tu préfères rester dans l'ombre, par prudence et aussi à cause de ta timidité. Tu as une nature plutôt triste et, avoue-le, la vie te fait peur. Pourtant, tu as tous les atouts en main pour réussir, pour monter très haut… Tu dois apprendre à cultiver ta confiance en toi, car avec les années qui passent tu accompliras de grandes et belles choses, et la réussite sera au rendez-vous si tu parviens à écarter ce sentiment d'insécurité qui te ralentit.

Tes études

Travailleur, tenace et méticuleux, tu te consacres à fond à tout ce que tu entreprends. Tu apprends lentement, mais comme tu comprends bien ce qu'on t'enseigne et que tu as une bonne mémoire, on ne peut pas te prendre en défaut. Ce que tu sais, c'est pour la vie. Étant donné que tu es déterminé, les études supérieures te conviennent fort bien; le temps joue pour toi. Tu travailles mieux seul qu'en équipe. Tu devras te montrer plus flexible avec les autres, car cela te sera bien utile pour évoluer en société.

Ton orientation

Peu importe le domaine que tu choisiras, tu réussiras. Tu es si sérieux, tu as si bien balisé ta vie, calculé le pour et le contre, que ton application sera récompensée. Tu vas donc surmonter les obstacles et atteindre ton objectif, envers et contre tous. Les domaines qui pourraient t'amener sur le chemin du succès sont les finances, la comptabilité, le droit, la politique, la Bourse, l'administration, la fonction publique, le système bancaire, l'industrie, la santé, la gérontologie, les antiquités, le commerce, l'immobilier, l'agriculture, les affaires et les emplois ayant trait à la terre. Tu vois, tu as l'embarras du choix. Ta carrière pourrait commencer dans l'ombre, mais à partir de la trentaine, la réussite t'attend, et tu te mets un peu plus en évidence.

Tes rapports avec les autres

Les gens te croient froid, car tu es souvent distant et renfermé. Tu as peu d'amis, mais tu as su les choisir. Ils savent qu'ils peuvent compter sur toi, même s'ils en abusent un peu, avoue-le. Au fil du temps, tu parviens à dire non lorsque tu sens que les autres tirent trop sur la corde. L'amitié doit être un échange équitable. On ne te connaît pas assez, car tu as du mal à exprimer tes sentiments ou à parler; tu crains souvent de déranger. Tu as beaucoup à offrir et lorsqu'on te connaît vraiment, on découvre en toi un être adorable sur qui on peut compter.

Vanessa Paradis, Émile Nelligan, Annie Lennox, Mao Tsé-Toung, Marlene Dietrich, Gérard Depardieu, Louis Pasteur, Marianne Faithful, Geneviève St-Germain, Jacques Cartier, Véronique Cloutier, Ricky Martin, Cate Blanchett, Mahée Paiement, Mel Gibson, Marina Orsini, Nicolas Cage, David Bowie, Elvis Presley, Lara Fabian, Bernard Derome, Martin Luther King, Anne Bédard, René Angélil, Isabelle Lajeunesse, Jim Carey, Kevin Costner, Dan Bigras, Daniel Bélanger.

Pensée positive pour le Capricorne

Ma confiance en moi et dans la vie augmente constamment. J'ose accepter les nombreux bienfaits qu'on m'envoie. Plus j'en accepte, plus il m'en arrive.

Pensée positive spéciale pour 2004

Je pense d'abord à moi, j'agis en fonction de mes intérêts, ce qui me procure chance et bien-être. Je peux ensuite en faire profiter les autres.

Le subconscient nous dirige toujours selon nos pensées. En répétant le plus souvent possible ces pensées conçues tout spécialement pour vous, vous vous attirerez plein de belles choses.

Signe: Capricorne

Élément: Terre

Catégorie: Cardinal

Symbole: ♑

Points sensibles: Ossature, décalcification, dentition faible, articulations, genoux, jambes, arthrite, surdité, problème d'ouïe et de peau. Jeune, il a peu de vitalité... mais il rajeunit tous les ans.

Planète maîtresse: Saturne, planète de la sagesse.

Pierres précieuses: Améthyste, grenat, diamant.

Couleurs: Gris et toutes les couleurs terre.

Chiffres chanceux: 3-8-11-17-23-28-30-35-44-48.

Qualités: Discipliné, sérieux, économe, sage, discret, déterminé, diplomate, traditionnel, terre à terre. Il sait que le temps est son précieux allié.

Défauts: Manque d'assurance, timide, renfermé, autoritaire, ne jette rien, pessimiste, manque de confiance.

Ce qu'il pense en lui-même: Je vais tout faire pour eux... Je veux qu'ils m'aiment à tout prix!

Ce que les autres disent de lui: Demandons-lui ce qu'on veut: il ne sait pas dire non!

Prédictions annuelles

Préparez-vous, car 2004 promet d'être une année extrêmement significative! Vous arrivez au terme d'une étape, d'ailleurs vous le sentez au plus profond de vous-même. Certains éléments qui vous satisfaisaient auparavant ne font plus votre affaire aujourd'hui. À vrai dire, vous avez envie de quelque chose de complètement différent. C'est pour cette raison que vous vous lancez à fond de train dans le grand ménage de votre vie. Pas reposant mais, croyez-moi, vous vous féliciterez des résultats.

SANTÉ – Les influences planétaires sont contradictoires. Jupiter vous donne le goût de mordre dans la vie à belles dents, car il augmente vigueur et dynamisme. Néanmoins, n'allez pas penser que vous pouvez abuser de vos forces ou vous permettre tout ce qui vous passe par la tête, surtout pas avec l'opposition de Saturne, présente toute l'année. En vous négligeant, en commettant des imprudences, vous pourriez vous mettre sur le carreau ou tomber en panne d'énergie. Par ailleurs, ceux qui mettront de l'ordre dans leurs habitudes, alimentaires par exemple, obtiendront des résultats qui dépasseront leurs espérances.

SENTIMENTS – Toute une vague de popularité! Vous faites tourner les têtes partout où vous passez. Il va sans dire qu'avec ce charme accru les solitaires ne le resteront plus très longtemps. Pour certains, il est question de retrouvailles, de rapprochement et même d'engagement sérieux, de fiançailles, de mariage ou de vie commune. Pour d'autres, le moment est venu de faire le point. Chose certaine, vous savez de mieux en mieux ce que vous voulez et, surtout, ce que vous ne voulez plus. Ceux qui rencontreront vos attentes prendront une place de choix dans votre existence; tant pis pour les autres, vous êtes à la veille de les mettre à la porte. Il se peut qu'un proche traverse des moments difficiles ou vous cause quelques soucis.

AFFAIRES – Saturne provoque la fin d'un cycle, vous vous préparez donc à entreprendre une nouvelle phase de votre destinée professionnelle. Sur le coup, vous risquez de vous sentir désemparé devant tous ces changements. Toutefois, vous constaterez rapidement que ceux-ci vous ouvrent de nouvelles portes, qu'ils entraînent une amélioration profonde de votre situation. Vous avez d'intéressantes possibilités au jeu, l'argent rentre, mais il risque de disparaître bien vite si vous n'y prenez garde. Attention aux investissements risqués, aux beaux parleurs, aux escrocs et même aux voleurs. Il n'y a pas que dans les tirages que la chance vous sourit, vous êtes également avantagé dans les voyages et les transactions. Vous avez de plus en plus la bosse des affaires!

Janvier

D	L	M	M	J	V	S
				1F	2F	3F
4	5	6	7○	8	9	10
11F	12F	13D	14D	15D	16	17
18	19	20	21●	22	23	24
25	26D	27D	28D	29F	30F	31

○	Pleine lune	●	Nouvelle lune
F	Jour favorable	D	Jour difficile

SANTÉ – Les planètes semblent se liguer contre vous, pourtant c'est vous le plus fort, surtout si vous appliquez ces quelques consignes: mangez sainement, ménagez votre monture et prenez toutes vos précautions lors de vos déplacements ou quand vous utilisez des objets avec lesquels vous pourriez vous faire mal. La prudence et la sagesse vous permettront de déjouer les astres!

SENTIMENTS – La première quinzaine vous permet d'entretenir des liens privilégiés avec vos jeunes, vos amis et vos voisins. La seconde vous annonce de doux moments sur le plan amoureux. On vous surprend en vous déclarant à quel point on vous aime. Le seul hic: les ennuis que doit affronter un parent actuellement.

AFFAIRES – On ne peut pas dire que ce soit le mois le plus facile. En plus de subir des délais de toutes sortes, vous vous heurtez à différents écueils. Heureusement que vous savez vous montrer patient! Ne laissez pas une personne mal intentionnée s'emparer de ce qui vous appartient. Possibilités intéressantes d'un voyage et au jeu entre le 14 et le 31.

Février

D	L	M	M	J	V	S
1	2	3	4	5	6○	7F
8F	9F	10D	11D	12	13	14
15	16	17	18	19	20●	21
22	23D	24D	25F	26F	27	28
29						

○	Pleine lune	●	Nouvelle lune
F	Jour favorable	D	Jour difficile

SANTÉ – Étonnant, ces mêmes planètes qui tentaient de vous tendre un piège le mois dernier deviennent vos alliées. Vous remontez rapidement la pente tant moralement que physiquement, vous pourriez même trouver la solution à un problème qui vous harassait depuis un moment. Excellente période pour vous soigner et pour vous prendre en main.

SENTIMENTS – En amour, les huit premiers jours vous réservent encore de belles surprises. Par après cependant, vous devez vous montrer plus conciliant pour arriver à conserver l'harmonie dans votre couple. Entre le 3 et le 28, votre vie sociale devient particulièrement animée; vous avez à maintes reprises l'occasion d'entrer en contact avec des gens formidables. Vous êtes plus sûr de vous, ça vous donne un charme fou!

AFFAIRES – Ne perdez pas une seconde et foncez. Le moment est venu de chercher du travail ou d'apporter des améliorations dans celui qui vous occupe déjà. Démarches, voyages et déplacements donnent des résultats du tonnerre. Une bonne nouvelle n'attend pas l'autre. Au jeu, vous faites des envieux. C'est à votre tour, profitez-en!

Mars

D	L	M	M	J	V	S
	1	2	3	4	5	6○F
7F	8D	9D	10	11	12	13
14	15	16	17	18	19	20●
21D	22D	23F	24F	25F	26	27
28	29	30	31			

○	Pleine lune	●	Nouvelle lune
F	Jour favorable	D	Jour difficile

SANTÉ – Ça continue d'aller magnifiquement bien, rien ne peut venir à bout de votre robustesse, de votre vitalité ou de la solidité de votre équilibre nerveux. Par après, vous vous sentez plus fatigué et, par conséquent, plus vulnérable. Du repos et une meilleure alimentation vous remettront sur le piton.

SENTIMENTS – En société, votre popularité ne cesse de grandir. Vous impressionnez vos amis de même que les nouvelles personnes que vous rencontrez. Pour les solitaires, c'est une occasion en or de séduire quelqu'un de très bien. Dans les couples, les liens se resserrent. Votre conjoint vous fait pourtant une petite scène de jalousie... sans doute parce qu'on vous témoigne trop d'intérêt à son goût.

AFFAIRES – Voici un cycle hautement constructif durant lequel vous n'avez pas le droit de vous asseoir sur vos lauriers. Allez de l'avant, cherchez à décrocher un contrat, un nouveau poste ou une augmentation de salaire, de grâce, profitez de la chance qui passe! Les trois premières semaines sont encore propices aux voyages et aux tirages, de même qu'aux transactions et aux investissements.

Avril

D	L	M	M	J	V	S
				1	2F	3F
4D	5○D	6	7	8	9	10
11	12	13	14	15	16	17D
18D	19●D	20F	21F	22	23	24
25	26	27	28	29	30F	

○	Pleine lune	●	Nouvelle lune
F	Jour favorable	D	Jour difficile

SANTÉ – Cette sensation d'épuisement risque d'aller en augmentant si vous n'y voyez pas. Je sais que vous avez mille choses à faire et que vous n'avez que vingt-quatre heures dans une journée pour les accomplir, mais ce n'est pas une excuse valable pour brûler la chandelle par les deux bouts. Gardez-vous du temps pour vous, pour vous relaxer et pourquoi pas pour flâner un brin, ça vous arrive si peu souvent.

SENTIMENTS – Ici aussi on dirait que ce sont vos activités qui passent avant tout. Votre chéri et vos amis commencent à se plaindre de ne pas vous voir assez souvent. Un enfant vous inquiète, est-ce parce qu'il sent que vous le négligez qu'il agit de la sorte? L'éclipse pourrait avoir des répercussions sur la santé d'un proche.

AFFAIRES – C'est vrai que vous avez du pain sur la planche! Vous êtes obligé de mettre les bouchées doubles. Un deuxième emploi, des responsabilités accrues, un contrat qui arrive comme un cheveu sur la soupe vous gardent au travail fort longtemps. Ne faites pas trop confiance aux autres, ne parlez pas trop de vos affaires et agissez seul.

Mai

D	L	M	M	J	V	S
						1F
2D	3D	4○	5	6	7	8
9	10	11	12	13	14D	15D
16D	17F	18●F	19	20	21	22
23/30D	24/31	25	26	27F	28F	29D

○	Pleine lune	●	Nouvelle lune
F	Jour favorable	D	Jour difficile

SANTÉ – Vous retrouvez la maîtrise de vos nerfs à partir du 16. Physiquement, par contre, la situation risque de se détériorer après le 7, quand Mars rejoint Saturne à l'opposé de votre signe. Commencez dès maintenant à faire provision d'énergie et prenez les dispositions nécessaires pour ne pas subir une défaillance ou un accident.

SENTIMENTS – La communication n'est pas toujours évidente avec votre entourage, particulièrement durant la première quinzaine. On déforme vos propos, on vous prête toutes sortes d'intentions… Ça ne prend pas grand-chose pour qu'on monte en épingle une affaire insignifiante. Gardez votre calme: vous parviendrez par la suite, avec quelque effort, à faire entendre raison à vos proches.

AFFAIRES – Vos meilleures périodes vont du 1er au 7, puis du 16 au 31. Vous n'êtes plus nécessairement dans cette phase magique où tout fonctionnait presque par enchantement, pourtant, si vous mettez la main à la pâte, vous ferez certainement avancer les choses. Au cours des deux dernières semaines, on doit vous recommander de vous tenir à l'écart des gens malhonnêtes.

Juin

D	L	M	M	J	V	S
		1	2○	3	4	5
6	7	8	9	10	11D	12D
13F	14F	15F	16	17●	18	19
20	21	22	23F	24F	25D	26D
27D	28	29	30			

○	Pleine lune	●	Nouvelle lune
F	Jour favorable	D	Jour difficile

SANTÉ – La double opposition Mars-Saturne est en vigueur jusqu'au 23, voilà pourquoi la prudence et la circonspection demeurent vos meilleures alliées. Par la suite, votre santé est plus solide, vous pouvez agir sans avoir à redouter une blessure. Bon mois pour rompre avec le passé.

SENTIMENTS – Vous vous sentez souvent incompris, voire délaissé durant les trois premières semaines. Au lieu de dépendre autant des autres, profitez-en donc pour faire le point, pour vous connaître davantage ou tout simplement pour vous gâter un peu plus. Après tout, ne dit-on pas que charité bien ordonnée commence par soi-même? La fin du mois s'annonce plus pétillante, vous en serez ravi.

AFFAIRES – Pendant la première semaine, un conflit pourrait enfin se régler. Pendant les suivantes, une bonne nouvelle concernant vos finances est possible. Entre le 5 et le 23, vous n'êtes pas toujours maître de la situation, vous devez vous adapter à certains revirements ou accepter de bon gré des décisions qu'on vous impose. Ce n'est pas le temps d'agir sur un coup de tête ni de vous embarquer dans une aventure périlleuse.

Juillet

D	L	M	M	J	V	S
				1	2○	3
4	5	6	7	8D	9D	10F
11F	12F	13	14	15	16	17●
18	19	20F	21F	22F	23D	24D
25	26	27	28	29	30	31○

○	Pleine lune	●	Nouvelle lune
F	Jour favorable	D	Jour difficile

SANTÉ – Quel soulagement! Vous êtes dorénavant libéré de la présence oppressante de plusieurs planètes. Votre organisme fonctionne nettement mieux et, de surcroît, vous avez une bonne réserve d'optimisme. Si certains problèmes perdurent, le moment est venu de vous y attaquer! La conjoncture favorise le plein air et l'exercice physique.

SENTIMENTS – Vous prenez le taureau par les cornes, vous en avez assez de nager dans l'incertitude. Vous posez des questions directes, et ça marche: vous arrivez à tirer au clair plusieurs histoires embrouillées. Comme vous avez enfin la tête tranquille, vous pouvez vous divertir à souhait et profiter de toutes ces gentilles invitations et propositions qu'on vous lance.

AFFAIRES – Ici aussi, le ciel se dégage. Vous avez les idées beaucoup plus claires, ce qui vous permet de placer votre énergie au bon endroit et de laisser tomber les projets et les situations qui n'aboutissent pas. Votre flair vous permet également de saisir au vol une excellente occasion et même de déjouer les plans d'une personne mal intentionnée.

Août

D	L	M	M	J	V	S
1	2	3	4D	5D	6D	7F
8F	9	10	11	12	13	14
15●	16	17F	18F	19D	20D	21
22	23	24	25	26	27	28
29○	30	31				

○	Pleine lune	●	Nouvelle lune
F	Jour favorable	D	Jour difficile

SANTÉ – Vous faites des pas de géant, si bien qu'à compter du 10 vous êtes au sommet de votre forme. Vous êtes animé par une puissante énergie physique et morale que rien ne risque de miner. Ceux qui désirent s'inscrire à un programme d'exercice ou qui songent à prendre d'importantes résolutions traversent une période fantastique pour passer aux actes.

SENTIMENTS – Avec la marmaille, les amis, la famille et même en société, ça s'annonce fabuleux. Tous cherchent à vous faire plaisir et sont fascinés par votre brillante personnalité. Il n'y a, hélas!, que votre conjoint qui se démarque du groupe. Il est souvent de mauvaise humeur ou préoccupé. Usez de votre joli sourire, voire de votre sens de l'humour, ça le déridera.

AFFAIRES – À partir de la deuxième semaine, vous constatez que la chance se range de votre côté. Votre carrière connaît un sérieux essor, vos finances redeviennent prospères, et vous pourriez même mettre la main sur une somme appréciable dans un tirage. Bonne période pour chercher de l'emploi, décrocher une promotion, négocier une augmentation et partir en voyage.

Septembre

D	L	M	M	J	V	S
		1D	2D	3F	4F	
5	6	7	8	9	10	11
12	13F	14●F	15D	16D	17	18
19	20	21	22	23	24	25
26	27	28○D	29D	30F		

○	Pleine lune	●	Nouvelle lune
F	Jour favorable	D	Jour difficile

SANTÉ – Autre mois exquis durant lequel vous demeurez en tête du peloton. Entre le 19 et le 26, vous traversez même une des meilleures périodes de l'année. Bon temps donc pour vous ressaisir, pour vous soigner ou tout simplement pour améliorer votre santé nerveuse et physiologique. Une remise en beauté tomberait elle aussi à point.

SENTIMENTS – La vague de popularité se poursuit de plus belle et, cette fois, votre partenaire se joint aux autres pour vous combler. Une sortie, voire un voyage pourrait permettre aux solitaires de faire une étonnante rencontre. Vous recevez des nouvelles encourageantes de plusieurs personnes qui vous tiennent à cœur.

AFFAIRES – La chance est bien installée. Vos entreprises évoluent favorablement, même vos projets les plus ambitieux commencent à se concrétiser. Vous continuez à faire bonne figure dans les jeux de hasard, mais c'est loin d'être le seul moyen que vous trouvez pour améliorer vos finances. Les voyages et les déplacements demeurent avantageux.

Octobre

D	L	M	M	J	V	S
					1F	2F
3	4	5	6	7	8	9
10F	11F	12F	13●D	14D	15	16
17	18	19	20	21	22	23
24D/31	25D	26D	27○F	28F	29	30

○	Pleine lune	●	Nouvelle lune
F	Jour favorable	D	Jour difficile

SANTÉ – Les éclipses de ce mois et l'ensemble des influences astrales ne jouent pas en votre faveur. Pourtant, si vous prenez les devants et adoptez une attitude préventive, vous pourrez rester à l'abri des accidents, des crises de nerfs et des malaises. Comme vous êtes particulièrement en beauté, ce serait dommage que vous vous retrouviez sur le carreau.

SENTIMENTS – Au moins, Vénus ne se ligue pas contre vous. Au contraire, elle favorise largement votre destinée amoureuse. Un coup de foudre, un tendre rapprochement ou une déclaration sincère est au programme. Socialement, ça va bon train, vous êtes toujours très en demande. Un parent ou un enfant vous cause quelques inquiétudes.

AFFAIRES – Les perturbations sont nombreuses, votre vie semble mal synchronisée; mieux vaut vous armer de patience et de souplesse. En agissant de la sorte, vous arriverez à tirer votre épingle du jeu. Un conseil: ne prenez aucun risque avec votre argent ou vos biens et méfiez-vous des contraventions. Au cours de la seconde quinzaine, un bon réflexe vous permettra de vous sortir d'une impasse.

Novembre

D	L	M	M	J	V	S
	1	2	3	4	5	6
7F	8F	9D	10D	11	12●	13
14	15	16	17	18	19	20
21	22D	23D	24F	25F	26○	27
28	29	30				

○	Pleine lune	●	Nouvelle lune
F	Jour favorable	D	Jour difficile

SANTÉ – La vilaine conjoncture sévit encore jusqu'au 11, et vous devez, bien entendu, continuer à vous montrer prudent. Par la suite, vous avez le feu vert, pouvez avancer sans danger et retrouvez une bonne part de votre calme. Vous avez malgré tout du mal à résister à la gourmandise, ce n'est pas une bonne idée de remplir votre garde-manger de tentations; l'occasion fait le larron!

SENTIMENTS – Les trois premières semaines laissent à désirer. En plus d'avoir diverses inquiétudes concernant vos proches, vous n'arrivez pas toujours à bien faire passer vos idées. Une petite querelle risque même d'éclater. Heureusement, dès le 22 tout rentre dans l'ordre, les problèmes se règlent et l'harmonie effectue un retour en force.

AFFAIRES – Dans ce domaine, c'est sensiblement la même chose. Des obstacles et des retards vous affectent jusqu'au 21. Inutile de vous fâcher et de tout envoyer promener, puisque le reste du mois vous réserve des moments nettement plus constructifs. Vos projets cessent alors d'être contrecarrés ou constamment remis aux calendes grecques. Vous évoluez plus aisément, sans oublier que vous reprenez vos finances en main.

Décembre

D	L	M	M	J	V	S
			1	2	3	4F
5F	6D	7D	8D	9	10	11●
12	13	14	15	16	17	18
19D	20D	21F	22F	23F	24	25
26○	27	28	29	30	31F	

○	Pleine lune	●	Nouvelle lune
F	Jour favorable	D	Jour difficile

SANTÉ – Vous voici complètement sorti de la période grise, vous avez désormais tous les atouts en main pour améliorer votre état. Votre volonté semble beaucoup plus forte, vous êtes capable de dire non à la plupart des envies qui risqueraient de miner votre résistance ou d'alourdir votre silhouette. Le moral est robuste, vous avez également une intuition du tonnerre.

SENTIMENTS – Votre charisme opère de nouveau, personne n'y reste insensible. À la maison, l'atmosphère est plus détendue. Même si vous êtes très bien chez vous, vous n'en profitez pas longtemps, car on ne cesse de vous lancer des invitations ou de vous proposer des activités amusantes. Vous élargissez votre cercle d'amis: que d'agréables rencontres en perspective!

AFFAIRES – De grands coups d'éclat sont à prévoir d'ici le 20. On vous donne un sérieux coup de main pour atteindre votre but, on vous refile un bon tuyau, on vous conseille judicieusement. Bref, votre environnement vous stimule. Un contrat, un meilleur rythme au boulot ou une nouvelle réjouissante vous permet de conclure l'année sur une note positive.

Verseau

du 21 janvier au 19 février

On dit souvent du Verseau qu'il est né au moins un siècle trop tôt. On le trouve original, voire plutôt excentrique, et il n'est pas toujours facile de le comprendre. Ses idées sont renversantes, osées, bref très avant-gardistes.

Le Verseau est un amateur de nouveautés: le dernier gadget trouve toujours une place dans sa cuisine, son atelier, son bureau. Les bidules, les machins, les trucs, vous les connaissez tous et vous pouvez faire découvrir bien des objets aux autres, ceux que le reste du monde ignore totalement. Et tout ça, sans parler de ce que vous avez bricolé ou «bidouillé» vous-même, parce que personne n'avait pensé à l'inventer avant vous!

Le signe du Verseau est donc associé aux nouvelles technologies, quel qu'en soit le domaine: électricité, télécommunications, satellites, informatique, énergie nucléaire et science atomique.

Le plus célèbre des Verseau, Jules Verne, a beaucoup fait jaser avec ses idées abracadabrantes, révolutionnaires pour l'époque: imaginez, il disait que l'homme pourrait voler dans un oiseau de métal, aller sur les autres planètes, voyager au plus profond des océans, creuser des tunnels sous des montagnes, regarder la télévision, et j'en passe… Certains sceptiques le tenaient pour fou. Pourtant, aujourd'hui, ces exploits ne nous étonnent plus, ils sont monnaie courante. Dans un siècle, cher Verseau, on reconnaîtra que vous étiez un visionnaire, mais en attendant, il pourra vous sembler irritant d'avoir à convaincre les autres que vous n'affabulez pas et que vos idées trouveront des applications insoupçonnées dans l'avenir.

Votre signe est également placé sous un aspect humanitaire. Dans votre cœur, il n'y a pas de frontières; l'univers entier devient votre domicile. Vous aimez tout le monde sans distinction: blancs, noirs, rouges, jaunes… ou verts extraterrestres! Peu importe la classe sociale, la religion, la race, le sexe, vous savez trouver chez les autres ce que chacun a de meilleur en soi. Pour vous, c'est l'humanité qui compte.

Et ce grand esprit de famille qui vous anime se reflète jusque dans votre cercle d'amis. Celui-ci est très diversifié et étonnant; il s'y côtoie des gens qui, hormis vous, n'auraient pas grand-chose en commun. Vous mélangez les genres: le président d'une entreprise cotée en Bourse, un violoniste de l'orchestre symphonique, une militante anti-mondialisation, un installateur de téléphones, une vieille missionnaire à la retraite et une top-modèle. Vous mélangez les histoires, les expériences de vie et les points de vue… et votre petite soirée fera encore jaser dix ans plus tard.

Pour vous, apprendre et expérimenter, que ce soit dans votre cuisine (sans doute un laboratoire de chrome et d'acier) ou au travail, par l'éducation des petits ou en réglant les problèmes des pays en voie de développement ne sont pas des mots vides de sens. Les chemins battus, les habitudes, les manies, ce n'est pas votre genre. Vous voulez faire mieux que les autres, et avec votre coup de patte bien personnel.

Anticonformiste comme vous l'êtes, vous astreindre à respecter un budget n'est pas dans vos pratiques courantes. Vous craquez pour un objet… eh bien, vous l'achetez à crédit, et la facture viendra plus tard. Vous jouez à la Bourse, mais vous oubliez la facture d'épicerie que vous devez acquitter… Vous jonglez avec votre argent comme avec vos idées.

Comme vous placez la générosité sur un piédestal, vous êtes parfois d'une grandeur magnifique. Cependant, vous sacrifier vous demande parfois beaucoup d'efforts. Vous êtes débordant d'idées, mais vous aimez laisser les autres les appliquer.

Sur le plan affectif, vous vous avouez large d'esprit… surtout quand vous n'êtes pas impliqué. Mais si, par malheur, votre conjoint prend ce principe au pied de la lettre, il risque de lui en cuire. Vous avez l'esprit ouvert, mais quand ça ne s'applique pas à vous. Indépendant, vous prônez la liberté, et l'élu de votre cœur doit l'accepter… Par contre, si lui-même accorde ses faveurs à une autre personne… aïe! La liberté a quand même des limites, n'est-ce pas? surtout celles que vous lui mettez!

Comment se comporter avec un Verseau?

Pour devenir l'amour de la vie d'un Verseau, il faut être patient, être d'abord son ami et laisser les sentiments mûrir entre vous. Si vous avez en tête l'image du petit couple charmant vivant dans une maison coquette entourée de fleurs, vous pourriez avoir une amère surprise.

Cette seule pensée lui donne la chair de poule. Par contre, une tour de verre ultramoderne du centre-ville, ou une maison dont il a lui-même dessiné les plans vous attend sûrement. Ainsi, la jolie maisonnette blanche à volets bleus dans un jardinet fleuri… oubliez ça tout de suite.

Notre Verseau est anticonformiste dans l'âme, et vous ne pourrez rien y faire, autant vous y habituer tout de suite. Si vous cherchez à lui parler de problèmes quotidiens, comme la fenêtre du sous-sol qui coince ou la dernière marche de l'escalier qui se fend, vous tombez plutôt mal. Le mieux est de régler ces menus problèmes vous-même; il a d'autres choses plus importantes à faire, et perdre son temps pour de telles broutilles ne l'intéresse tout simplement pas.

Par contre, si vous voulez discuter du projet Guerre des étoiles de George Bush, du problème des sans-abri dans les grandes villes occidentales, de la peine de mort ou de la Première Guerre mondiale, vous tomberez sur un interlocuteur attentif et renseigné, mais de grâce, oubliez les problèmes domestiques quotidiens.

Il vous faut aussi apprendre à respecter sa liberté, à le laisser découvrir ce qui lui plaît, à accepter qu'il ait des occupations autres que les vôtres. Emboîtez-lui le pas, secondez-le et épaulez-le. Notre Verseau aime bien avoir un bon complice, mais laissez-le avoir le dernier mot. Quant à vouloir lui faire faire le grand ménage du printemps ou récurer les casseroles… laissez tomber, car vous useriez votre salive en vain.

Pour le convaincre de faire quelque chose, parlez-lui d'aider les pays défavorisés et sortez vos grandes théories humanitaires, car les arguments simples et terre à terre, il n'en a que faire. Il évolue dans la haute stratosphère, notre Verseau, bien au-dessus des banalités. De toute façon, puisque vous êtes là et que cela vous interpelle, vous vous en occuperez à sa place. Le mieux pour vous est qu'il trouve lui-même ce dont vous voulez le convaincre. Bien sûr, faites cela à son insu. De cette façon, il vous expliquera le problème avec un exemple concret, et vous aurez atteint votre but. Mais n'oubliez jamais qu'avec un natif du Verseau, il y a deux vérités: celle du monde et celle de son quotidien, et elles sont loin d'être compatibles.

Ce qui l'indispose, ce sont les plaintes, les reproches et les pressions. Se faire pousser dans le dos l'exaspère et même le fera fuir. Le meilleur moyen de vous en faire un ami est de faire comme lui, de vous joindre à sa bande, de l'accompagner dans ses sorties, de discuter à bâtons rompus des grandes théories humanistes. Et tant pis pour le tube de dentifrice mal rebouché qui gît dans le lavabo de la salle de bains.

Ses goûts

Avec une personnalité aussi originale, il ne peut évidemment pas avoir des goûts conventionnels. Ce qui choque ou surprend et surtout sera à la mode dans 10 ans seulement, voilà ce qui fait son bonheur. Bien sûr, tout le monde le trouve excentrique. Mais pour lui, il est tout à fait normal d'être à l'avant-garde, même dans sa tenue vestimentaire. Les complets-veston ou les tailleurs bon chic bon genre, très peu pour notre Verseau. Par contre, un look hyper «flyé», affichant sa petite touche, voilà dans quoi il se sent bien. Il ne supporte pas d'être pareil aux autres. Même chez lui, regardez-y de plus près et vous découvrirez les plus récents gadgets et les inventions les plus bizarres. Il réussit même à dénicher des objets qui ne seront probablement sur le marché que trois mois plus tard.

Dans son assiette aussi, on peut lire son goût pour l'originalité. Ainsi, même à table, il aime découvrir, innover, voire se surprendre lui-même. Des combinaisons inusitées, gâteau au confit d'oignons, poulet à la confiture de cerises de terre, potage aux pommes et au fenouil… bref, il essaie les mixtures les plus étranges. Alors, s'il vous invite à dîner, vous serez surpris, mais vous conviendrez que c'est bon… dans le genre. Malheureusement, comme notre Verseau est aussi un être très occupé, les services de restauration rapide connaissent bien son adresse.

Son potentiel

Le Verseau s'intéresse aux nouvelles technologies, à tout ce qui sort de l'ordinaire et au bien-être de l'humanité. Les domaines où il évoluera le mieux sont ceux de l'industrie aérospatiale, l'informatique, l'électronique, le génie électrique, l'invention, la futurologie, le cinéma, la télévision, la radio, mais aussi la psychologie, les sciences sociales et les arts. Il a une personnalité originale, et des idées fulgurantes et brillantes jaillissent de son esprit. Il est souvent très créatif. De toute façon, quoi qu'il fasse, il ne se conformera jamais aux normes, et ce sera toujours étonnant.

Ses loisirs

Le Verseau s'intéresse à tellement de domaines que vouloir lui attribuer un ou des passe-temps n'est pas chose facile. C'est une personne polyvalente, mais la nouveauté et l'inconnu le captivent et le passionnent tout particulièrement. Il est avide de découvertes; il veut constamment apprendre, explorer, comprendre et être étonné.

De telles aptitudes lui permettent d'explorer à fond le monde de l'informatique, de la création par ordinateur, et même de la conception et de la programmation de machines intelligentes. Même s'il travaille dans un domaine particulier, il voudra continuer chez lui, le soir, pour approfondir ses connaissances ou faire de nouvelles trouvailles.

Les technologies de pointe l'attirent comme un aimant. Aéronautique, missions spatiales, intelligence artificielle, manipulations génétiques émoustillent sa curiosité. Il est aussi irrésistiblement intrigué par ce qui semble mystérieux, comme la spiritualité. S'il aime la lecture, il choisira certainement un ouvrage ou un magazine qui traite d'un de ces sujets.

Le Verseau a besoin de compagnie, des voir de gens, de discuter, de confronter ses idées à celles des autres, de régler le sort de l'humanité; il ne peut rester seul bien longtemps. Son cercle de relations s'agrandit d'année en année, et il consacre un temps considérable à sa vie en société, avec ses amis. Pour cette raison, la psychologie humaine pourrait être un autre de ses multiples champs d'intérêt. En fait, il peut s'adonner à n'importe quelle activité et y trouver du plaisir, du moment qu'il sent que son esprit est mis à contribution.

Car notre Verseau aime faire fonctionner ses neurones, tellement qu'il se plaît à inventer: il a toujours quelque chose à «patenter», des stores verticaux à ouverture télécommandée ou un programme d'ordinateur pour composer des recettes très personnelles aux ingrédients inusités, un dévidoir électrique pour permettre au chat de se nourrir tout seul, etc. Avec lui, la science n'a pas de limites.

Et devinez quel genre de films obtient sa préférence? La science-fiction, bien entendu!

Sa décoration

Lorsqu'on franchit le seuil de sa maison, on a souvent l'impression de rentrer dans un magasin d'appareils électroniques. Son domicile est rempli de multiples gadgets qui lui simplifient la vie. Si vous voulez découvrir les plus récents appareils ménagers, par exemple ce fameux réfrigérateur qui se branche sur Internet pour passer lui-même la commande de ce qu'il manque sur ses rayons, c'est chez le Verseau que vous le trouverez en premier. En fait, il ne serait guère étonnant que sa maison soit bourrée de domotique. Elle est si moderne, si informatisée qu'on a parfois l'impression de débarquer sur une autre planète.

Le chrome, l'acier inoxydable, les métaux dépolis, la laque blanche ou noire et le granit composent un décor résolument contemporain. On dirait qu'il habite la station internationale en orbite autour de notre planète. Mais il ne se contente pas d'avoir un style futuriste. Il le personnalise, et là, croyez-moi, vous n'êtes pas au bout de vos surprises. Une tapisserie du Moyen Âge pourrait bien voisiner avec un cadre d'aluminium anodisé... vide. Pour lui, l'objet ancien met le reste du décor en valeur. Bien sûr, chacun a ses goûts et ses couleurs préférées, n'est-ce pas?

Et puis, avez-vous remarqué combien sa maison est toujours grouillante de monde? Ses proches prendraient-ils son intérieur pour un musée ou pour une curiosité à voir absolument?

Son budget

Notre ami Verseau vit dans le futur. Eh bien pour son budget, c'est pareil. Il achète maintenant et paiera plus tard. La tentation est tellement forte – un nouvel appareil, un gadget qui vient de sortir –, qu'il vous est inutile de lui dire qu'il peut s'en passer. Si le bidule existe, il le lui faut, et pas dans un mois, tout de suite. Une autre partie de son argent est consacrée à l'aide à autrui; il a tellement d'amis qu'il y en a toujours un qui se trouve dans le besoin. Tout cela fait en sorte que son compte en banque est parfois à bout de souffle.

En fait, l'argent lui brûle les doigts. Ses proches et son conjoint auront beau essayer de le raisonner, l'économie... très peu pour lui. Il méprise le capitalisme: il le dit souvent à qui veut bien l'entendre. Néanmoins, il consomme diablement.

Tenez, il vient de s'acheter un nouvel ordinateur et il vient de passer des heures sur un nouveau programme de comptabilité sensé l'aider à tenir son budget... mais voilà, si le logiciel est bien au point, il n'aura ni le temps ni l'envie de s'en servir pour faire tous ces calculs idiots. Une machine pour imprimer de beaux billets bruns serait peut-être un meilleur gadget pour notre Verseau.

Quel cadeau lui offrir?

Trouver un cadeau pour un Verseau, c'est facile: tout ce qui est nouveau, électronique, à l'avant-garde lui plaira. Le problème est qu'il l'a peut-être déjà acheté lui-même. Il sait dénicher les nouveautés avant même qu'elles soient annoncées dans les journaux.

De toute façon, peu importe ce que vous pensiez lui offrir, cherchez un objet qui lui simplifiera la vie. Entre deux modèles, choisissez le plus futuriste, avec des tas de boutons, de réglages et de manettes. Vous, vous y perdriez sûrement votre latin. Lui, il trouvera comment ça marche en un clin d'œil. Un nouvel aspirateur qui sert de brosse à vêtements en même temps, une perceuse qui fait des trous carrés, bref, plus c'est bizarre, plus c'est compliqué, plus c'est nouveau, plus il aimera. Sans même lire le mode d'emploi, il a un flair pour comprendre comment utiliser la moindre fonction avec le maximum d'efficacité.

Le marché abonde de nouveautés; vous trouverez sûrement le cadeau idéal pour un Verseau qui a tout: un téléphone portable qui sert aussi d'appareil photo, une calculatrice avec microémetteur intégré, une montre qu'on peut utiliser comme GPS, un agenda avec écran numérique qui se branche sur Internet et permet de voir les enfants à la garderie… enfin, visez le plus bizarre des cadeaux high-tech, et vous tomberez dans le mille.

Les enfants Verseau

Éveillés, curieux, avides d'apprendre, les petits bouts de chou Verseau aiment être entourés, avoir beaucoup de monde autour d'eux et, forcément, ils sont le centre d'attention de tous, car ils sont dynamiques. Au fil des années, ils deviendront des enfants très sociables, avec plein de copains. Ces derniers ne seront pas toujours de votre quartier, et vous ne les apprécierez pas forcément, mais votre petit Verseau aime la diversité, ce qui est différent. De plus, il a l'âme humanitaire; ne l'oubliez pas.

Comme il aime être entouré, la garderie ne lui fera pas peur, et il ramènera sa bande à la maison. Les jouets qu'il préférera seront ceux qu'il pourra monter et démonter à loisir, et même transformer au gré de sa fantaisie, car il adore bricoler, «patenter». Les avions, les fusées, les jeux électroniques, les consoles Nintendo, les jeux vidéo ou les sites Internet, voilà de quoi le tenir fort occupé pendant des heures.

Il faudrait toutefois essayer de lui inculquer le respect de certaines valeurs plus traditionnelles. Il n'est pas facile, notamment, de lui apprendre à demeurer à l'écoute des autres, de ses proches. C'est bien beau d'avoir des idées humanitaires, de vouloir sauver la planète et les Indiens d'Amazonie, mais ses parents ne sont pas simplement là pour nettoyer sa chambre et lui donner de l'argent pour s'acheter le plus récent logiciel. Le respect des autres commence à la maison; lorsqu'il aura compris cela, il mettra son esprit inventif et ses capacités au service de sa famille, pour votre plus grande joie.

L'ado Verseau

Tu es un anticonformiste né; ton comportement, ta personnalité et tes idées surprennent ton entourage. Tu possèdes une intelligence aiguë, un esprit avant-gardiste, presque futuriste. Tu demeures à l'affût des nouvelles tendances et tu t'intéresses à tout ce qui est inédit. Tu es vif d'esprit, et il ne te faut pas longtemps pour comprendre quelque chose et même l'adapter à tes besoins. Tes champs d'intérêt sont tellement vastes – tu en découvres de nouveaux chaque jour — qu'il est impossible d'en faire la liste.

Une telle personnalité ne te permet pas de passer inaperçu. De toute façon, ce n'est pas ce que tu recherches; tu aimes au contraire être bien entouré, et tu veux que ton originalité soit reconnue. Tu y arrives bien souvent. Comme tu es très indépendant, l'ordre établi et les conventions t'énervent.

Tu trouves que les gouvernements de la planète ne font pas grand-chose de constructif, et comme tu ne veux pas être écrasé par le système, tu développes un sens de la répartie, de l'idéalisme, de la justice sociale et de la liberté plus grand que les autres.

Tu aimes beaucoup les gens; tu t'entoures d'un tas de copains qui occupent une place importante dans ta vie. Mais cela ne veut pas dire que tu fais des compromis pour qu'on t'aime. En fait, on te reproche même de ne pas être assez affectueux et démonstratif. Mais pour toi, prouver tes sentiments ne se fait pas seulement avec des câlins.

Comme tout ce qui est à l'avant-garde t'attire, les jeux électroniques, l'informatique, les instruments de musique nouveau genre ou les gadgets inusités remplissent ta chambre. Tu passes aussi beaucoup de temps penché au-dessus de toutes ces bricoles. Tu aimes les monter, les démonter, les remonter pour en faire autre chose, bref, tu es ingénieux et bricoleur et tu inventes constamment.

Cependant, et c'est étonnant, les objets comptent très peu pour toi; tu les utilises à pleine capacité et puis, lorsqu'ils ne te servent plus, tu les oublies. Tes proches déplorent ton manque de sens pratique et tes dépenses… Mais, finalement, pour toi, les gens et les idées passent avant tout.

Tes études

Tu apprends très facilement dans n'importe quel domaine, du moment que ton intérêt est stimulé. Les programmes scolaires stricts et les cours obligatoires sans intérêt ne sont pas pour toi. Le problème, c'est que beaucoup de sujets retiennent ton attention. Mais dès que tu as trouvé le «pourquoi du comment», tu passes à autre chose et délaisses ce qui te passionnait quelques semaines plus tôt.

La vie étudiante t'intéresse plus que les études elles-mêmes. Pourtant, tu as beaucoup de talent, et si tu parviens à te fixer une direction et à la maintenir, tu pourrais réaliser de grandes choses pour la collectivité. En fait, je te conseille de dénicher un domaine qui sorte de l'ordinaire… tu y seras imbattable.

Ton orientation

Il n'est pas facile de choisir son orientation, il y a tellement de choses intéressantes et de métiers d'avenir. Heureusement, tu es capable de voir à long terme, si tu t'en donnes un peu la peine. Les deux champs d'intérêt où tu pourrais le mieux exprimer tes talents sont le travail social et les nouvelles technologies. Tu pourrais donc exceller dans tout ce qui est psychologie, criminologie, syndicalisme, justice, politique, journalisme, télévision, radio, cinéma, marketing, électronique, astrologie, informatique, astronautique, technologies de pointe, génie, électricité, aéronautique, domotique, robotique, ou même futurologie, nanotechnologie, vie artificielle, etc. Quoi que tu fasses, tu mettras souvent au point une méthode ingénieuse et inédite pour réussir.

Tes rapports avec les autres

Tu as de nombreux camarades, et vous formez un groupe peu ordinaire; c'est le moins qu'on puisse dire. Les préjugés n'ont aucune emprise sur toi; tu choisis les gens qui t'entourent sans tenir compte de leur statut, de leurs origines et encore moins des rumeurs sur l'un ou sur l'autre. Pour cette raison, ton cercle d'amis est un peu disparate, mais il est le reflet de la société, et cette diversité est pour toi une source constante de découvertes. Tu passes énormément de temps avec tes copains, à discuter, à échanger et à refaire le monde. Pour toi, l'amitié n'est pas un mot dénué de sens.

Geena Davis, Neil Diamond, Véronique Béliveau, Clodine Desrochers, Natasha St-Pier, Wayne Gretzky, Sarah McLachlan, Oprah Winfrey, Phil Collins, Mario Pelchat, Angèle Coutu, Jim Corcoran, Jules Verne, Gilbert Sicotte, Mia Farrow, Gregory Charles, Loreena McKennitt, John Travolta, Mario St-Amand, Garth Brooks, Sheryl Crow, Brandy, Axelle Red, Renee Russo, Matt Dillon.

Pensée positive pour le Verseau

Je suis un être unique et je remercie la vie de me faire vivre des expériences uniques. Je suis en harmonie avec la création.

Pensée positive spéciale pour 2004

J'avance tout doucement, dans la joie et la paix de l'âme. Tout s'orchestre pour mon plus grand bien. Chaque jour, j'aime davantage ma vie.

Le subconscient nous dirige toujours selon nos pensées. En répétant le plus souvent possible ces pensées conçues tout spécialement pour vous, vous vous attirerez plein de belles choses.

Signe: Verseau
Élément: Air
Catégorie: Fixe
Symbole: ♒
Points sensibles: Chevilles, jambes, varices, enflures, chutes, crampes, engoudissements, système cardio-vasculaire.
Planète maîtresse: Uranus, planète des nouvelles technologies.
Pierres précieuses: Améthyste, saphir étoilé, ambre.
Couleurs: Pêche, turquoise et tous les tons de bleu.
Fleurs: Mandragore, oiseau de paradis, toutes les fleurs inhabituelles... À moins qu'il n'en invente!

Chiffres chanceux: 4-8-13-16-21-22-34-37-44-48
Qualités: Avant-gardiste, indépendant, original, plein d'humanité, intelligent, compréhensif, sans préjugés, désintéressé, en avance sur son temps.
Défauts: Instable, indifférent, anarchiste, peur de s'attacher, refus des responsabilités, difficultés avec le budget.
Ce qu'il pense en lui-même: Si je n'avais pas été là, les voitures seraient encore tirées par des chevaux...
Ce que les autres disent de lui: Il ne pourrait pas faire comme les autres pour une fois?

Prédictions annuelles

Au cours des neuf premiers mois, les influences sont plutôt neutres, toutefois ça ne veut pas dire que l'année s'annonce insignifiante pour autant. Au contraire, il s'agit là d'une magnifique période préparatoire durant laquelle vous pouvez non seulement faire le point, évaluer où vous en êtes rendu, mais aussi définir avec clarté quels seront vos objectifs d'avenir. Les 14 dernières semaines, quant à elles, sont nettement plus mouvementées, vous jouissez alors d'un sérieux appui planétaire, celui de Jupiter. Votre destin devient plus palpitant, vous êtes en parfaite synchronicité avec les astres, enfin prêt à oser et surtout en mesure de le faire. Ça promet!

SANTÉ – Jusqu'à l'automne, rien de sérieux ne devrait vous embêter, et vous poursuivez votre route sur la même erre d'aller. Les petits progrès s'accumulent. Comme vous êtes débarrassé pour de bon de la présence d'Uranus, votre sérénité va en augmentant. Par la suite, Jupiter se met à vous épauler, vous vous sentez renaître! En effet, cette planète vous insuffle un puissant goût de vivre et vous aide à atteindre un niveau de bien-être sans précédent.

SENTIMENTS – Comme vous êtes toujours en pleine découverte de vous-même, il est tout à fait normal que les autres soient relégués à la deuxième place. Vous préférez investir en vous et vous choisissez avec circonspection ceux qui vous approchent. Fini le temps où vous ouvriez votre porte à n'importe qui, où vous passiez d'interminables heures à écouter les problèmes de tout un chacun! Le négatif, vous ne pouvez plus le sentir! Et c'est parfait. L'automne apporte un vent de fraîcheur. Vous avez envie de vous ouvrir, de connaître de nouvelles gens. D'ailleurs, ceux qui sont seuls ou qui ont vécu une rupture pourraient refaire leur vie. Dans les couples, il est question de rapprochement et de renforcement des sentiments. Vous entrez aussi dans une phase de grande popularité et croisez du bien beau monde sur votre route. De grandes amitiés se nouent, vous êtes au paradis.

AFFAIRES – Même scénario: tout se déroule comme prévu jusqu'à la fin de septembre. Vous avez souvent l'impression de travailler dans l'ombre, d'être destiné à cette éternelle routine, pourtant il n'en est rien. Tous les efforts que vous fournissez ont un effet cumulatif, vous n'êtes pas si loin d'un succès triomphal. En effet, dès le 24 septembre vous jouissez de l'appui de Jupiter, ce qui pourrait donner un sérieux coup de pouce à votre carrière et à vos finances. Au fait, vous avez même la main heureuse au jeu. De grands changements favorables se produisent, des propositions inattendues surviennent. C'est une période en or pour voyager, pour investir et pour asseoir solidement votre avenir.

Janvier

D	L	M	M	J	V	S
				1D	2D	3D
4F	5F	6	7○	8	9	10
11	12	13F	14F	15F	16D	17D
18	19	20	21●	22	23	24
25	26	27	28	29D	30D	31F

○	Pleine lune	●	Nouvelle lune
F	Jour favorable	D	Jour difficile

SANTÉ – Vous commencez l'année dans une forme splendide, et ça paraît, croyez-moi. En plus d'afficher une allure et d'adopter une façon de penser plus jeune, vous avez un petit je-ne-sais-quoi de fort séduisant. Vous avez envie de lâcher votre fou. Pourquoi pas? Vous êtes souvent trop sérieux. Les activités à l'extérieur, le sport, la gymnastique et la danse vous font le plus grand bien.

SENTIMENTS – Votre vie sociale demeure effervescente, vous n'avez absolument pas le temps de vous morfondre. Vos amours vont de mieux en mieux, une belle amitié pourrait se transformer en relation plus intime si vous êtes seul. Un frère ou une sœur traverse des moments pénibles, votre aide serait très appréciée. Petit conflit avec un voisin, mais qui se règle rapidement.

AFFAIRES – À la condition de ne pas courir de risques inutiles, vous avez tous les atouts en main pour bien tirer votre épingle du jeu. Le climat d'incertitude, voire d'instabilité qui prévaut actuellement n'a rien de vraiment menaçant, puisque vous êtes assuré d'en sortir gagnant à moyen terme. La seconde quinzaine pourrait vous coûter cher si vous passez trop de temps dans les magasins.

Février

D	L	M	M	J	V	S
1F	2F	3	4	5	6○	7
8	9	10F	11F	12D	13D	14
15	16	17	18	19	20●	21
22	23	24	25D	26D	27F	28F
29F						

○	Pleine lune	●	Nouvelle lune
F	Jour favorable	D	Jour difficile

SANTÉ – En ce mois, vous êtes soumis à la quadrature de Mars, un transit éprouvant tant pour le corps que pour les nerfs. Ce qui vous menace, ce sont les accidents et la mauvaise gestion de vos ressources énergétiques. C'est simple: redoublez de prudence afin de ne pas vous blesser et laissez donc à quelqu'un d'autre les excès de zèle et les trop longues heures passées à besogner.

SENTIMENTS – Les deux secteurs chauds sont la famille et les enfants. Des inquiétudes ou une déception sont possibles; rien de tragique, mais suffisamment de stress tout de même pour vous rendre songeur. Au moins, vos amours se portent à merveille, vous jouez gagnant, que vous soyez célibataire ou en couple. Socialement aussi, ça promet d'être enlevant.

AFFAIRES – Tous ces délais et obstacles risquent de jouer avec vos nerfs si vous ne prenez pas un peu de recul. Inutile de vous entêter ou de vouloir tout contrôler, ça ne donnerait rien de bon, sans compter que vous vous épuiseriez. Prenez les choses comme elles viennent, faites contre mauvaise fortune bon cœur, surtout dites-vous que ce n'est que passager.

Mars

D	L	M	M	J	V	S
	1	2	3	4	5	6○
7	8F	9F	10D	11D	12	13
14	15	16	17	18	19	20●
21	22	23D	24D	25D	26F	27F
28	29	30	31			

○	Pleine lune	●	Nouvelle lune
F	Jour favorable	D	Jour difficile

SANTÉ – Les trois premières semaines sont encore obscurcies par ce carré de la planète Mars. Continuez donc à vous montrer vigilant, n'attendez pas d'être à plat pour vous reposer. Au courant des 10 derniers jours, vous avez la voie libre, l'entrain et la résistance reviennent rapidement, et vous êtes au mieux de votre forme. Bonne période pour remédier à vos petits bobos.

SENTIMENTS – Quelques soucis avec la famille et la marmaille persistent jusqu'au 21. En plus, votre partenaire file un mauvais coton, ce qui ajoute à vos préoccupations. Par chance, tout rentre dans l'ordre par la suite sans laisser de trace. En attendant, il y a vos amis qui ne demandent pas mieux que de vous épauler.

AFFAIRES – C'est un peu le même scénario qui se déroule de ce côté. Les trois premières semaines laissent à désirer, vous avez la sensation de ne pas pouvoir avancer. Le reste du mois vous procure cependant une foule de satisfactions. Un nouvel emploi, une proposition alléchante, un contrat ou l'aboutissement d'un projet apporte de l'eau au moulin.

Avril

D	L	M	M	J	V	S
				1	2	3
4F	5○F	6D	7D	8	9	10
11	12	13	14	15	16	17
18	19●	20D	21D	22F	23F	24F
25	26	27	28	29	30	

○	Pleine lune	●	Nouvelle lune
F	Jour favorable	D	Jour difficile

SANTÉ – Vous êtes complètement sorti de votre période grise et, si jamais vous traînez encore de la patte, ça ne saurait durer. Vous avez de l'énergie à revendre, et le plus beau, c'est que vous la canalisez judicieusement. Le moral est solide, vous abordez l'existence avec une sagesse digne des grands maîtres. Tout cela vous met en beauté: vous rayonnez littéralement!

SENTIMENTS – Franchement, vous êtes gâté! Ouvrez les yeux et sachez profiter de tous ces moments fabuleux qu'on veut vous faire vivre. Tout le monde tombe sous de votre charme! Des cadeaux, des invitations, des déclarations, de nouvelles rencontres sont au programme. Et, soit dit en passant, les solitaires pourraient avoir une grosse surprise.

AFFAIRES – Il va sans dire que votre charisme opère dans ce secteur également. Vous savez vous vendre, vous faites une impression du tonnerre quand il s'agit de négocier, de passer une entrevue ou de défendre vos idées. On vous respecte de plus en plus, vous êtes en train de vous tailler une réputation enviable. Les déplacements, les transferts et les changements de milieu en général vous avantagent. Bref, ce mois vous appartient!

Mai

D	L	M	M	J	V	S
						1
2F	3F	4○D	5D	6	7	8
9	10	11	12	13	14	15
16	17D	18●D	19F	20F	21F	22
23/30F	24/31D	25	26	27	28	29F

○	Pleine lune	●	Nouvelle lune
F	Jour favorable	D	Jour difficile

SANTÉ – La première quinzaine se déroule sur le même tempo que le mois précédent. Vous avez l'étoffe d'un champion. Vous disposez de toutes les ressources pour augmenter votre dynamisme ainsi que votre résistance. Durant le reste du mois, vos nerfs risquent de vous jouer quelques tours; ils pourraient même miner votre vitalité, d'où l'importance d'apprendre à vous relaxer.

SENTIMENTS – L'éclipse d'avril n'a eu aucune répercussion sur vous, mais en ce mois c'est différent. Un proche risque de vous inquiéter, vous devrez lui consacrer davantage de temps. Votre destinée amoureuse et la vie sociale ne sont cependant pas touchées. Vous continuez à jouir d'une popularité exceptionnelle, les solitaires y trouveront certes leur compte. Pour les autres, il est question de tendresse, voire de passion renouvelée.

AFFAIRES – La pression est grande, mais vous savez contourner les obstacles, composer avec les imprévus. Bon mois pour décrocher un poste plus stable, pour obtenir une permanence ou pour négocier une augmentation de salaire. Vos finances sont en pleine période de redressement, vous éliminez certaines dettes, vous mettez des sous de côté.

Juin

D	L	M	M	J	V	S
		1D	2○	3	4	5
6	7	8	9	10	11	12
13D	14D	15D	16F	17●F	18	19
20	21	22	23	24	25F	26F
27F	28D	29D	30			

○	Pleine lune	●	Nouvelle lune
F	Jour favorable	D	Jour difficile

SANTÉ – Dès le 5, vous ressentez un important relâchement des tensions nerveuses. En retrouvant votre calme, vous constatez que le physique va beaucoup mieux. Vous affichez à nouveau une mine resplendissante. Un seul hic, vous n'êtes pas à l'abri d'une blessure pendant la dernière semaine, mieux vaut donc prendre certaines précautions.

SENTIMENTS – Les soucis causés par un être cher s'estompent rapidement. Le vent tourne, on pourrait d'ailleurs vous confier une excellente nouvelle. Ceux qui sont seuls ont encore la chance de rencontrer l'âme sœur, alors que les autres jouissent toujours d'une vie de couple sans nuages. Quand vous sortez, et ce ne sont pas les occasions qui manquent, vous faites toujours un effet monstre.

AFFAIRES – Bien que la tension subsiste, vous avez une meilleure maîtrise de la situation. Votre savoir-faire en impressionne d'ailleurs plusieurs. Une démarche visant à améliorer vos conditions de travail ou votre budget donne des résultats fort encourageants. Entre le 5 et le 19, vous apprenez quelque chose qui vous fait bondir de joie.

Juillet

D	L	M	M	J	V	S
				1	2○	3
4	5	6	7	8	9	10D
11D	12D	13F	14F	15	16	17●
18	19	20	21	22F	23F	24D
25D	26	27	28	29	30	31○

○	Pleine lune	●	Nouvelle lune
F	Jour favorable	D	Jour difficile

SANTÉ – Mars et Mercure s'opposent à votre signe, ce qui est plutôt dérangeant, à moins que vous ne preniez les moyens nécessaires pour déjouer cette conjoncture. D'abord, prémunissez-vous contre les accidents; ensuite, n'épuisez pas vos réserves d'énergie; enfin, de grâce, gardez-vous du temps pour vous changer les idées.

SENTIMENTS – C'est tout ou rien. À certains moments, on vous dit qu'on vous adore, on fait même des gestes surprenants pour vous le prouver, alors qu'à d'autres on vous rudoie ou on vous envoie carrément promener. Un proche vous tient tête; pas drôle quand deux obstinés s'affrontent… Si vous voulez conserver l'harmonie, mieux vaut mettre un peu d'eau dans votre vin!

AFFAIRES – Les choses ne marchent pas à votre goût. Quand ce n'est pas l'entourage qui vous impose ses idées, c'est le destin qui vous force à rajuster votre tir au dernier moment. Pas étonnant que vous ayez les nerfs en boule! Au lieu de tout prendre trop à cœur, apprenez donc à décrocher de ces situations qui vous irritent pour éviter de vous faire du mal inutilement. De toute façon, elles se replaceront d'elles-mêmes.

Août

D	L	M	M	J	V	S
1	2	3	4	5	6	7D
8D	9F	10F	11F	12	13	14
15●	16	17	18	19F	20F	21D
22D	23	24	25	26	27	28
29○	30	31				

○	Pleine lune	●	Nouvelle lune
F	Jour favorable	D	Jour difficile

SANTÉ – Le ciel se dégage à partir du 10. Vous avez alors une plus grande liberté d'action, sans compter que votre moral va nettement mieux. Vous mettez de l'ordre dans vos idées, vous faites du ménage dans votre vie; un profond sentiment de libération en résultera. D'ici là, continuez tout de même à être sur vos gardes.

SENTIMENTS – Tous les conflits et soucis s'estompent graduelle-ment, particulièrement au cours de la seconde quinzaine. Le moment est venu de tourner certaines pages, de laisser tomber ces relations qui ne vous mènent nulle part, pis encore, qui sapent votre énergie. Un proche se montre indécis; même avec vos conseils, il n'arrive pas à se brancher.

AFFAIRES – Vous reprenez les choses en main. Désormais, vous savez bien mieux ce que vous voulez. Vous n'hésitez plus à prendre les décisions qui s'imposent et à agir en conséquence. Un nouveau début s'annonce, bien qu'encore imprécis. Au moins, ça bouge, et c'est exac-tement de ça que vous aviez besoin. Un vieux litige se règle enfin.

Septembre

D	L	M	M	J	V	S
			1	2	3D	4D
5F	6F	7F	8	9	10	11
12	13	14●	15F	16F	17D	18D
19D	20	21	22	23	24	25
26	27	28○	29	30		

○	Pleine lune	●	Nouvelle lune
F	Jour favorable	D	Jour difficile

SANTÉ – Une rechute de nervosité ou d'anxiété a des effets paralysants en début de mois. Par chance, tout rentre dans l'ordre à partir du 10. Vous vous ressaisissez, vous cessez de jouer à la victime. Cela a d'heureuses conséquences. Physiquement, vous remontez toujours la pente, lentement mais sûrement. La fin du mois promet même d'être exceptionnelle.

SENTIMENTS – Quelques affrontements sont possibles, particulièrement dans la première quinzaine. Toutefois, si vous faites preuve de souplesse et si vous évitez de dire des choses qui dépassent votre pensée, vous saurez aisément donner un tout autre ton à la discussion. Inutile de faire revivre le passé, ça ne donnerait rien qui vaille.

AFFAIRES – Bonne période pour les réorganisations, les mises au point et les préparatifs. Dès le mois prochain, vous entamez un cycle de chance durant lequel vos rêves ont de grosses possibilités de se concrétiser. Ne soyez pas pris au dépourvu quand la manne tombera, commencez dès aujourd'hui à mettre de l'ordre dans vos affaires et à planifier ce nouveau départ de plus en plus imminent.

Octobre

D	L	M	M	J	V	S
					1D	2D
3F	4F	5	6	7	8	9
10	11	12	13●F	14F	15D	16D
17	18	19	20	21	22	23
24/31F	25	26	27○	28D	29D	30F

○	Pleine lune	●	Nouvelle lune
F	Jour favorable	D	Jour difficile

SANTÉ – Magnifique période en perspective! Votre santé est florissante. Plusieurs sont en mesure de se débarrasser d'un vieux problème. L'énergie dont vous disposez paraît sans limites, vous accomplissez une foule de choses, toujours avec le sourire.

SENTIMENTS – Le climat est beaucoup plus léger qu'au cours des dernières semaines. Vous pouvez enfin parler librement sans risquer qu'un proche ne prenne ombrage de vos propos. On cesse de vous prêter toutes sortes d'intentions, on vous apprécie enfin à votre juste valeur. Il n'y a pas que votre entourage immédiat qui vous traite aux petits oignons, les nouvelles gens que vous rencontrez se révèlent de vraies perles.

AFFAIRES – Depuis le 24 septembre, vous bénéficiez de l'appui de Jupiter, un gage certain de bonne fortune. Mieux encore, Mars vient le rejoindre en ce mois, augmentant sensiblement son pouvoir favorable. C'est le temps où jamais de chercher du travail, d'effectuer une transaction, de donner un grand coup en avant. Et puis, n'oubliez pas de vous procurer un billet de loterie!

Novembre

D	L	M	M	J	V	S
	1F	2	3	4	5	6
7	8	9F	10F	11D	12●D	13
14	15	16	17	18	19	20
21	22	23	24D	25D	26○F	27F
28F	29	30				

○	Pleine lune	●	Nouvelle lune
F	Jour favorable	D	Jour difficile

SANTÉ – Les 11 premiers jours sont magnifiques, rien ne risque de freiner votre élan. Par la suite, vous devez redoubler de vigilance afin d'éviter un accident, une chute ou une blessure. Quant au moral, il devient imperturbable: de ce côté, rien à craindre. Bon mois pour perdre quelques kilos superflus ou pour vous remettre en beauté.

SENTIMENTS – Jusqu'au 22, plusieurs planètes exercent une influence particulièrement avantageuse dans ce secteur. Les solitaires tombent amoureux d'une personne qui leur convient à merveille, alors que les autres ressentent un tendre et solide rapprochement avec leur partenaire. La vie sociale demeure effervescente, vous voyez du nouveau monde et renouez avec d'anciens amis.

AFFAIRES – Vous êtes toujours sur une excellente lancée, voilà pourquoi il faut agir sans tarder. Les efforts déployés en vue de bonifier votre situation professionnelle ou monétaire rapportent gros: à certains moments, vous êtes vous-même surpris des retombées. Bon mois pour les voyages d'agrément ou d'affaires. On note même quelques chances dans les tirages durant la première quinzaine.

Décembre

D	L	M	M	J	V	S
			1	2	3	4
5	6F	7F	8F	9D	10D	11●
12	13	14	15	16	17	18
19	20	21D	22D	23D	24F	25F
26○	27	28	29	30	31	

○	Pleine lune	●	Nouvelle lune
F	Jour favorable	D	Jour difficile

SANTÉ – Un carré de Mars est en cours jusqu'au 16; cela risque de déclencher une blessure, une baisse de vitalité ou un dérèglement. Quelques précautions vous garderont à l'abri de ces contretemps. Le reste du mois s'annonce exempt de perturbations, vous êtes en pleine forme tant physique que psychologique.

SENTIMENTS – Une situation délicate peut survenir lors de la première quinzaine et vous prendre par surprise. Heureusement, la clarté de vos idées et la justesse de votre intervention permettent de tout arranger. Par la suite, vous nagez en pleine euphorie. Des marques d'amour et de délicates attentions vous font chaud au cœur.

AFFAIRES – La tension monte mais, en habile stratège, vous savez tirer votre épingle du jeu. Vous pourriez même transformer les problèmes en nets avantages. Entre le 17 et le 31, une prime, une récompense ou une bonne nouvelle vient couronner vos efforts des derniers mois. Les déplacements sont toujours bénéfiques, quelle qu'en soit la raison.

Poissons

du 20 février au 20 mars

Votre signe est marqué du sceau de la sensibilité. Vous pouvez passer des éclats de rire aux larmes en peu de temps. Vos yeux ont toujours un petit quelque chose qui trahit votre richesse émotive exceptionnelle. Vous êtes énormément touché par ce qui se passe autour de vous. L'attitude de votre conjoint, les tendres attentions de vos enfants, le comportement de vos collègues ou de vos voisins, tout cela vous remue au plus profond de votre être. Vous vivez les émotions à 100 %, qu'elles se déroulent sur le petit ou le grand écran.

En plus de votre émotivité à fleur de peau, vous êtes aussi une personne empreinte d'une générosité presque sans bornes. Vous voulez que tous soient heureux autour de vous et même ailleurs dans le monde. Vous êtes prêt à donner jusqu'à votre dernière chemise pour réaliser un rêve bien utopique. Avec une telle façon de penser et d'agir, vous pouvez vous mettre vous-même dans l'embarras. À force de tout donner pour aider les autres, il peut vous arriver de vous retrouver dans le besoin.

Mélancolique et souvent rêveur, le Poissons n'est guère intéressé par le côté terre à terre des choses. Vos activités domestiques quotidiennes et même votre travail ne mobilisent pas votre énergie, on pourrait penser que vous manquez d'ambition, que vous vous laissez porter par les événements, alors que pour vous ce sont les sentiments qui comptent avant tout et qui régissent votre vie et vos actes.

Doux et bienveillant avec tout le monde, vous savez prêter une oreille attentive et remonter le moral à ceux qui ont des problèmes. Ces derniers vous choisissent pour confident, et ce, même lorsque vous-même n'êtes pas au mieux de votre forme. Quelle que soit l'heure du jour ou de la nuit, vous êtes prêt à accorder temps et énergie à ceux qui sont dans le besoin; c'est pourquoi les soins prodigués à autrui vous conviennent très bien. Vous avez une âme de missionnaire, et c'est vrai jusque dans vos relations avec les autres.

Malheureusement, votre bonté et votre altruisme sont si forts que les gens tiennent souvent votre gentillesse pour acquise et n'essaient pas de la mériter. Il n'est pas rare que vous aidiez quelqu'un à surmonter une difficulté. Après avoir porté secours à quelqu'un, vous vous retrouvez seul alors que vous auriez à votre tour besoin d'un petit coup de pouce. Vous êtes alors déçu. Pourtant, vous gardez le cœur sur la main et vous êtes prêt à aider à nouveau chaque fois que le besoin s'en fait sentir.

Pour vous, la vie matérielle est bien secondaire. Vivre dans une petite maison délabrée ne vous effraie pas, du moment qu'elle est remplie d'amour. Les disputes, les engueulades, la méchanceté ou l'indifférence vous perturbent; il est donc essentiel pour vous de rechercher un entourage de gens positifs et attentionnés.

Vous êtes si sensible, si malléable, que vous vous laissez facilement happer par les autres, manipuler même. De mauvaises influences peuvent vous causer beaucoup de tort. Vous ne vous fâchez que rarement, lorsque vous constatez à quel point on abuse de vous; vous préférez vous plaindre, vous lamenter tout en refusant de faire de la peine à ceux qui vous blessent… Vous êtes si sensible que pour oublier vos chagrins, vous pourriez avoir recours à l'alcool ou à différentes drogues. Pourtant, au fond de vous, vous savez bien que s'évader de cette façon ne règle jamais rien, au contraire.

Votre plus grand problème est que vous en faites trop pour être aimé, et vos si belles qualités deviennent alors vos pires défauts.

Vous êtes sensible, bienveillant et gentil. Vous pouvez compter sur une imagination fertile et une vie spirituelle très riche, car vous avez souvent des dons pour pressentir les choses. Vous avez des prémonitions ou du moins une intuition fantastique; vous devez veiller à mettre toutes ces qualités à votre service et pas seulement à celui des autres. Car comme vous avez tendance à laisser aller les choses, à attendre que les problèmes se règlent d'eux-mêmes, à tout remettre au lendemain, vous pâtirez souvent de ce trait de votre personnalité. Malgré tout, comment vous en vouloir, cela fait partie de votre petit côté bohême que l'on trouve si charmant.

Comment se comporter avec un Poissons?

Les Poissons accordent leur priorité aux sentiments. Alors, n'essayez pas de faire appel à la raison, à la logique pour démontrer votre point de vue si leur cœur leur en dicte d'autres; vous perdrez votre temps à essayer de le convaincre. Pour eux, la vie courante, les plans de carrière, les affaires personnelles sont avant tout une question de sixième sens; ils se fient beaucoup plus à leur intuition qu'à la réflexion pure.

Donc, pour convaincre un Poissons de se ranger à votre avis, prenez-le plutôt par les sentiments et jouez sur le plan des émotions. Dites-lui que ça vous ferait plaisir, que ses proches seraient fiers de lui, qu'il dépannerait untel, et le tour sera joué. Généreux et affable avec tous, le Poissons veut rendre le monde entier heureux et a bien du mal à dire non.

Romantique comme pas un, il a aussi une petite tendance à la nonchalance; il a besoin de moments de répit pour se ressourcer, car sa vie émotive est son carburant.

Puisqu'il n'est pas très énergique, notre ami Poissons a souvent besoin de se faire pousser dans le dos, de se faire rappeler ses obligations, si peu importantes pour lui. Par contre, vous ne trouverez sans doute jamais quelqu'un qui vous aimera plus que lui et qui sera, comme lui, toujours prêt à vous secourir, à vous consoler et à vous dorloter.

Ses goûts

Les goûts du Poissons reflètent bien sa personnalité bohême. Il accorde peu d'intérêt à son apparence et opte donc souvent pour de vieux vêtements confortables mais romantiques. Avec lui, c'est le confort qui prime, et suivre la mode n'est pas dans ses priorités. Il préfère vagabonder pieds nus et se déchausse à la première occasion, parfois même en public. Chez lui, c'est la même chose, son intérieur n'est peut-être pas impeccable, mais on s'y sent si bien!

Notre beau Poissons aime bien manger, et la gourmandise pourrait être son principal défaut. Par contre, c'est le convive idéal, car il appréciera tout ce que vous lui servirez et se resservira fort probablement. S'il suit un régime amaigrissant, permettez-lui de tricher à l'occasion; il sera ravi de succomber à la tentation.

Son potentiel

Sa richesse émotive et son grand cœur lui permettent d'envisager le travail social, la médecine, les soins à autrui, que ce soit dans les domaines médicaux, paramédicaux, la police, l'armée ou la marine, à moins qu'il ne se dirige vers les milieux hospitaliers ou carcéraux; notre Poissons a besoin de se rendre utile. Les commerces de boisson ou d'alcool lui conviennent aussi tout à fait; s'il est barman, il portera toujours une oreille attentive à ses clients.

C'est également un être doté d'un talent artistique indéniable, son intuition lui permettant d'appréhender un autre monde, celui de l'imaginaire. Il se révélera aussi très à l'aise dans ce qui a trait à la religion, aux sciences occultes et au paranormal. Le Poissons possède un potentiel énorme. Malheureusement, sa nonchalance, voire sa paresse, l'empêche de se réaliser pleinement et de développer totalement ses innombrables capacités.

Ses loisirs

Il aime passer d'agréables moments en compagnie de ses amis, de sa famille, autour d'une bonne table, peut-être avec un verre ou deux d'un excellent vin.

Comme il est sensible et qu'il se montre une «bonne oreille», tout le monde lui confie ses petits malheurs. S'il peut aider quelqu'un ou faire du bien autour de lui, il en sera ravi. Sa sensibilité et son goût inné pour toutes les formes d'expression de la beauté font de lui un fervent admirateur des arts et de la musique, et il pourrait s'y adonner lui-même avec bonheur et succès.

La vie spirituelle, la parapsychologie, les sciences occultes, l'astrologie ou la métaphysique l'intéressent vivement. Il ne sera donc pas rare de le voir plonger pendant de longs moments dans un livre sur l'un de ces sujets. Il pourrait aussi passer quelques soirées à assister à des conférences traitant de ces domaines. Il a une excellente intuition et pourrait exceller dans des activités relevant de ces matières ésotériques.

Mais notre Poissons est surtout un adepte du farniente, de la douce oisiveté. Rester des heures à rêvasser sans rien faire de particulier ne le dérange nullement. À quoi peut-il donc rêver ainsi?

Sa décoration

Ni très grande ni très somptueuse, sa demeure est cependant si chaleureuse, si invitante qu'on s'y attarde souvent plus qu'on ne l'avait prévu au départ.

Le Poissons nous y accueille à bras ouverts, ravi de voir quelqu'un qu'il pourra dorloter. Et puis se vautrer dans ses fauteuils moelleux est si agréable qu'on a bien du mal à les quitter.

Le décor de notre Poissons est plutôt romantique: belles dentelles, fleurs séchées, fin cristal et photos attendrissantes. Et puis, s'il pense aux petites douceurs de l'âme, celles du palais ne sont pas en reste: vous y découvrirez une jolie boîte de biscuits, une bonbonnière remplie de gâteries… Il y a peut-être un peu de poussière çà et là, mais qu'importe, on est si bien qu'on oublie vite ce petit détail pour profiter de tout le reste. Et puis, cela ajoute au charme de notre tendre Poissons.

Son budget

P uisqu'il évolue dans la sphère élevée des sentiments, budgétiser n'est pas le souci premier de notre cher Poissons. Ses affaires sont plutôt fluctuantes, mais il ne s'en préoccupe pas trop.

Si sa vie financière prend souvent l'allure de montagnes russes, son imprévoyance n'est pas en cause, c'est plutôt son grand cœur et sa confiance démesurée qui peuvent mettre son portefeuille à rude épreuve. Il se trouve toujours quelqu'un autour de lui qui est mal pris – ou, hélas, mal intentionné – pour tirer de lui de l'argent ou une faveur. Et comme il a du mal à dire non, notre Poissons finit immanquablement par se retrouver à tirer le diable par la queue.

Il faudrait qu'il fasse quelques efforts et, surtout, qu'il apprenne à se protéger en affaires, s'il veut mieux équilibrer son budget. La première étape pour y parvenir est de refuser catégoriquement de prêter de l'argent ou d'endosser un prêt, ce qui n'est guère facile à lui faire comprendre. Il doit aussi apprendre à se méfier de sa crédulité et à demander des garanties, car il fait trop rapidement confiance au genre humain. Et le pire, c'est que ce sont souvent ceux en qui il a le plus confiance qui se défilent au moment de le rembourser. Sa générosité n'est pas toujours payée de retour et il doit apprendre à penser un peu à lui plutôt que de trop gâter les autres. Notre Poissons au grand cœur devrait apprendre à durcir un peu ses positions, mais est-ce bien envisageable dans son cas?

Quel cadeau lui offrir?

D e tout le zodiaque, notre Poissons est sans doute la personne la plus facile à satisfaire: un rien le ravit. Si votre présent fait vibrer ses émotions, il le chérira longtemps. Laissez tomber les cadeaux pratiques et terre à terre, ce n'est pas la peine d'arriver avec un ouvre-boîte électrique, même s'il en a besoin. Même l'inutile le ravit. Offrez-lui des fleurs, une vieille photo agrandie, une carte, peu importe. Ce qui compte d'abord pour lui, c'est l'attention. Que vous ayez pensé à lui le mettra dans un état d'extase.

Évidemment, une boîte de bonbons, de chocolats fins, une belle bouteille de chartreuse ou de génépi l'emballeront… Mais allez-y avec modération, car notre beau Poissons succombe facilement à la tentation.

Tenez, essayez de lui proposer des confiseries santé, par exemple des pâtes de fruits; il appréciera cette attention particulière.

Puisqu'il aime la musique douce, vous pouvez aussi lui offrir des cassettes ou des disques compacts de chansons romantiques, de musique Nouvel Âge, des versions instrumentales, des musiques de films. S'il aime la lecture, les grandes histoires d'amour ou les romans policiers lui plairont. Mais n'ayez crainte, vous n'aurez pas besoin de vider votre compte en banque pour lui faire plaisir, il appréciera le moindre geste, le plus petit cadeau, car, pour lui, c'est l'intention qui compte.

Les enfants Poissons

Dodus, douillets mais tellement adorables, les bébés Poissons ont la larme à l'œil facilement. En grandissant, ils sont des enfants très gentils, qui veulent constamment plaire et faire plaisir. Ils vous feront de jolis dessins, des collages adorables, des poteries attendrissantes. Sur le chemin de l'école, ils cueilleront des fleurs des champs pour l'institutrice ou pour maman, quand ce ne sera pas pour la petite copine de classe. Et si vous leur faites un beau sourire, ils seront mille fois récompensés, car ils n'en demandent pas plus.

Imaginatifs et intelligents, ils sont aussi de doux rêveurs, souvent perdus dans leurs pensées. Timides et très sensibles, ils ont besoin de beaucoup d'affection, ce qui amènera leurs parents à trop les couver, alors qu'au contraire, ils ont besoin d'être poussés doucement hors du nid et d'être stimulés. Il faut leur donner confiance en eux, leur apprendre à se fixer des objectifs réalistes et à s'y tenir, car ils auront un peu tendance à remettre au lendemain, voire à se traîner un peu les pieds. Si vous parvenez à leur faire admettre que leurs belles qualités, rehaussées d'un brin de fermeté, peuvent faire d'eux des êtres exceptionnels, ils vous en seront éternellement reconnaissants.

L'ado Poissons

Tu as une personnalité si douce et si sensible qu'il t'arrive de passer de la joie à la tristesse la plus profonde en quelques minutes. Et tes proches ne comprennent pas pourquoi. Tu t'adaptes très facilement à toutes les situations, ce qui est ta principale force mais aussi ta grande faiblesse, car tu peux être aisément manipulé par les autres, surtout s'ils jouent avec toi la carte des sentiments. Tu aimes les gens et tu es très généreux; quand il s'agit de donner, tu ne calcules pas, et il arrive que les autres en profitent plus que nécessaire.

Tu as énormément de talents: tu as de bonnes idées et une inspiration féconde, tu peux exceller dans les arts. La logique, par contre, n'est pas ton point fort, mais elle est compensée par ton intuition. Tu sais quand cela va ou ne va pas, avant même d'avoir eu à faire marcher ton raisonnement.

Tu es si doux que tu crains de revendiquer, de parler, de poser des questions, et souvent tu laisses s'installer des situations ou des quiproquos qui te déplaisent, sans oser dire non. Il vaut mieux dire ce qui ne va pas, car souffrir en silence ne donne jamais grand-chose. Affirme-toi un peu plus, c'est ton droit.

Dans tes relations avec les autres, tu places souvent les sentiments au premier plan, et pour toi, ton bonheur ou ta tristesse en dépendent. Quand ça ne va pas, tu as un peu tendance à broyer du noir, à pleurnicher. Tu aimerais qu'on vienne te consoler, mais parfois cela fait l'effet contraire, et les gens te fuient.

Comme tu es généreux et que tu donnes beaucoup de toi-même, tu as horreur de l'injustice et de la misère humaine. Tu te consacres alors énormément à aider les autres. Tu donnes de tout ton cœur, mais n'oublie pas que tu dois aussi accepter de recevoir, car tu le mérites.

Tes études

Ton imagination est si féconde que tu as souvent de la difficulté à bien cerner tes préférences; tu ne sais pas toujours ce que tu veux. Tu as une intelligence vive qui te permet de bien comprendre, mais comme tu rêvasses souvent, certaines choses peuvent t'échapper, et tes cours et tes travaux s'en ressentent. Secoue-toi un peu, fixe mieux ton attention et tu seras étonné de tout ce que tu peux réaliser. Tu te remets souvent en question, car le moindre échec parvient à te faire douter de tes capacités, mais c'est le contraire que tu dois faire. Tu dois vivre des échecs pour savoir comment les surmonter et finalement triompher. Fais face à la réalité, ne la fuis pas en te réfugiant dans les rêves, car elle sera toujours là à ton retour.

Ton orientation

Nos goûts changent avec le temps, et c'est parfaitement normal. Mais toi, tu t'éparpilles un peu trop. Cela te fait perdre du temps et te conduit dans des impasses. Plusieurs domaines peuvent t'attirer, entre autres, tout ce qui a trait aux soins à autrui ou au monde des arts. Dans le premier cas, cela te permet de mettre en pratique ton sens inestimable du don de soi. Tu peux aider les autres, et cela te plaît. Dans la seconde sphère d'activité, cela te permet de t'exprimer. Toi qui n'oses pas toujours parler et revendiquer, tu pourrais le faire en laissant parler ton talent. Parmi les activités qui t'attirent, citons les professions médicales et paramédicales, les médecines douces, le travail social, la psychologie, l'ésotérisme, la religion, le travail dans les prisons ou les maisons d'hébergement, la toxicomanie, la décoration, la musique, la danse, l'alimentation, la littérature et la peinture. Tu vois, le choix est vaste et il te permet d'exprimer les différentes facettes de ta personnalité.

Tes rapports avec les autres

Tu as tellement bon cœur qu'il est facile de te blesser ou de te faire du mal. Tu dois donc choisir tes amis avec soin. Tu attires beaucoup de gens, car tu es généreux et sympathique, et ces personnes pourraient facilement abuser de ces belles qualités. Il faut que tu apprennes à dire non et que tu t'imposes un peu plus. Tes amis sont très importants à tes yeux; si tu les choisis bien, ils vont t'aider à t'extérioriser, à parler de tes problèmes et te soutiendront dans tes projets. Ils apprécieront le petit coup de pouce que tu peux leur donner à l'occasion.

Comme tu as une âme de missionnaire, les gens à problèmes essaieront aussi de s'insérer dans ton entourage, évite-les le plus possible, car tu es trop sensible et tu te laisserais facilement manipuler. Tu as ton mot à dire, et il est important que tu le fasses.

Patrice L'Ecuyer, Michel Forget, René Simard, Luc Plamondon, Alexandre Graham Bell, Marie-Michèle Desrosiers, Juliette Binoche, Liza Minnelli, Sonia Vachon, Serge Turgeon, Michael Caine, Jerry Lewis, Daniel Lavoie, Bruce Willis, Elizabeth Taylor, George Harrison, Richard Cocciante, Jean-Marc Parent, Drew Barrimore.

Pensée positive pour le Poissons

Mon intuition me guide vers le bonheur et l'épanouissement.
Plus je l'écoute, plus j'avance en sécurité.

Pensée positive spéciale pour 2004

Je m'ouvre à de nouveaux horizons, sachant pertinemment
que tout ce qui m'arrive est pour le mieux.

Le subconscient nous dirige toujours selon nos pensées. En répétant le plus souvent possible ces pensées conçues tout spécialement pour vous, vous vous attirerez plein de belles choses.

Signe: Poissons

Élément: Eau

Catégorie: Double

Symbole: ♓

Points sensibles: Pieds (problèmes ou déformation), mélancolie, état dépressif, intestins, circulation, boulimie, parfois un penchant pour l'alcool, les pilules ou les drogues.

Planète maîtresse: Neptune, planète du mental.

Pierres précieuses: Pierre de lune, saphir, aigue-marine.

Couleurs: Blanc cassé et toutes les nuances de bleu.

Fleurs: Lys, lotus, iris.

Chiffres chanceux: 5-7-17-19-23-25-32-34-41-49.

Qualités: Compatissant, émotif, tendre généreux, intuitif, imaginatif, sentimental, esprit de groupe, doux.

Défauts: Nonchalant, manque de volonté, bonasse, crédule, désorganisé, passif, influençable.

Ce qu'il pense en lui-même: C'est drôle, les gens viennent toujours me voir quand ils ont des problèmes...

Ce que les autres disent de lui: Ça ne va pas bien... je vais aller le voir pour qu'il me remonte un peu.

Prédictions annuelles

De puissantes influences s'exercent dans votre thème astrologique. D'une part, vous jouissez de l'action positive de Saturne qui rend accessibles la stabilité et la sérénité, d'autre part, l'opposition de Jupiter risque d'engendrer l'inverse, du moins d'ici l'automne.

En jouant bien vos cartes, c'est-à-dire en préférant les gestes volontaires mais réfléchis au laisser-aller et à la passivité, vous pourrez mener une existence tout à fait sereine. Un changement profond d'attitude contribuerait efficacement à votre bonheur; trop souvent vous rêvez ou subissez votre vie au lieu de prendre les choses en main. Faites-vous confiance, passez aux actes et n'attendez plus après les autres.

SANTÉ – Voici un secteur où, justement, la négligence et le manque de contrôle sur vous pourraient vous jouer des tours; il est temps de prendre quelques bonnes résolutions. Pas question non plus de jouer au héros ou au casse-cou cette année, vous vous mettriez sur le carreau. Psychologiquement, vous irez mieux que par le passé. L'arrivée récente d'Uranus dans votre signe vous aide à vous affranchir de certaines dépendances, entre autres affectives. Vous qui avez déjà énormément d'intuition en aurez encore davantage. À surveiller!

SENTIMENTS – Vous êtes décidé à faire du ménage autour de vous, vous en avez enfin le courage. Ceux qui abusaient de vous, qui croyaient que tout leur était dû ou qui exerçaient un contrôle malsain sur votre destinée n'ont qu'à bien se tenir, car vous pourriez les envoyer promener. Par contre, dans les relations qui vous conviennent, qui vous font du bien, vous pouvez espérer une douce et agréable continuité. À partir d'octobre, vous connaissez une paix intérieure profonde et avez alors la confirmation d'avoir pris les bonnes décisions.

AFFAIRES – Mieux vaut privilégier les actions raisonnables plutôt que les gestes intempestifs durant les neuf premiers mois. Ne tenez rien pour acquis et travaillez à entretenir ce que vous avez mis en place. L'un de vos meilleurs atouts demeure la souplesse, mais évitez de confondre celle-ci avec la passivité. Gardez votre direction, évitez de vous laisser manipuler, tout en sachant vous adapter aux différentes situations susceptibles de se produire. En effet, des transformations, parfois inattendues, ponctueront l'évolution de votre carrière et, si vous faites l'effort de vous ajuster, vous en sortirez gagnant. En 2004, méfiez-vous encore de votre naïveté, qui pourrait vous faire céder aux balivernes d'un beau parleur. Mauvaise année pour braver la loi: des contraventions ou une amende pourraient vous tomber dessus. L'automne s'annonce moins agité, vous avancez avec davantage d'aisance.

Janvier

D	L	M	M	J	V	S
				1	2	3
4D	5D	6F	7○F	8F	9	10
11	12	13	14	15	16F	17F
18D	19D	20	21●	22	23	24
25	26	27	28	29	30	31D

○	Pleine lune	●	Nouvelle lune
F	Jour favorable	D	Jour difficile

SANTÉ – Un début d'année tout à fait correct s'offre à vous. Quelques légers efforts vous permettent de garder la forme, voire de l'améliorer. La seconde quinzaine est particulièrement positive sur le plan psychologique, vous disposez du cran et de la volonté nécessaires pour remettre de l'ordre dans votre vie. Bonne période également pour rafraîchir votre image.

SENTIMENTS – Du 14 janvier au 8 février, le passage de Vénus dans votre signe met en relief tout ce qui touche les relations amoureuses. Les solitaires ont des choix à faire, les autres traversent un cycle de mises au point susceptible de donner une nouvelle tangente à leur vie de couple. Votre popularité grandissante vous permet d'être en rapport avec des gens fort intéressants.

AFFAIRES – Vous n'avancez peut-être pas à la vitesse de l'éclair, mais tout se déroule conformément à vos plans. Entre le 15 et le 31, vous récoltez beaucoup de succès dans vos démarches, négociations et recherches d'emploi. Vous pourriez également vous engager dans quelque chose de profitable et, surtout, de durable. Belle quinzaine pour voyager.

Février

D	L	M	M	J	V	S
1D	2D	3F	4F	5	6○	7
8	9	10	11	12F	13F	14D
15D	16	17	18	19	20●	21
22	23	24	25	26	27D	28D
29D						

○	Pleine lune		●	Nouvelle lune
F	Jour favorable		D	Jour difficile

SANTÉ – Physiquement, vous disposez d'une plus grande énergie et d'une meilleure résistance, donc pas de problème de ce côté. C'est plutôt psychologiquement que vous traînez de la patte; sans être déprimé, vous manquez d'enthousiasme. Vous n'avez guère envie d'entreprendre quoi que ce soit; ne serait-ce pas un brin de paresse?

SENTIMENTS – Je vous rappelle que les huit premiers jours sont encore régis par la présence de Vénus, ce qui entraîne une transformation de votre destinée amoureuse. De nombreuses sorties sont au programme tout au long du mois. Même si les relations sont plutôt superficielles, elles vous fournissent l'occasion de vous divertir, de rigoler.

AFFAIRES – Malgré un certain climat d'instabilité, vous continuez votre petit bonhomme de chemin. Vous vous sentez déchiré entre deux choix, vous ne savez quelle voie emprunter… Pourtant, si vous écoutez votre intuition, vous ne pouvez pas vous tromper. Les déplacements d'affaires ou d'agrément ainsi que les démarches demeurent avantageux.

Mars

D	L	M	M	J	V	S
	1F	2F	3	4	5	6○
7	8	9	10F	11F	12D	13D
14	15	16	17	18	19	20●
21	22	23	24	25	26D	27D
28F	29F	30F	31			

○	Pleine lune	●	Nouvelle lune
F	Jour favorable	D	Jour difficile

SANTÉ – Les trois premières semaines se déroulent sous une excellente conjoncture, votre entrain est de retour. Entre le 21 et le 31, c'est une autre histoire, et vous avez intérêt à vous surveiller davantage. De mauvais aspects risquent de rendre votre état chancelant, vous pourriez également vous blesser. À vous d'être sur vos gardes!

SENTIMENTS – Dès le 5, vous avez exactement ce qu'il faut pour mettre du piquant dans votre vie de couple ou pour rencontrer quelqu'un. Les nombreuses invitations que vous recevez vous permettent de passer du bon temps. Au courant de la seconde quinzaine, un enfant pourrait vous en faire voir de toutes les couleurs.

AFFAIRES – Si vous devez postuler un emploi, entreprendre une démarche, présenter une requête ou négocier un contrat, mieux vaut agir d'ici le 21 puisque c'est là que les influences sont les meilleures. Ne laissez pas passer la chance, vous vous en mordriez les doigts. Vous voulez changer d'air, prendre des vacances? Cette même période s'y prête parfaitement.

Avril

D	L	M	M	J	V	S
				1	2	3
4	5○	6F	7F	8D	9D	10D
11	12	13	14	15	16	17
18	19●	20	21	22D	23D	24D
25F	26F	27	28	29	30	

○	Pleine lune	●	Nouvelle lune
F	Jour favorable	D	Jour difficile

SANTÉ – Avec plusieurs planètes qui passent vos actions au peigne fin, ce serait plus sage de ne prendre aucun risque, de ne vous exposer à aucun danger, sans quoi un accident ou une chute vous menace. Ce n'est pas le temps non plus de vous laisser aller, votre silhouette et surtout votre santé en pâtiraient. Bref, en ce mois, la sagesse et la prudence sont de rigueur.

SENTIMENTS – Par moments, vous pourriez trouver que ça brasse un peu trop fort. La famille et le conjoint sont de mauvais poil, ils ne vous laissent guère de répit, sans compter que la santé d'un proche risque de vous tracasser. Vos amis ont eux aussi leur part de problèmes et ne sont guère disponibles pour vous épauler. Vous vous sentez seul et bien incompris. Par chance, avec la marmaille, ça va beaucoup mieux.

AFFAIRES – Le climat n'est pas facile. Les obstacles semblent se multiplier, vous avancez avec peine. Je vous en prie, ne vous découragez pas, dès le mois prochain voue entrerez dans un cycle plus positif. En attendant, gardez donc vos distances avec les prêteurs et les vendeurs de châteaux en Espagne! Je ne réponds de rien non plus si vous vous lancez à l'assaut des magasins.

Mai

D	L	M	M	J	V	S
						1
2	3	4○F	5F	6D	7D	8
9	10	11	12	13	14	15
16	17	18●	19D	20D	21D	22F
23F/30	24/31F	25	26	27	28	29

○	Pleine lune	●	Nouvelle lune
F	Jour favorable	D	Jour difficile

SANTÉ – Il y a plein de brouhaha dans votre ciel durant la première semaine: vous devez absolument prendre certaines précautions, sans quoi vous pourriez être victime d'un malaise, contracter une infection ou même vous blesser. Le reste du mois est nettement plus encourageant. Vous retrouvez votre solidité tant physique que morale. La seule menace demeure cette tendance à abuser des bonnes choses.

SENTIMENTS – Jusqu'au 7, vous continuez à déplorer différentes inquiétudes et un manque de communication flagrant. Par après, plusieurs secteurs se replacent d'eux-mêmes; la famille cesse de vous tourmenter, vous êtes à nouveau en harmonie avec la marmaille et vous vous rapprochez de vos amis. Il n'y a qu'avec le conjoint que vous devez fournir des efforts. Si vous attendez qu'il prenne des initiatives, ça risque d'être long!

AFFAIRES – Ici, c'est pareil, restez tranquille durant la première semaine. Par la suite, vous sentez non seulement un relâchement des tensions mais également l'arrivée d'un courant de chance. Les entreprises qui stagnaient et les situations enchevêtrées se mettent enfin à débloquer. Vous pouvez même faire des projets à long terme, voire consolider votre position. Un vent de renouveau arrive à point sur le plan professionnel.

Juin

D	L	M	M	J	V	S
		1F	2○D	3D	4	5
6	7	8	9	10	11	12
13	14	15	16D	17●D	18F	19F
20F	21	22	23	24	25	26
27	28F	29F	30D			

○	Pleine lune	●	Nouvelle lune
F	Jour favorable	D	Jour difficile

SANTÉ – Physiquement, ça va de mieux en mieux, si bien que d'ici le 23 vous pourriez recouvrer toutes vos forces et même vous débarrasser de vos bobos. Moralement, vous semblez instable entre le 5 et le 19: vous connaissez une alternance d'euphorie excessive et d'abattement. N'en demandez pas trop à vos nerfs, gardez-vous des moments de détente.

SENTIMENTS – La vie sociale va bon train, vous n'avez pas le temps de vous ennuyer. Un enfant ou un membre de la famille vous inquiète pendant la première quinzaine, mais les choses finissent par rentrer dans l'ordre. Au même moment, vous devez encore une fois mettre des gants blancs avec le conjoint. Si vous l'affrontez, ça risque de barder…

AFFAIRES – Les trois premières semaines sont propices aux nouveaux projets, aux remaniements professionnels ainsi qu'aux recherches d'emploi, même si les choses n'aboutissent pas nécessairement du premier coup. Vos finances iraient beaucoup mieux si vous résistiez davantage au magasinage impulsif. Bon mois pour voyager ou trouver un nouveau logis.

Juillet

D	L	M	M	J	V	S
				1D	2○	3
4	5	6	7	8	9	10
11	12	13D	14D	15F	16F	17●F
18	19	20	21	22	23	24
25F	26F	27D	28D	29	30	31○

○	Pleine lune	●	Nouvelle lune
F	Jour favorable	D	Jour difficile

SANTÉ – Les aspects sont plutôt encourageants. Avec un minimum d'efforts et un peu de contrôle sur vous, vous pourrez profiter à plein de la belle saison. La nouvelle lune du 17 se produit dans un secteur favorable de votre ciel. Pourquoi ne pas en profiter pour réévaluer vos habitudes de vie, pour prendre quelques résolutions?

SENTIMENTS – La routine vous lasse. Pourtant, si vous examinez votre destinée d'un peu plus près, vous constaterez que vous n'êtes pas si mal servi. Et puis, au lieu d'attendre après les autres qui, il est vrai, n'ont guère d'initiative, faites donc les premiers pas et proposez des activités ou des sorties. Tout le monde sera d'accord, et vous pourrez ainsi vous amuser.

AFFAIRES – Le mois s'annonce très occupé, il y a beaucoup à accomplir, ça remplit vos journées. Votre souci du détail, voire votre manie de la perfection vous fait parfois perdre beaucoup de temps; inutile de chercher midi à quatorze heures. Des améliorations domiciliaires vous permettent de vous faire un petit nid tout douillet.

Août

D	L	M	M	J	V	S
1	2	3	4	5	6	7
8	9D	10D	11D	12F	13F	14
15●	16	17	18	19	20	21F
22F	23D	24D	25	26	27	28
29○	30	31				

○	Pleine lune	●	Nouvelle lune
F	Jour favorable	D	Jour difficile

SANTÉ – Le mois commence bien. Tout devrait aller comme sur des roulettes jusqu'au 10. Par après cependant, on ne peut pas dire que la conjoncture vous favorise; elle pourrait vous valoir une blessure ou des ennuis de santé si vous agissez négligemment. Vous avez les nerfs à fleur de peau, il faudrait songer à vous changer les idées.

SENTIMENTS – Avec la famille et la progéniture, les conflits ou les soucis sont plus fréquents. En amour par contre, vous entamez un cycle nettement plus favorable le 7. Les solitaires auront la chance de rencontrer quelqu'un de bien. Les couples resserrent leurs liens, même si pour en arriver là ça prend des discussions parfois très animées. Bon mois également pour la vie sociale.

AFFAIRES – Vous n'avez pas la latitude que vous souhaiteriez; à certains moments, la situation vous échappe complètement des mains. Inutile de vous entêter ou de vous décourager, ce n'est qu'une phase creuse à passer, bientôt ça se tassera. Sur le plan financier, une tuile vous tombe dessus: vous vous dites que vous auriez dû être plus prévoyant.

Septembre

D	L	M	M	J	V	S
		1	2	3	4	
5D	6D	7D	8F	9F	10	11
12	13	14●	15	16	17F	18F
19F	20D	21D	22	23	24	25
26	27	28○	29	30		

○	Pleine lune	●	Nouvelle lune
F	Jour favorable	D	Jour difficile

SANTÉ – Les mauvais aspects sont en place jusqu'au 26, il ne faut donc pas vous laisser aller. Prenez vos précautions pour ne pas vous faire mal, aérez votre esprit et concentrez-vous davantage sur votre hygiène de vie. En agissant de la sorte, vous pourrez déjouer les astres et demeurer à l'abri des pépins.

SENTIMENTS – La première semaine reste fantastique tant sur le plan mondain qu'amoureux. Vous passez du bon temps avec les copains, vous vous faites de nouveaux amis, ce qui pourrait même permettre aux solitaires de trouver quelqu'un à leur goût. Avec la famille et les rejetons par contre, c'est plus délicat. Vous vous en faites pour un proche, le dialogue laisse à désirer, et certains ont un comportement qui vous déçoit.

AFFAIRES – Un autre mois délicat durant lequel votre marge de manœuvre se trouve encore une fois diminuée. Une nouvelle dépense imprévue vous oblige à remettre un petit luxe à plus tard. Ne faites confiance à personne, ne concluez pas d'affaires sur une simple poignée de mains, exigez plutôt de solides garanties.

Octobre

D	L	M	M	J	V	S
					1	2
3D	4D	5F	6F	7F	8	9
10	11	12	13●	14	15F	16F
17D	18D	19	20	21	22	23
24/31D	25	26	27○	28	29	30D

○	Pleine lune	●	Nouvelle lune
F	Jour favorable	D	Jour difficile

SANTÉ – Plusieurs planètes cessent de vous compliquer la vie, et ça ne prend pas de temps pour que vous retrouviez votre aplomb et votre moral. Excellent mois pour vous débarrasser d'un problème qui perdurait ou d'une mauvaise habitude. Rien à redouter des éclipses: bien au contraire, vous faites des progrès monumentaux.

SENTIMENTS – Après les orages, voici que le ciel se dégage. C'est le retour de l'harmonie dans toutes vos relations interpersonnelles, on essaie de se racheter, on vous présente des excuses. Un vieux conflit pourrait d'ailleurs se régler, notamment au cours de la seconde quinzaine. Invitations et propositions divertissantes surgissent de tous les côtés.

AFFAIRES – Enfin, ça débloque. Le moment est venu de tourner la page, de couper avec le passé et d'emprunter de nouvelles avenues. Vos démarches pour un emploi ou pour améliorer votre situation commencent à donner des résultats encourageants. Même vos finances se mettent à remonter, vous apercevez le bout du tunnel.

Novembre

D	L	M	M	J	V	S
	1D	2F	3F	4	5	6
7	8	9	10	11F	12●F	13D
14D	15	16	17	18	19	20
21	22	23	24	25	26○D	27D
28D	29F	30F				

○	Pleine lune		●	Nouvelle lune
F	Jour favorable		D	Jour difficile

SANTÉ – Si vous trouvez que le mois débute de façon constructive, attendez de voir comment vous vous sentirez à partir du 11! Vous serez dans une telle forme qu'on ne vous reconnaîtra plus. Vous aurez de l'énergie à profusion et serez animé d'un enthousiasme débordant. Fini le temps où vous vous apitoyiez sur votre sort, où vous enduriez tout sans dire un mot: vous êtes une nouvelle personne!

SENTIMENTS – C'est la félicité totale. Vos rapports avec l'entourage deviennent de plus en plus cordiaux, vos proches vous traitent aux petits oignons, sans oublier que vous rencontrez de nouvelles personnes très intéressantes. Au fait, si vous êtes seul, je vous conseille de garder l'œil ouvert! Les occasions de sortir fusent de toute part, vous êtes même obligé de refuser des invitations.

AFFAIRES – Le cycle fortuné se poursuit, il va même s'intensifier à partir du 11. Vous avez du succès dans tout ce que vous entreprenez, vos démarches portent leurs fruits et vous commencez à goûter cette stabilité dont vous rêvez depuis si longtemps. Bonne période aussi pour prendre le large, si le cœur vous en dit.

Décembre

D	L	M	M	J	V	S
			1	2	3	4
5	6	7	8	9F	10F	11●D
12D	13	14	15	16	17	18
19	20	21	22	23	24D	25D
26○F	27F	28F	29	30	31	

○	Pleine lune	●	Nouvelle lune
F	Jour favorable	D	Jour difficile

SANTÉ – La première moitié du mois est tout simplement fantastique, rien ne menace votre physique ni vos nerfs. Par après, vous devriez faire davantage attention afin de ne pas vous blesser ni subir une baisse de vitalité. Dès ce moment-là, l'anxiété et la fatigue risquent de se manifester un peu plus. Toutefois, si vous prenez du repos et si vous mettez un brin de fantaisie dans votre vie, ça devrait aller beaucoup mieux.

SENTIMENTS – La belle Vénus et Mars vous accompagnent jusqu'au 16 et, grâce à ces planètes, votre destin prend des allures de conte de fées. Vous pourrez continuer à profiter de ce merveilleux climat par la suite si vous mettez un peu d'eau dans votre vin et si vous pesez vos mots. Les invitations continuent d'abonder, ce ne sont pas les occasions de vous divertir qui manquent.

AFFAIRES – Si vous avez en tête des projets d'envergure ou si vous devez présenter une demande, tâchez d'agir d'ici le 17, puisque c'est à ce moment que vos chances sont les meilleures. Entre le 18 et le 31, vous ne risquez pas de rencontrer d'obstacles insurmontables ou d'essuyer un refus catégorique, toutefois vous devrez vous armer de patience et travailler plus fort pour arriver au même résultat.

Nos animaux et l'astrologie

L'astrologie nous renseigne sur notre caractère, notre personnalité et notre comportement, et elle peut également s'appliquer à nos petits compagnons à quatre pattes ou à plumes. Leur signe du zodiaque exerce une certaine influence sur eux. Qu'il s'agisse d'un vieux gros toutou ou d'un chaton, d'un canari ou d'un bel iguane, n'hésitez pas à recourir à l'astrologie pour mieux le comprendre et deviner ce qu'il ne peut vous dire en employant un langage compréhensible. En sachant lire son comportement, vous serez plus apte à répondre à ses besoins.

L'astrologie peut également vous aider à choisir le compagnon idéal qui correspondra à votre personnalité. Que vous ayez déjà un animal domestique à la maison ou que vous pensiez en adopter un, les lignes qui suivent vous éclaireront sur sa personnalité et son caractère.

Mon bestiaire astrologique

Le Bélier. Plutôt petit, qu'il soit chien, chat ou reptile, il possède tout un caractère. Il sait ce qu'il veut et n'en fait qu'à sa tête. Impulsif, vif et rapide, il n'arrête pas une seconde, et il court vite. Tant mieux, me direz-vous, mon Patou est un cheval de course. Mais si votre Médor est un bon chien de ville, il pourrait bien profiter d'une porte ouverte pour prendre la poudre d'escampette. En fait, cet animal prend beaucoup de place, mange comme un glouton et trop vite. C'est un animal qui déborde d'énergie; il faudra donc vous attendre à ce qu'il vous demande souvent de jouer… et à quelques dégâts si vous le laissez seul à la maison. Mais il est si adorable, ce gros minet… qui vient de déchirer la moquette, que finalement, vous lui pardonnez, comme toujours!

L e **Taureau.** Cet animal est de compagnie très agréable. Il apprécie son domicile, son petit coin bien à lui où la vie s'écoule, calme et tranquille. Félix aimera bien faire un petit tour dehors, mais pas trop loin… quant à Fido, il ne rechignera pas à rester toute la journée à vous attendre à la maison. Il la connaît bien et ne s'y ennuie pas. Certains jours pourtant, il sera un peu plus entêté qu'à l'habitude, mais une belle caresse et quelques mots gentils, et il se montrera à nouveau obéissant et docile. Par contre, il apprend lentement. Si vous tenez absolument à ce qu'il donne la «papatte» armez-vous de patience. Dès qu'il aura compris toutefois, vous réussirez à la lui faire donner rapidement. Ce sera un compagnon vraiment fidèle. Il reste tellement attaché à vous et à ses habitudes que les changements l'incommodent; mais si vous vous en occupez, s'il sent que vous l'aimez, il sera rassuré et heureux. Si votre oiseau est Taureau, écoutez son chant, c'est très joli.

L e **Gémeaux.** Cet animal a besoin de voir du monde et d'avoir beaucoup de vie autour de lui. Il sera très heureux dans une famille nombreuse, avec beaucoup d'enfants et même d'autres animaux dans la maison. Il adore faire son petit tour dehors, explorer, découvrir, croiser des connaissances à quatre pattes. À la maison, il trouve toujours quelque chose à faire, mais il n'aime pas être laissé seul trop longtemps. Si vous pensez le laisser seul pendant que vous êtes au travail, il serait bon de lui procurer un compagnon de jeu. Cet animal a besoin de beaucoup d'attention; il faudra donc souvent jouer avec lui. Par contre, il se montre assez indépendant lorsqu'il le décide. C'est un grand parleur qui a besoin d'un public, alors il chante, jappe ou miaule beaucoup. C'est aussi un petit coquin très intelligent et un tantinet manipulateur. Il vous fera savoir rapidement ce qu'il veut… et il finira par l'obtenir.

L e **Cancer.** C'est le signe le plus attachant qui soit pour un animal. Ce petit compagnon adore son maître et tous les membres de la famille. Les marques d'affection et les caresses sont ses deux moteurs, car il aime tellement faire plaisir. Son bonheur est immense lorsqu'il se sent entouré de tout son petit monde à la maison. Il fait de gros efforts pour satisfaire tout le monde, même les enfants qui lui tirent les oreilles ou la queue. Comme c'est plutôt un animal gourmand et dormeur, il faut veiller à lui faire faire suffisamment d'exercice, sinon l'obésité le guette. Docile et affectueux, il est digne de confiance; il fera de son mieux pour protéger la maison et la famille, même si c'est un minuscule chihuahua. Les femelles Cancer sont d'excellentes mères de famille.

Le Lion. Voilà un animal qui a du panache. De race pure ou non, on le remarque. Si votre petit Lion est un chat, il se comportera comme s'il était le roi des animaux au milieu de ses sujets; en tant que chien, museau au vent et queue relevée, il montrera qui est le maître dans la maison, tandis que l'oiseau Lion exhibera fièrement son plumage. Bref, il fera l'envie de tout le voisinage. Comme c'est une vraie star, il faudra lui prêter beaucoup d'attention, montrer que vous l'aimez. Si vous oubliez la caresse habituelle en rentrant, il va bouder. Avec les autres animaux, ça risque d'être la guerre. Il veut occuper toute l'avant-scène et n'appréciera pas qu'on le néglige ou qu'on le tienne à l'écart pour s'occuper de quelqu'un d'autre, animal ou humain d'ailleurs. De toute façon, il ne supportera pas d'être traité comme un bibelot, alors même s'il se comporte bien et se montre sage, il cherchera sûrement à faire un petit tour pour épater la galerie. Enseignez-lui quelques petits tours simples et applaudissez à tout rompre; cela fera son plus grand bonheur.

La Vierge. Il est tout timide, tout gentil. En fait, c'est pour cela que vous l'avez pris, même si ce n'est pas lui qui était le plus fringant de la portée. Il se montre un peu craintif avec les étrangers, mais avec vous, n'ayez crainte, ce sera un compagnon fidèle, attentif et tranquille. Il ne vous causera pas d'ennuis, car il comprend très bien les règles et les interdits et ne les transgresse pas. Par contre, il a ses petites habitudes. N'allez pas bouleverser son horaire du jour au lendemain. Si vous le sortez chaque jour vers 8 heures, il ne faudra pas être en retard, car il vous le fera savoir. Son point faible, c'est la digestion; il faut donc veiller à lui procurer une bonne nourriture et ne pas la lui changer continuellement. Qu'il soit chien, chat, cheval ou canari, il sera très attaché à son maître et doux avec les enfants. C'est le compagnon idéal des gens calmes et plutôt sédentaires.

La Balance. Ce petit animal est une vraie soie. Il a vraiment tout pour se faire aimer et aussi pour vous amuser; il a mille et un tours dans son sac. Comme c'est un petit être sensible, vous ne l'aimerez jamais trop et il réclamera toujours plus de caresses. Pour qu'il soit heureux, offrez-lui un foyer calme et harmonieux. Il préférera fuir les enfants criards et chamailleurs, car il ne supporte ni les bruits ni les cris. S'il fait une bêtise et que vous le grondez, il sera très honteux et affecté. En parlant assez fort, vous obtiendrez de bons résultats, sans avoir à le punir plus. Ce petit animal appréciera son douillet coussin ou votre plus beau fauteuil pour dormir en paix… et en plus, comme il déteste être seul, il pourrait même choisir vos moelleux genoux pour sa petite sieste. C'est un charmeur, et son regard fait fondre le plus récalcitrant des humains. Il est irrésistible.

Le Scorpion. Celui-là possède son petit caractère. Monsieur ou madame est bien affectueux, mais attention, il se montre souvent possessif. Il choisit son maître et ne le lâche plus. Il pourrait même venir toujours s'installer entre vous et votre conjoint, car il vous appartient en propre et non aux deux. Pire, il pourrait même carrément prendre la place du conjoint qui le dérange pour l'obliger à se mettre plus loin. Il affiche un petit air mystérieux, ce qui fait en sorte qu'on ne comprend pas toujours ce qu'il veut. Il peut être très enjoué, mais aussi parfois assez grognon et, dans ces cas-là, il vaut mieux le laisser tranquille. Par contre, il devine ce que vous ressentez et a une mémoire du tonnerre. Si quelqu'un lui a fait mal, même des mois ou des années plus tard, il s'en souviendra... Ce n'est pas un animal facile, mais il vous adore.

Le Sagittaire. Ce cher Sagittaire est un tantinet agité... pour lui, voir la vie à l'extérieur est bien plus passionnant que dormir sur un coussin moelleux. Si vous l'empêchez de sortir, il reste à la fenêtre pour observer la rue. Il adore courir, se promener, et si vous n'y faites pas attention, il peut faire des fugues de plusieurs jours. Fermez bien les portes. Laissé seul à la maison, il s'ennuie. Vous devez lui faire dépenser son trop-plein d'énergie. L'idéal est de lui offrir un grand jardin, un terrain à la campagne où il pourra se dégourdir les pattes à loisir. C'est un petit être indépendant, donc l'obéissance parfaite, ce n'est pas tellement sa tasse de thé. Il se comporte généralement bien avec les autres animaux, mais ceux de la même espèce que lui le dérangent un peu. Avec les enfants, il est très à l'aise, car ils courent et jouent avec lui, et c'est ce qu'il aime. Par contre, les enfants doivent le respecter, sinon il fera la loi lui-même à coups de dents ou de griffes. Il peut aussi se montrer glouton et prendre rapidement du poids; il faut donc bien doser sa nourriture et lui faire faire beaucoup d'exercice.

Le Capricorne. On dit que le chien est le meilleur ami de l'homme; s'il est Capricorne en plus, vous avez déniché la perle rare, le plus fidèle des fidèles. Dévoué, cherchant toujours à faire plaisir, ce petit timide restera néanmoins à l'écart des inconnus. Ce n'est pas un animal très démonstratif, mais votre petite famille et surtout vous, son maître, comptez plus que tout dans sa vie. Plutôt petit et souvent maigre, il est également frileux; donc, durant l'hiver, faites attention lorsque vous le sortez, un bon manteau serait peut-être approprié. C'est un bon compagnon, tranquille et doux. Il est très patient, et quelques heures de solitude ne lui font pas peur. Il apprend plutôt lentement, donc n'hésitez pas à répéter plusieurs fois vos consignes lorsqu'il est encore bébé, de façon à ce qu'il assimile bien les règles. Une fois qu'il les aura apprises, il ne les oubliera plus jamais. Comme il est très discret, on pourrait l'oublier facilement, mais surtout ne le négligez pas, car c'est vraiment votre meilleur ami, et il vous aime.

L e **Verseau.** Ce chaton, ce vieux chien, cette perruche ou ce furet sont des animaux qui vous procureront des heures de plaisir. Avec lui, pas d'ennui possible. Il bouge, va vers les gens, s'intéresse à tout ce que vous faites. Lorsque vous arrivez avec des sacs d'épicerie, il n'hésitera pas à plonger le nez dedans pour découvrir ce qu'ils contiennent. Les nouvelles odeurs, les nouveaux objets l'intriguent. Dehors, vous le verrez souvent en train de «discuter» avec ses congénères, de surveiller son territoire ou d'explorer les environs. Vifs, spirituels, remuants, ils ont une petite personnalité indépendante qui n'est pas tellement adaptée aux règles et à l'obéissance; vous devrez répéter souvent, et peut-être même les gronder plus que d'autres. Mais comme ils aiment tout le monde et que tout le monde les aime, vous leur pardonnez facilement ces incartades.

L e **Poissons.** Affectueux, doux et tendre, votre compagnon à plumes ou à fourrure vous rendra toujours heureux. Vos caresses et vos mots doux sont sa raison de vivre. Lorsque vous revenez du travail, c'est la fête. D'ailleurs, vous n'avez qu'à sortir cinq minutes puis revenir, et ce sera encore la fête. Pour le faire fâcher et le rendre bougon, il faut vraiment en mettre beaucoup, car il oublie très vite. C'est un animal sensible, il ne supporte pas qu'on parle fort autour de lui, il croit alors qu'il a fait quelque chose de mal et se sauve. Par contre, il devine toujours comment vous allez. Si vous vous sentez un peu triste, il se montrera encore plus câlin pour vous consoler. Par contre, si vous êtes de bonne humeur, il sera heureux pour vous. Comme il est un peu paresseux, c'est à vous de veiller à ce qu'il fasse ses exercices quotidiens. Comme les animaux Poissons adorent l'eau (même les chats), pourquoi ne pas placer un bain dans la cage de l'oiseau et une grosse piscine de plastique pour Médor dans la cour.

L'astrologie chinoise

L'étude du zodiaque remonte à la nuit des temps. On le sait aujourd'hui, même l'homme de Neandertal scrutait les astres pour y déchiffrer le sens de l'Univers.

Plus que millénaire, l'astrologie n'est pas une science propre à la civilisation occidentale; en Orient aussi les planètes, les astres et les étoiles fascinent. Cependant, l'astrologie chinoise diffère de la nôtre en ce sens que contrairement à la nôtre, qui se base sur le cycle du Soleil dans les 12 signes, elle est établie sur une période de 12 ans.

L'astrologie zodiacale comporte 12 signes qui se succèdent, et chacun dure un mois. En astrologie chinoise, chaque année correspond à un signe représenté par un animal totem.

En astrologie chinoise, les cycles lunaires permettent de déterminer le début de l'année. Cela fait donc en sorte que les signes chinois commencent à une date différente chaque année.

L'astrologie chinoise constitue un excellent moyen de se connaître et de découvrir les autres. Nous vous invitons à la découvrir plus amplement dans les pages suivantes.

Les 12 signes chinois

Repérez votre date de naissance dans ce tableau pour découvrir votre signe chinois.

1900	**Rat**	31 janvier 1900 au 18 février 1901
1901	**Buffle**	19 février 1901 au 7 février 1902
1902	**Tigre**	8 février 1902 au 28 janvier 1903
1903	**Chat**	29 janvier 1903 au 15 février 1904
1904	**Dragon**	16 février 1904 au 3 février 1905
1905	**Serpent**	4 février 1905 au 24 janvier 1906

1906	**Cheval**	25 janvier 1906 au 12 février 1907
1907	**Chèvre**	13 février 1907 au 1er février 1908
1908	**Singe**	2 février 1908 au 21 janvier 1909
1909	**Coq**	22 janvier 1909 au 9 février 1910
1910	**Chien**	10 février 1910 au 29 janvier 1911
1911	**Cochon**	30 janvier 1911 au 17 février 1912
1912	**Rat**	18 février 1912 au 5 février 1913
1913	**Buffle**	6 février 1913 au 25 janvier 1914
1914	**Tigre**	26 janvier 1914 au 13 février 1915
1915	**Chat**	14 février 1915 au 2 février 1916
1916	**Dragon**	3 février 1916 au 22 janvier 1917
1917	**Serpent**	23 janvier 1917 au 10 février 1918
1918	**Cheval**	11 février 1918 au 31 janvier 1919
1919	**Chèvre**	1er février 1919 au 19 février 1920
1920	**Singe**	20 février 1920 au 7 février 1921
1921	**Coq**	8 février 1921 au 27 janvier 1922
1922	**Chien**	28 janvier 1922 au 15 février 1923
1923	**Cochon**	16 février 1923 au 4 février 1924
1924	**Rat**	5 février 1924 au 23 janvier 1925
1925	**Buffle**	24 janvier 1925 au 12 février 1926
1926	**Tigre**	13 février 1926 au 1er février 1927
1927	**Chat**	2 février 1927 au 22 janvier 1928
1928	**Dragon**	23 janvier 1928 au 9 février 1929
1929	**Serpent**	10 février 1929 au 29 janvier 1930
1930	**Cheval**	30 janvier 1930 au 16 février 1931
1931	**Chèvre**	17 février 1931 au 5 février 1932
1932	**Singe**	6 février 1932 au 25 janvier 1933
1933	**Coq**	26 janvier 1933 au 13 février 1934
1934	**Chien**	14 février 1934 au 3 février 1935
1935	**Cochon**	4 février 1935 au 23 janvier 1936
1936	**Rat**	24 janvier 1936 au 10 février 1937
1937	**Buffle**	11 février 1937 au 30 janvier 1938
1938	**Tigre**	31 janvier 1938 au 18 février 1939
1939	**Chat**	19 février 1939 au 7 février 1940
1940	**Dragon**	8 février 1940 au 26 janvier 1941
1941	**Serpent**	27 janvier 1941 au 14 février 1942
1942	**Cheval**	15 février 1942 au 4 février 1943
1943	**Chèvre**	5 février 1943 au 24 janvier 1944
1944	**Singe**	25 janvier 1944 au 12 février 1945
1945	**Coq**	13 février 1945 au 1er février 1946

1946	**Chien**	2 février 1946 au 21 janvier 1947
1947	**Cochon**	22 janvier 1947 au 9 février 1948
1948	**Rat**	10 février 1948 au 28 janvier 1949
1949	**Buffle**	29 janvier 1949 au 16 février 1950
1950	**Tigre**	17 février 1950 au 5 février 1951
1951	**Chat**	6 février 1951 au 26 janvier 1952
1952	**Dragon**	27 janvier 1952 au 13 février 1953
1953	**Serpent**	14 février 1953 au 2 février 1954
1954	**Cheval**	3 février 1954 au 23 janvier 1955
1955	**Chèvre**	24 janvier 1955 au 11 février 1956
1956	**Singe**	12 février 1956 au 30 janvier 1957
1957	**Coq**	31 janvier 1957 au 17 février 1958
1958	**Chien**	18 février 1958 au 7 février 1959
1959	**Cochon**	8 février 1959 au 27 janvier 1960
1960	**Rat**	28 janvier 1960 au 14 février 1961
1961	**Buffle**	15 février 1961 au 4 février 1962
1962	**Tigre**	5 février 1962 au 24 janvier 1963
1963	**Chat**	25 janvier 1963 au 12 février 1964
1964	**Dragon**	13 février 1964 au 1er février 1965
1965	**Serpent**	2 février 1965 au 20 janvier 1966
1966	**Cheval**	21 janvier 1966 au 8 février 1967
1967	**Chèvre**	9 février 1967 au 29 janvier 1968
1968	**Singe**	30 janvier 1968 au 16 février 1969
1969	**Coq**	17 février 1969 au 5 février 1970
1970	**Chien**	6 février 1970 au 26 janvier 1971
1971	**Cochon**	27 janvier 1971 au 14 février 1972
1972	**Rat**	15 février 1972 au 2 février 1973
1973	**Buffle**	3 février 1973 au 22 janvier 1974
1974	**Tigre**	23 janvier 1974 au 10 février 1975
1975	**Chat**	11 février 1975 au 30 janvier 1976
1976	**Dragon**	31 janvier 1976 au 17 février 1977
1977	**Serpent**	18 février 1977 au 6 février 1978
1978	**Cheval**	7 février 1978 au 27 janvier 1979
1979	**Chèvre**	28 janvier 1979 au 15 février 1980
1980	**Singe**	16 février 1980 au 4 février 1981
1981	**Coq**	5 février 1981 au 24 janvier 1982
1982	**Chien**	25 janvier 1982 au 12 février 1983
1983	**Cochon**	13 février 1983 au 1er février 1984
1984	**Rat**	2 février 1984 au 19 février 1985
1985	**Buffle**	20 février 1985 au 8 février 1986

1986	**Tigre**	9 février 1986 au 28 janvier 1987
1987	**Chat**	29 janvier 1987 au 16 février 1988
1988	**Dragon**	17 février 1988 au 5 février 1989
1989	**Serpent**	6 février 1989 au 26 janvier 1990
1990	**Cheval**	27 janvier 1990 au 14 février 1991
1991	**Chèvre**	15 février 1991 au 3 février 1992
1992	**Singe**	4 février 1992 au 22 janvier 1993
1993	**Coq**	23 janvier 1993 au 9 février 1994
1994	**Chien**	10 février 1994 au 30 janvier 1995
1995	**Cochon**	31 janvier 1995 au 18 février 1996
1996	**Rat**	19 février 1996 au 6 février 1997
1997	**Buffle**	7 février 1997 au 27 janvier 1998
1998	**Tigre**	28 janvier 1998 au 15 février 1999
1999	**Chat**	16 février 1999 au 4 février 2000
2000	**Dragon**	5 février 2000 au 24 janvier 2001
2001	**Serpent**	25 janvier 2001 au 12 février 2002
2002	**Cheval**	13 février 2002 au 1er février 2003
2003	**Chèvre**	2 février 2003 au 21 janvier 2004
2004	**Singe**	22 janvier 2004 au 7 février 2005

Le rat

S'il est un animal qui provoque des réactions mitigées, c'est bien le rat. Il provoque parfois des mouvements de répulsion, mais le plus souvent il suscite la crainte. Et faire peur, c'est justement votre cas. Les gens ne vous connaissent pas beaucoup et, pour cette raison, se méfient un peu. Vous-même, vous vous montrez plutôt craintif, soupçonneux et, pour gagner votre confiance, il faut savoir montrer patte blanche.

En société, vous évitez les bains de foule et préférez de beaucoup rester à l'écart. Pourtant, lorsqu'on vous connaît, on vous trouve sociable, rempli d'humour et enjoué. Néanmoins, vous vous confiez peu et préférez regagner votre petit nid douillet lorsque quelque chose ne tourne pas rond.

Vous avez une acuité toute particulière qui vous permet de déceler ce qu'on tente de vous cacher. Votre sens de l'observation est aiguisé; rien ne vous échappe.

Vous vous défendez avec vos dents et vos griffes lorsqu'on vous blesse ou si l'un de vos proches est attaqué. Sur le plan psychologique, vous paraissez nerveux, parfois tourmenté.

Sur le plan de la personnalité, votre émotivité vous permet d'exceller dans les domaines artistiques, notamment la musique, la littérature et les arts, qui vous fournissent la possibilité de vous exprimer et de vous libérer de votre trop-plein d'émotion.

Votre intelligence est vive et plutôt raisonnée. Vous trouvez des solutions ingénieuses aux problèmes, et votre flair en affaires est très aiguisé. Vous avez un don particulier et le doigté nécessaire pour retourner les pires situations en votre faveur. Beau parleur comme vous l'êtes, vous pouvez devenir un excellent négociateur. Votre sixième sens vous permet de trouver les mots qu'il faut pour convaincre; il vous indique quand et comment agir. Sur le plan professionnel, ces multiples talents vous poussent souvent à diriger les gens, à commander, et parfois même à manipuler vos collègues ou vos subalternes.

Puisque vous avez un bon sens pratique, que vous possédez un esprit terre à terre, vous appréciez l'argent, mais aussi les valeurs sûres, les beaux objets. Pourtant, il semble que l'argent file à une rapidité excessive entre vos doigts. Heureusement, vous parvenez à équilibrer votre budget sans avoir à trop jongler avec les rentrées et les sorties.

Votre petit côté séducteur vous ouvre de nombreuses portes. Vous savez plaire; avouez que vous savez jouer de votre charme. Vous êtes un être passionné qui est attiré par le romantisme. Cela peut vous inciter à fuir votre quotidien et votre petite routine, que vous considérez comme de vrais éteignoirs. Une telle façon d'être complique votre vie sentimentale, mais vous n'en avez cure. Vous recherchez les gens originaux, amusants, que vous pouvez admirer et, malgré votre froideur initiale, on finit par découvrir en vous un être affectueux, ardent, possessif même. Les demi-mesures ne sont pas pour vous, et vous ne supportez pas d'être brimé dans votre liberté.

Vos plus belles qualités:
Convaincant, instinctif, doté
d'un sens pratique, intelligent,
terre à terre, drôle, vif, habile,
rusé.

Vos péchés mignons:
Angoissé, méfiant, profiteur,
manipulateur.

Selon les sages orientaux

Votre domaine symbolique: Ce qu'on ne sait pas et qui est près de nous, le mystère, le monde souterrain.

Vos armes: Les dents acérées du rat, son instinct et ses paroles mordantes.

Nom chinois de votre signe: Chow.

Symbole:

Le buffle

Sérieux et travailleur, vous vous adaptez très bien au système et vous défendez les traditions auxquelles vous tenez. L'originalité et l'initiative ne font pas partie de votre vocabulaire. Par contre, votre discipline et votre sens des responsabilités sont irréprochables. Vous êtes solide comme un roc, et on peut compter sur vous sans crainte.

Au travail, vous ne calculez pas vos heures, et les tâches qu'on vous confie sont menées à terme avec opiniâtreté. Comme on dit, vous avez beaucoup de «cœur à l'ouvrage». Vous êtes organisé et déterminé, mais les autres vous reprochent votre lenteur et vous trouvent plutôt tatillon. Qu'importe, vous poursuivez votre petit bonhomme de chemin et vous savez ce que vous faites. Si vous œuvrez dans un secteur d'activité qui vous permet d'exploiter votre potentiel, votre réussite est assurée. Par exemple, vous ferez des miracles en architecture, en chirurgie, en gestion d'entreprises, en agriculture, et même si l'on vous trouve souvent lourd et dépourvu d'émotivité, vous saurez bluffer tout le monde dans le monde des arts, en peinture et en cinéma, car vous avez une inspiration hors normes. Par ailleurs, vous seriez un très bon chef d'entreprise, car vous avez les qualités nécessaires pour stimuler vos troupes.

Sur le plan financier, vous vous montrez sage et solide. Vous trimez dur et ne comptez que sur votre labeur pour vivre. Si des échecs passagers ou des revers de fortune vous tombent dessus, vous les vivez difficilement, et si en plus vous êtes victime d'une injustice, vous aurez du mal à accepter la situation et à poursuivre votre route comme si de rien n'était.

Vous n'êtes pas du genre à lancer votre argent par les fenêtres, car vous connaissez sa valeur et le travail nécessaire pour le gagner. Donc, l'épargne et le budget ne sont pas des mots vains pour vous. Avec de telles valeurs, il y a de fortes chances que vous finissiez vos jours à l'aise financièrement.

Honnête et loyal, vous appréciez une bonne poignée de main; pour vous, c'est presque de l'argent comptant. Vous êtes amèrement déçu par les promesses non tenues, les engagements non respectés, car jamais vous ne faillissez à votre parole, et que les autres puissent y déroger vous laisse complètement abasourdi.

Vous n'appréciez guère le changement, que ce soit au travail ou dans votre vie personnelle. Vous préférez la stabilité, le confort, la tranquillité. Vous vous montrez accueillant, et votre table est toujours bien garnie. Vous êtes même un tantinet gourmand.

En société, on apprécie votre bon cœur et votre simplicité. Vous faites un excellent confident, car votre bienveillance est légendaire. Quant à votre petite famille, elle compte beaucoup à vos yeux, et vous êtes toujours là pour vos proches en cas de besoin; on l'a dit, vous êtes solide comme un roc.

Dans l'intimité, vous ne brûlez pas les étapes, vous recherchez un partenaire fiable et sérieux, vous ne vous précipitez donc pas sur la première amourette venue. La stabilité affective compte tellement pour vous que vous attendez avant d'exprimer vos sentiments et de vous engager… ensuite, c'est pour la vie. La passion, le romantisme, vous êtes d'avis que tout cela s'éteint bien vite; vous comptez plutôt sur la solidité de vos sentiments dans vos relations amoureuses. Vous avez beaucoup à offrir, et le bonheur de votre conjoint devient alors l'une de vos priorités.

Vos plus belles qualités:
Sérieux, travailleur, économe, prudent, sens des responsabilités, esprit de famille.

Vos péchés mignons:
Tatillon, peureux, lent, manque d'audace, inflexible.

Selon les sages orientaux

Votre domaine symbolique: Les sillons des champs, la terre, la glaise et les chemins sinueux.

Vos armes: Les cornes du Minotaure, grâce auxquelles il est capable de défendre son labyrinthe.

Nom chinois de votre signe: Niou.

Symbole:

Le tigre

À l'instar de ce félin sauvage, vous vous posez en maître sur votre entourage. Vous avez beaucoup d'emprise sur les autres, aussi bien dans votre vie privée que professionnelle. Vous êtes un chef-né, volontaire et rempli d'ambition, mais honnête, ce qui ne gâche rien. Vous pouvez être fier de vous lorsque la réussite vient couronner vos nombreux efforts, car vous ne vous ménagez pas; vif et courageux comme vous l'êtes, rien ne vous rebute. Cela peut même vous rendre plutôt téméraire et vous exposer à des revers. Heureusement, en bon félin que vous êtes, vous retombez toujours sur vos pattes. Avec un peu plus de prudence et de planification, vous pourriez éviter certains déboires et aller encore plus loin sur le chemin de la réussite.

Votre sang-froid et votre instinct sont remarquables, et vous savez jauger les situations avec un sens peu commun de l'analyse. Peu impressionné par la hiérarchie et les conventions, vous vous fiez à votre intuition et vous n'hésitez pas à faire ce que bon vous semble. Stimulé par de nouveaux défis, vous ne craignez ni les changements ni les obstacles; d'ailleurs, vous les utilisez souvent comme moteur pour aller encore plus loin, vers de nouveaux buts.

Vous usez de franchise, une de vos plus belles qualités, mais pas toujours à bon escient, car elle peut vous conduire à la brusquerie, et vous devenez alors blessant. Mais vous défendez pied à pied vos idées et vos opinions, et vous ne vous en laissez pas imposer, surtout qu'en plus vous avez souvent raison.

Si vous parvenez à dominer votre émotivité, votre promptitude, vous pourrez devenir un meilleur chef de file. D'ailleurs, vous vous exprimerez pleinement dans les secteurs d'activité qui vous permettent de diriger et d'utiliser votre potentiel et votre flair. En affaires, vous avez beaucoup de chance; vous semblez attirer l'argent et le succès. Peut-être parce que vous êtes certain de ne jamais manquer de rien, vous vous souciez peu de votre budget. Votre compte en banque reflète ce léger laisser-aller; il joue aux montagnes russes.

Comme vous êtes fier de nature, vous soignez votre apparence et lorsqu'on vous remarque, vous ronronnez de plaisir. Un peu soupe au lait avec les étrangers, vous savez vous montrer généreux avec vos amis.

En amour non plus, pas de demi-mesures; vous laissez parler votre nature ardente, passionnée et entreprenante. Vous idéalisez votre partenaire, vous le mettez sur un piédestal et puis, un beau jour, vous découvrez sa personnalité et vous déchantez. Vous avez donc besoin d'un conjoint qui saura vous faire vibrer, vous amuser, vous surprendre, et surtout qui saura conserver tout son mystère après plusieurs années de vie commune.

Vos plus belles qualités:
Courageux, fonceur, déterminé, ambitieux, leader, ardent, franc, adaptable.

Vos péchés mignons:
Impulsif, téméraire, peu soucieux des détails, soupe au lait, émotif.

Selon les sages orientaux

Votre domaine symbolique: Les cimes et la puissance terrestre où conduit la chance.

Votre arme: La fourrure protectrice du tigre.

Nom chinois de votre signe: Hu.

Symbole:

Le chat

Quel charmant petit animal que ce gros minet, quel séducteur en plus! Votre lucidité exceptionnelle vous permet de ne pas vous laisser prendre au dépourvu. En plus, vous êtes un enjôleur et un habile diplomate, des qualités qui vous permettent de ne pas vous laisser surprendre. Votre goût est sûr et délicat: vous aimez les belles choses, les objets d'art. Votre élégance se reflète sur vous, de la tête aux pieds, dans vos vêtements et dans votre allure générale. Vous affectionnez les endroits à la mode, et vous êtes très mondain. Les querelles et les disputes vous agacent, car vous avez besoin de tranquillité. La recherche de l'harmonie en toutes choses est le trait marquant de votre caractère.

Vous avez le don de plaire, que ce soit à vos amis ou même à de purs étrangers, car votre gentillesse, vos bons mots, votre comportement enjôleur sont grandement appréciés. Vous brillez en société et vous n'hésitez pas à courir les fêtes et les réceptions; ces réunions mondaines sont d'ailleurs vos endroits de prédilection pour élargir votre cercle de relations, pour provoquer de nouvelles rencontres et pour vous cultiver. Votre conversation est brillante, enjouée, et vous vous retrouvez rapidement entouré.

Plutôt respectueux des traditions, vous vous refusez à sortir des sentiers battus; peut-être est-ce dû au sentiment d'insécurité qui vous habite. Vous êtes craintif, et les nouveaux projets ne vous emballent guère; vous êtes plutôt rébarbatif à ce que vous ne connaissez pas. Votre discrétion au travail est légendaire, mais vous êtes d'une féroce efficacité. On ne peut rien vous reprocher. Vous travaillez avec soin, sans oublier un seul détail et sans faire de faux pas. On peut vous confier un travail les yeux fermés, car en plus d'un sens particulier de la minutie, vous possédez une mémoire sans faille, des atouts majeurs pour mener vos tâches à bien.

Comme vous détestez être pris de court ou avoir à vous décider à la dernière minute, il vous faut peser le pour et le contre, ce qui peut se révéler un solide avantage sur le plan des affaires. Vous appréciez le luxe et le confort, et vous êtes conscient des efforts que vous devez faire pour vous les offrir.

Donc vous gérez votre portefeuille avec beaucoup de circonspection et de discernement: les placements hasardeux, très peu pour vous. Et cette façon d'agir vous garantit une certaine sécurité matérielle durant vos vieux jours.

Vous êtes quelqu'un de généralement optimiste. Même dans les pires situations, vous essayez de toujours trouver le bon côté des choses et vous savez vous entourer. D'ailleurs, cette qualité particulière est appréciée de vos amis, car en plus vous savez vous montrer compréhensif envers eux. Vous êtes disposé à les écouter et à leur donner un coup de pouce, quoi qu'il arrive. Vous n'appréciez pas du tout les affrontements, les chicanes et les critiques, ce qui fait de vous un expert dans l'art du compromis. Vous savez mettre de l'eau dans votre vin lorsque cela se révèle nécessaire. Une telle façon d'être vous permet de mener des négociations et des transactions avec une redoutable efficacité. Vous ferez donc une brillante carrière dans les relations publiques, la politique, la justice, l'enseignement ainsi que le domaine artistique, notamment la musique et la danse qui conviennent tout à fait à votre grâce féline.

Dans votre vie personnelle, vous accordez beaucoup d'importance à l'amour. Les dîners en tête à tête, le jeu de la séduction et le flirt vous enchantent. Vous aimez faire les yeux doux. Bref, vous êtes un incorrigible romantique. Vous aimez aussi qu'on s'occupe de vous. Vous voyez la vie de couple comme une relation douce et tendre. Pourtant, vous ne vous laissez pas facilement apprivoiser, car vous avez peur d'être déçu. Vous affichez souvent un petit air indépendant qui peut refroidir les mieux intentionnés à votre égard. Pour trouver le partenaire de vos rêves, vous faites du temps votre meilleur allié. Une fois que vous l'avez déniché, vous le traitez avec respect, amour et sincérité, et vous déployez des efforts considérables pour que votre vie de couple soit toujours agréable et harmonieuse.

Vos plus belles qualités:
Sociable, charmant, souple, diplomate, romanesque, élégant, doux, positif, prévoyant, enthousiaste.

Vos péchés mignons:
Timoré, peur de déplaire, matérialiste, indécis, changeant, frivole, crainte des affrontements.

Selon les sages orientaux

Votre domaine symbolique: La pleine lune et le monde mystérieux de la nuit, où seuls les chats peuvent voir.

Vos armes: Les griffes du chat, qu'on ne voit pas... mais qui peuvent déchirer.

Nom chinois de votre signe: Thou.

Symbole:

Le dragon

Voilà un signe peu banal, qui frappe l'imagination. Les empereurs chinois l'ont choisi comme emblème pour sa fougue et sa vitalité. Votre personnalité est fortement teintée de ces deux qualités, qui vous permettent d'atteindre des sommets sur tous les plans.

Votre talent, votre intelligence, votre fierté, votre intrépidité, votre ténacité, tout en vous est décuplé. Par contre, la patience n'est pas votre fort, et vous ne supportez ni la critique, ni la contrariété, ni qu'on vous ignore. Vous devez laisser votre empreinte dans les esprits partout où vous passez.

Vous savez ce que vous voulez et vous ne démordez pas aisément de vos idées; vous êtes terriblement obstiné, mais heureusement, comme vous avez un solide esprit d'analyse et une bonne perspicacité, vous pouvez maîtriser toute situation qui pourrait vous nuire autrement.

Les efforts et l'énergie que vous déployez sont aussi remarquables, et les pires obstacles ne vous résistent jamais bien longtemps. Tout tremble sur votre passage.

Vous avez une telle confiance en vous, vous croyez tellement en votre potentiel, votre personnalité est si affirmée et votre nature, si indépendante, que vous faites l'envie de bien du monde. Par contre, toutes ces belles qualités deviennent rapidement de beaux défauts, car vous n'écoutez pas les autres, vous fiant à votre seul jugement. Évidemment, cela vous entraîne à commettre des erreurs qu'il sera difficile de vous faire admettre, entêté comme vous l'êtes.

Et comme vous ne supportez pas la contradiction, vous aurez aussi tendance à vous emporter rapidement, à manquer de tact dans vos relations avec les autres.

Vous êtes flamboyant; il est pratiquement impossible de ne pas vous remarquer. Comme vous montrez en plus beaucoup de charisme, y compris avec les foules, on parle de vous, et cela vous plaît énormément. Rien ne vous fait autant plaisir que d'être le pôle d'attraction.

De telles prédispositions vous permettent d'envisager une carrière fructueuse dans le monde du spectacle, bien sûr, mais aussi dans les arts graphiques, la peinture, la littérature, les médias, la politique ou les affaires… y compris les affaires louches!

L'argent vous file entre les mains, mais heureusement, vous savez amener toujours de l'eau au moulin. Votre signe est celui de la richesse, mais aussi de l'illusion. Pour vous, l'argent n'est qu'un moyen comme un autre de vous mettre en valeur, et non une fin en soi. Vous en avez beaucoup et tout semble vous réussir. On remarque moins les efforts que vous déployez pour atteindre vos objectifs. On pourrait croire que la chance vous sourit tout simplement, alors que vous créez vous-même cette réussite insolente.

En amour, c'est tout ou rien. Votre idéalisme vous pousse à rechercher un conjoint parfait… et, bien entendu, vous ne le trouvez pas, vous courez d'un amour à l'autre, sans vous fixer définitivement. Vous aimez briller et si vous trouvez un partenaire qui n'a d'yeux que pour vous, qui vous admire, qui vous idolâtre, peut-être finirez-vous par craquer. Cependant, beaucoup de natifs du Dragon vivent très bien leur célibat, en papillonnant à droite et à gauche.

Vos plus belles qualités:
Flamboyant, fort, confiant, brillant, intelligent, intrépide, fier, acharné, franc, magnétique.

Vos péchés mignons:
Obstiné, égocentrique, orgueilleux, colérique, insatisfait, irritable, folie des grandeurs.

Selon les sages orientaux

Votre domaine symbolique: Les fonctions royales, la hiérarchie, la prospérité et les cycles de la vie.

Votre arme: Le feu que crache le dragon, qui brûle mais purifie.

Nom chinois de votre signe: Long.

Symbole: 龍

Le serpent

Le serpent provoque plutôt la répulsion et la crainte dans notre monde occidental. Pourtant, dans le symbolisme oriental, on lui associe la prudence, la sagesse, la science, les connaissances secrètes et le souffle vital. En Chine, avoir un enfant Serpent est un grand honneur.

Votre sagesse, votre modération, votre équilibre, votre habileté à faire la part des choses, votre pouvoir de peser le pour et le contre font de vous un philosophe extrêmement respecté par votre entourage et vos proches.

Vous avez le rare pouvoir de prendre du recul, d'évaluer la situation, de jauger les événements, sans vous laisser emporter par le courant. Une telle façon d'appréhender la vie fait en sorte que vous vous trompez rarement, ce qui étonne tout le monde.

Vous êtes secret, renfermé même, et il est bien difficile de deviner ce qui vous anime. Votre sens de la réflexion est si puissant, votre vie psychique, si riche, que vous pouvez vous permettre de vivre comme un contemplatif. Votre intuition est phénoménale, et votre raisonnement, profond. Pourtant, vous vous fiez plus à votre instinct qu'à la logique; mais en fait, peut-être que chez vous l'un ne va pas sans l'autre et que ces deux qualités se complètent à merveille.

En affaires, votre flair est presque infaillible, et vous pouvez devenir un excellent conseiller financier. Comme nous tous, vous craignez un peu l'échec, mais chez vous, cette crainte devient une motivation supplémentaire pour faire mieux. En plus, vous savez éviter les risques inutiles, ce qui vous permettra de vivre relativement à l'aise jusqu'à la fin de vos jours. D'ailleurs, vous êtes trop économe pour jeter l'argent par les fenêtres et vous n'êtes pas non plus prêteur. Par contre, vous êtes généreux de votre temps comme de vos conseils.

L'inconnu et le mystère vous attirent. Les connaissances millénaires, les savoirs secrets vous intriguent, et vous vous y intéressez avec délectation.

Pacifique, conciliant, mais doté d'une volonté inébranlable, vous êtes aussi un habile diplomate. Vous n'affrontez pas vos adversaires de front; vous choisissez plutôt la subtilité pour les vaincre. Comme rien ne vous échappe, vous savez profiter de la moindre erreur de vos ennemis pour retourner la situation en votre faveur.

Vous pourriez faire votre marque dans des domaines tels que la politique, la psychologie, la philosophie, l'enseignement, la loi, la recherche, l'investigation et, grâce à votre sixième sens si remarquable, la voyance ou l'astrologie... Comme vous recherchez toujours la perfection, vous excellerez!

Sur le plan sentimental, votre charme est fascinant, presque hypnotique. Ce n'est pas pour rien que votre signe est représenté par un Serpent. Par contre, vous n'êtes pas particulièrement tendre; vous vous montrez possessif et jaloux, alors que la fidélité ne vous étouffe pas. Si, par contre, vous rencontrez un conjoint stimulant tant physiquement qu'intellectuellement, vous devenez plus stable, loyal et affectueux, et vous l'aimez de tout votre cœur.

Vos plus belles qualités:
Philosophe, pacifique, sage, modéré, intuitif, déterminé, économe, sensé, magnétique.

Vos péchés mignons:
Renfermé, avaricieux, sournois, mystérieux, peureux.

Selon les sages orientaux

Votre domaine symbolique: Le serpent qui se mange la queue, symbole de la vie et de l'éternel recommencement.

Votre arme: Le regard du serpent qui hypnotise ses proies.

Nom chinois de votre signe: Che.

Symbole:

Le cheval

Comme le fier étalon qui file comme l'éclair dans les vastes plaines, crinière au vent, on remarque en vous votre vivacité, votre fougue, votre entrain et votre énergie.

Ambitieux, vous savez établir de bons plans d'action et des méthodes de travail infaillibles pour atteindre vos objectifs plus rapidement et plus efficacement.

Votre signe est marqué par la vitesse. La patience n'est donc pas votre principale qualité; perdre du temps, attendre vous met en rogne. Les projets à long terme viennent souvent à bout de votre motivation. Vous avez besoin d'agir dans l'instant présent, d'être dans l'action, de faire bouger les choses rapidement. Pour cette raison, vous préférez agir de vous-même. Le dicton «on n'est jamais mieux servi que par soi-même» pourrait d'ailleurs devenir votre leitmotiv. Fier et indépendant comme vous l'êtes, vous ne voulez pas compter sur les autres pour que les choses progressent. Et en plus, vous vous passez très bien des conseils d'autrui.

En tant que brillant parleur, votre éloquence joue en votre faveur lorsqu'il s'agit de négocier ou même pour converser à bâtons rompus entre amis. Votre vocabulaire et votre sens de la répartie sont étonnants, ce qui ne cesse de surprendre et même de désarmer vos interlocuteurs. Comme en plus votre pouvoir de persuasion est très fort, vous remportez tous les succès dans les joutes oratoires. En tant qu'avocat, représentant de commerce ou diplomate, rien ne saurait vous résister. Si vous préférez un domaine plus artistique, la poésie, la peinture, l'architecture sont à votre portée. Les domaines de l'import-export, du commerce et tout ce qui touche aux voyages vous conviendraient également et sauraient très bien répondre à votre soif de liberté.

Comme vous êtes loyal et honnête, ces deux qualités priment pour vous. L'argent, la richesse, l'aisance financière ne sont rien à comparer avec les contacts humains et avec tout ce que pouvez apprendre ou découvrir. Quant à votre liberté, elle n'a pas de prix.

Une telle indépendance vous permet d'être audacieux au travail, et d'en changer lorsque vous sentez la monotonie et la routine s'installer. Vous avez continuellement besoin de relever de nouveaux défis et d'élargir vos horizons. Vous êtes polyvalent et savez vous adapter à de nombreuses situations. Par contre, cela peut devenir rapidement un défaut, car vous changez constamment de direction, et il devient très difficile de bien réussir dans de telles conditions.

Vous avez besoin de contacts humains, vous êtes sociable et vous aimez échanger des idées, rencontrer du monde, briller; vous avez de l'esprit, de l'humour à revendre, et on apprécie votre présence. Votre assurance pourrait toutefois cacher une certaine insécurité. Les autres vous font plus confiance que vous ne le faites vous-même. Étonnant, n'est-ce pas?

Sur le plan sentimental, votre pouvoir de séduction est indéniable, mais votre fougue vous emporte facilement. Vous vous montrez alors passionné, presque exalté, capable de toutes les folies pour attirer l'attention de l'objet de votre désir. En amour, vous iriez jusqu'à donner votre chemise; vous êtes d'une telle générosité! Par contre, si la routine s'installe, si vous perdez un peu d'intérêt pour votre partenaire, l'envie d'aller voir ailleurs ne tarde pas à vous prendre. Pour vous, le conjoint idéal est une personne qui sait vous amuser et continuellement vous surprendre tout en vous laissant votre liberté. Vous vous montrez alors constant et protecteur envers elle.

Vos plus belles qualités:
Ambitieux, vif, drôle, ardent, désintéressé, éloquent, séducteur, persuasif, loyal, brillant.

Vos péchés mignons:
Frivole, changeant, perd vite sa motivation, peur de la routine, instable.

Selon les sages orientaux

Votre domaine symbolique: Les grands espaces et les eaux que caresse Vahu, le dieu du Vent.

Vos armes: La vitesse et l'insaisissabilité de l'étalon qui pourfend les vents.

Nom chinois de votre signe: Mha.

Symbole:

La chèvre

Vous êtes le seul animal «féminin» de l'astrologie chinoise. Calme, paisible, doux, facile à vivre et sensible, vous possédez le charme bucolique de votre homonyme de la campagne. Votre vie évolue dans la beauté et la paix, qui vous sont essentielles pour vous sentir bien dans votre peau.

Vos goûts raffinés, artistiques même, reflètent votre importante créativité. Vous n'avez pas un sens pratique à toute épreuve, mais votre perfectionnisme ressort lorsque vous tenez à quelque chose. Une telle recherche de la perfection dans les moindres détails vous rend parfois incapable de prendre une décision ou, tout au moins, vous laisse hésitant sur celle à prendre. Devant un dilemme insoluble selon vous, vous préférez laisser les autres décider à votre place. Par contre, si vous avez finalement réussi à déterminer ce que vous voulez, vous aurez le courage de vos opinions et saurez les défendre avec justesse et opiniâtreté.

Discrète, réservée, gentille aussi, votre nature sociable vous attire de nombreux amis; les gens s'intéressent à vous, et vous bénéficiez de nombreux appuis lorsque le moment s'en fait sentir. Comme votre sens des responsabilités est plutôt mince, que vous agissez plus en «suiveur» qu'en chef de file, vous avez besoin des autres pour avancer. Heureusement, votre flair vous guide bien, et vous vous retrouvez rarement dans une mauvaise posture.

Vous êtes un peu rêveur, mais ce trait de caractère vous a permis de développer une inspiration étonnante. Le domaine artistique rend justice à votre créativité; vous excellez dans l'artisanat, la comédie, mais aussi le commerce, les relations publiques, le jardinage et les soins aux animaux. Cependant, vous hésitez à faire cavalier seul: vous avez besoin d'un partenaire pour vous stimuler, pour vous donner ce petit coup de pouce qui mène à la réussite, et cela aussi bien d'un point de vue professionnel que financier.

Vous préférez vivre dans une atmosphère empreinte d'harmonie, loin du brouhaha et des affrontements du monde, et vous vous retranchez alors dans votre nid, généralement douillet, pour vous ressourcer et y refaire vos forces vitales. Hôte remarquable, vous accueillez ceux que vous aimez avec chaleur et, dès lors, vous devenez, à leurs yeux, un centre d'attraction remarquable, ce qui fait parfaitement votre affaire.

Vous recherchez la sécurité affective auprès d'un partenaire qui vous apportera tout le soutien et la confiance qui vous manquent; vous attachez une importance capitale à votre vie émotive et vous tenez à la réussir.

Sur le plan financier, vous n'hésitez pas à dépenser pour vous procurer le confort matériel nécessaire à votre plein épanouissement. Les attentions et les marques de gentillesse vous enchantent. De même, vous êtes très amoureux, très généreux et vous donnez aux autres sans compter.

Vos plus belles qualités:
Sensible, doux, intuitif, inspiré, affectueux, conciliant, sociable, esthète.

Vos péchés mignons:
Capricieux, indécis, profiteur, irresponsable, rêveur, manque de sens pratique, dépendant.

Selon les sages orientaux

Votre domaine symbolique: Les nuages, qui indiquent la possibilité de s'élever et de s'améliorer.

Votre arme: La douceur attachante de la chèvre se fiant au berger qui la nourrit.

Nom chinois de votre signe: Zhu.

Symbole:

Le singe

Tout comme l'animal qui vous représente, vous êtes facétieux, «drôle comme un singe», rempli d'humour. Vous ne reculez devant rien pour faire rire et attirer l'attention. Votre esprit est vif; votre intelligence, éveillée et curieuse. Tout vous intéresse, surtout la nouveauté. Vous êtes un être fantaisiste, bourré d'imagination et de créativité, et les astres vous ont aussi doté d'une mémoire d'éléphant.

Votre originalité et votre humour vous permettent d'occuper l'avant-scène, quoi que vous fassiez. Vous êtes un véritable boute-en-train, et votre bonne humeur rayonnante est très appréciée, tellement que vous avez toujours une petite cour d'inconditionnels qui vous suit partout. Votre affabilité vous gagne amitiés et appuis, et comme vous n'hésitez pas à donner vous-même un coup de pouce à une personne dans le besoin, on sait qu'on peut compter sur vous en tout temps. Par contre, vos inimitiés sont aussi exacerbées que vos marques d'amour, et il vaut mieux ne pas se faire un ennemi d'un natif du Singe, car il peut se montrer assez mesquin.

Votre entregent est remarquable, mais il ne vous aveugle pas, et vous ne perdez jamais de vue vos intérêts. En fait, vous n'avez confiance qu'en vous-même. Observateur et perspicace comme personne, vous repérez les points faibles de vos interlocuteurs au premier coup d'œil et vous en profitez sans vergogne. Tout comme vous savez sauter rapidement sur les occasions, vous n'êtes pas du genre à attendre que le train repasse pour le prendre. Discipliné et méticuleux, vous trouvez des solutions pour répondre aux problèmes les plus complexes, et évidemment les plus ingénieuses sont souvent de votre cru. La concurrence ne vous gêne absolument pas, car vous connaissez votre valeur et êtes apte à vous défendre seul. Les défis vous stimulent, car vous êtes doté d'une promptitude et d'une belle vivacité d'esprit qui vous évitent d'être pris au dépourvu.

Sur le plan de vos amitiés et de vos amours, vous vous montrez charmant, amusant, jovial, mais cela cache une légère tendance à batifoler à droite et à gauche, la fidélité étant toute relative pour vous. Vous êtes une personne adroite, rusée même, qui sait comment faire travailler les autres à sa place et à son profit. Vous sous-estimez souvent autrui et adorez impressionner, briller et être le pôle d'attraction. L'humilité ne vous étouffe pas.

Capable de mener de multiples activités de front et doté de nombreux talents, vous gagnez facilement de l'argent, que vous dépensez tout aussi facilement, car vous n'aimez guère les restrictions et les contraintes. Vous faites confiance à votre bonne étoile pour remplir votre compte en banque au fur et à mesure de vos coups de folie. Les carrières qui vous conviennent sont évidemment celles d'amuseur public, de comédien, d'acrobate, mais aussi de diplomate ou de politicien. Les sciences, le commerce, la littérature et les affaires sont aussi des centres d'intérêt qui pourraient vous attirer.

Vous batifolez, donc vous pouvez devenir une véritable girouette, en amitié et plus encore en amour. Vos relations sont enflammées au début, puis, rapidement, vous vous ennuyez et vous vous demandez comment cette personne a pu vous plaire. Sous des apparences très émotives et parfois éclatées, vous cachez une personnalité lucide et vous gardez la tête froide. Pour vous garder, votre partenaire devra déployer un talent d'amuseur, vous surprendre, vous divertir, bref, vous copier.

Vos plus belles qualités:
Amusant, drôle, boute-en-train, convaincant, érudit, éveillé, esprit vif, lucide, perspicace.

Vos péchés mignons:
Mesquin, rusé, profiteur, opportuniste, dépensier.

Selon les sages orientaux

Votre domaine symbolique: L'illusion que crée le bateleur du jeu de tarot.

Vos armes: Les facéties du singe qui distraient... le laissant libre d'agir à sa guise.

Nom chinois de votre signe: Hoo.

Symbole:

Le coq

En bon roi de la basse-cour, vous faire remarquer, briller, déployer votre talent pour plaire, voilà ce qui vous motive. Et en plus, ce qui ne gâche rien, vous avez un tel magnétisme que vous attirez irrésistiblement tous les yeux vers vous. Une telle popularité vous pousse forcément à la vantardise et à la fanfaronnade, car vous êtes «fier comme un coq».

Votre imagination fertile et votre rêverie vous entraînent dans des conversations intéressantes, mais comme vos idées sont plutôt conservatrices, et que vous y tenez mordicus, votre entourage vous trouve un peu trop rigide, voire inflexible. En plus, comme vous êtes franc, que vous ne mâchez pas vos mots et que ce n'est pas la diplomatie qui vous étouffe, on vous reproche souvent vos opinions trop tranchées. Votre franchise peut blesser, mais même vos adversaires doivent en convenir, vous êtes l'honnêteté et la sincérité incarnées.

Sous vos plumes multicolores et éclatantes, vous conservez votre jardin secret et vous êtes somme toute plutôt renfermé. Vous vous montrez également sélectif en amitié comme en affaires, mais vous avez un grand besoin d'être aimé. Vous souffrez parfois d'un sentiment d'insécurité qui vous pousse à désirer la perfection en toutes choses. Vous risquez de vous perdre dans des détails sans importance ou d'avoir une petite tendance à l'obsession. Pourtant, pour planifier, il y en a peu de votre trempe. Vous n'avez pas peur de vous investir corps et âme pour atteindre vos objectifs. Pour vous, le temps et l'énergie consacrés à votre réussite sont autant d'investissements.

Vous cherchez à vous surpasser, et en tant que travailleur acharné, vous êtes prêt à tout pour défendre vos acquis. Si vous constatez que rien n'avance comme vous le voulez, vous pouvez monter sur vos ergots et vous emporter. Pour vous, la chance n'a aucune part dans votre vie; l'argent est trop difficile à gagner pour vous fier au hasard. Vous voulez donc profiter au maximum du fruit de vos efforts. Votre acharnement vous permettra très probablement de couler des jours paisibles à l'abri du besoin, une fois l'heure de la retraite sonnée.

Votre sociabilité et votre sens de l'organisation sont de précieux atouts, particulièrement dans des domaines tels que le théâtre, la peinture, la danse, les relations publiques, la vente, la promotion, la publicité, l'hôtellerie, la restauration, la chirurgie, les soins dentaires, ou même l'investigation et la sécurité.

D'apparence soignée, vous cultivez ce trait de votre personnalité qui vous permet de plaire et de vous pavaner. Par contre, comme vous craignez le ridicule, vous pouvez devenir craintif et même jaloux. Vous recherchez l'âme sœur, celle qui vous admirera, qui sera à la hauteur de vos désirs et que vous serez fier d'exhiber en société.

Vos plus belles qualités:
Beau parleur, brillant, sociable, planificateur hors pair, déterminé, économe, franc, conservateur.

Vos péchés mignons:
Vantard, jaloux, renfermé, craintif, coléreux, inflexible, rigide, manque de tact.

Selon les sages orientaux

Votre domaine symbolique: Le soleil éclatant, dont le chant du coq annonce le lever.

Votre arme: Le tempérament combatif du coq.

Nom chinois de votre signe: Ji.

Symbole:

Le chien

On a toujours dit que le chien était le meilleur ami de l'homme, et vous faites honneur à l'animal qui symbolise votre signe, car, comme lui, vous êtes fidèle, loyal et vigilant. Par contre, vous demeurez constamment sur vos gardes, car vous êtes craintif. Même votre proche entourage avoue ne pas vous connaître à fond; vous restez souvent sur votre quant-à-soi, et il devient difficile de vous percer à jour.

Votre bon cœur vous incite à vouloir améliorer les conditions de vie de vos congénères. L'injustice et la souffrance humaine font vibrer vos cordes sensibles. Vous n'hésitez pas une seconde à déployer beaucoup d'énergie pour défendre une cause humanitaire. Puisque vous êtes un idéaliste dans l'âme, vous consacrez plus de temps à réaliser vos objectifs de don de soi qu'à songer à votre confort ou à vos intérêts personnels. Cette faculté d'accorder aux autres votre priorité vous permet de devenir un chef de meute apprécié et capable de sortir des sentiers battus.

Votre générosité, votre sens du devoir et votre intégrité sont appréciés, même plus que vous ne l'espériez. Par contre, comme vous ne mâchez pas vos mots et vous ne vous gênez pas pour dire ce que vous pensez, vous pourriez choquer certains de vos interlocuteurs. Vous avez un esprit particulièrement critique, vous pouvez être bougon, parfois même agressif; pourtant, ce n'est qu'un loup de carnaval qui masque votre grande sensibilité et votre bonté.

Vous avez l'impression que le monde va de plus en plus mal, que les gens ne cherchent qu'à profiter les uns des autres, et de vous par la même occasion. Cela vous prédispose à l'angoisse; vous avez des idées noires, vous êtes même pessimiste, surtout quant à l'avenir de l'humanité. En bon chien de garde, vous êtes aux aguets, prêt à intervenir.

Vous êtes désintéressé. Donc, pour vous, vos finances et vos affaires sont secondaires, du moment que vos revenus vous permettent de faire vivre votre petite famille, vous êtes satisfait. L'excédent est aussitôt dépensé. Vous ne prêtez guère d'intérêt à la vie matérielle et vous ne recherchez pas la gloire, ce qui fait de vous l'associé idéal ou l'employé modèle.

Vos pleines capacités s'exprimeront à travers les soins à autrui, la religion, le monde syndical, la loi, la philosophie, le journalisme, la politique, l'enseignement. Votre but principal est de faire le bien autour de vous et de veiller à être utile à ceux qui vous entourent.

Sur le plan interpersonnel, vous n'êtes pas très sociable: les réunions mondaines et les bandes d'amis ne sont pas votre fort. De nature plutôt solitaire, vous parlez peu de vous, mais votre altruisme vous rend attachant. En amour, vous êtes comme un bon chien fidèle, dévoué et honnête, mais un peu craintif et tourmenté. Perdre l'être aimé demeure votre principale crainte, comme le chien qui a peur de perdre son maître. Pour vous sentir bien dans votre peau, vous devez avoir un compagnon de vie doté d'une forte personnalité, qui partage vos idéaux et dissipe vos inquiétudes en se montrant à la hauteur de la confiance que vous lui accordez.

Vos plus belles qualités:	**Vos péchés mignons:**
Loyal, généreux, vigilant, toujours prêt à aider ceux qui sont dans le besoin, compatissant, désintéressé, sensible.	Renfermé, anxieux, craintif, critique, pessimiste, peu rassuré, manque de tact.

Selon les sages orientaux

Votre domaine symbolique: La complémentarité du chien-loup qui mène à la purification et à la poursuite d'un idéal.

Votre arme: La vaillance du chien qui n'hésite pas à se sacrifier pour son maître.

Nom chinois de votre signe: Goo.

Symbole: 狗

Le cochon

Contrairement à la croyance populaire, le cochon est un animal très propre; le natif de ce signe ne supporte guère la saleté et le désordre. Chez lui tout brille de propreté. À l'intérieur de vous aussi, vous savez faire le ménage lorsque nécessaire, mais vous avez gardé votre cœur d'enfant, et vous le conserverez toute votre vie; c'est ce qui fait votre charme.

Gentil, tolérant, compréhensif et pacifique, le natif du Cochon déteste les complications et les disputes; tant et si bien qu'il se range à l'avis de ses interlocuteurs, tout en sachant qu'il a raison, simplement pour ne pas les contredire et créer de la bisbille. Le Cochon sait se taire lorsqu'il sent que la discussion pourrait l'entraîner trop loin.

Dominé par la sincérité, vous accordez facilement votre confiance, au risque de voir cette marque d'estime se retourner contre vous, surtout en affaires. Comme vous n'êtes pas rancunier et que votre douceur masque votre tempérament, on pourrait croire que vous êtes faible de caractère… eh bien, pas du tout! Vous pouvez même être têtu comme un cochon. Cette détermination vous permet d'ailleurs de mener à bien vos projets, car vous ne baissez jamais les bras. Votre entourage sait très bien qu'il peut compter sur votre loyauté et que la parole d'un Cochon vaut de l'or.

Travailleur assidu, vous accordez une énorme importance à la réussite professionnelle. Les affaires, la Bourse, les professions libérales, les arts, la littérature, les soins à autrui, l'architecture, la décoration et la restauration (vous êtes si gourmand) sont des domaines qui pourraient vous mener à réaliser de grandes choses.

Comme vous avez beaucoup de facilité à gagner de l'argent, en dépenser beaucoup ne vous pose aucun problème; vous vous permettez de gâter ceux que vous aimez et vous avez autant de plaisir à donner qu'eux à recevoir. Par contre, notre gentil Cochon est comme la fourmi de la fable de La Fontaine: il n'est pas prêteur. De mauvaises expériences vous auraient-elles échaudé?

Puisque votre parole est d'or, vous respectez scrupuleusement vos promesses. Bien sûr, cette qualité vous incite à la prudence, et vous ne vous engagez pas à la légère; vous pesez et soupesez le pour et le contre pendant des jours avant de vous décider. Mais ce n'est pas plus mal, parce qu'une fois que vous avez dit oui, on sait qu'on peut compter sur vous. Vous préférez agir seul, sans demander l'avis de ceux qui vous entourent. Et si vous avez quelque chose en tête, il est impossible de vous en faire démordre, on l'a dit: «Vous avez une tête de cochon!»

Au milieu d'inconnus, vous êtes si discret qu'on se demande si vous êtes là. Mais avec vos proches, vous savez vous montrer drôle, faire rire et vous mettre au premier plan lorsque cela vous convient. Vos amis se comptent sur les doigts d'une seule main, mais vous pouvez leur faire confiance, car leur fidélité vous est acquise. Votre vie familiale est aussi très importante, et vous ne ménagez ni votre temps ni vos efforts pour assurer le bonheur de votre progéniture. Votre domicile est votre refuge. Il est confortable et accueillant. On se sent bien chez vous!

Sur le plan amoureux, on ne reste pas insensible à vos beaux yeux. Mais vous avez d'autres qualités qui attirent le sexe opposé: votre charme, votre humour, le plaisir que vous prenez aux bonnes choses de la vie, votre sensualité et votre raffinement. Vous êtes quelqu'un de généralement tolérant. Pourtant, en amour, votre possessivité est exacerbée, et comme la vie de couple est, rappelons-le, très importante pour vous, vous ne supportez pas qu'on vous mente ou qu'on vous trompe.

Vos plus belles qualités:
Cœur d'enfant, pacifique, généreux, amusant, tolérant, déterminé, honnête, sens de la famille, propre.

Vos péchés mignons:
Crédule, indécis, obstiné, sensuel, peur de la chicane et des affrontements.

Selon les sages orientaux

Votre domaine symbolique: Le chêne qui symbolise la solidité, la longévité et l'hospitalité.

Vos armes: Le calme et la douceur qui cachent la détermination du cochon.

Nom chinois de votre signe: Zhu.

Symbole: 豬

L'ascendant chinois sans calcul

Pour déterminer votre ascendant chinois, nul besoin de vous lancer dans de savants calculs, il suffit de connaître votre heure de naissance. Consultez le tableau présenté ici pour connaître votre ascendant chinois.

N'oubliez pas de vous en tenir à l'heure réelle. Vous pouvez vous référer au chapitre «Trouver son ascendant, c'est facile!», à la page 37 au début de ce livre, pour savoir si, le jour de votre naissance, l'heure était avancée ou non. Si elle l'était, enlevez une heure et continuez.

Si vous êtes né:	Votre ascendant chinois est:
entre minuit et 1 h	Rat
entre 1 h et 3 h	Buffle
entre 3 h et 5 h	Tigre
entre 5 h et 7 h	Chat
entre 7 h et 9 h	Dragon
entre 9 h et 11 h	Serpent
entre 11 h et 13 h	Cheval
entre 13 h et 15 h	Chèvre
entre 15 h et 17 h	Singe
entre 17 h et 19 h	Coq
entre 19 h et 21 h	Chien
entre 21 h et 23 h	Cochon
entre 23 h et minuit	Rat

Une fois que vous avez trouvé votre ascendant, il ne vous reste plus qu'à consulter les pages qui suivent.

Ascendant Rat

Votre ascendant Rat vous rend certainement un peu craintif, et votre entourage doit trimer dur pour gagner votre confiance. Plusieurs personnes vous trouvent distant et froid, mais une fois que la glace est rompue entre vous, ce sont surtout vos belles qualités qui ressortent.

Votre esprit pratique vous permet de trouver des solutions ingénieuses aux problèmes qui semblent insolubles à d'autres. Vous ne manquez jamais une bonne occasion lorsqu'elle croise votre route, et dans les discussions, vos arguments sont si convaincants que c'est avec une grande facilité que vous ralliez tout le monde autour de votre point de vue. En fait, vous êtes dangereusement convaincant. Vous réussissez souvent le tour de force de faire agir votre entourage, et même des inconnus, de la façon dont vous le voulez, et, en plus, à leur insu. C'est tout un talent que de savoir convaincre de cette manière. En amour, la passion est un très bon moteur, mais l'admiration que vous avez envers votre partenaire en est un encore plus fort.

Ascendant Buffle

Même si vous êtes plutôt réservé et conservateur, on peut vous faire confiance, car vous agissez avec sérieux, franchise et honnêteté. En affaires ou en amitié, vous gagnez à être connu. Vous êtes un bon travailleur; votre détermination et les nombreux efforts que vous déployez vous conduiront sans aucun doute vers la réussite, et, ce qui ne gâche rien, vous avez un très bon sens de l'organisation. Sur le plan financier, vous vous montrez plutôt économe et prévoyant; vous ne vous mettrez jamais dans le pétrin, et vos vieux jours sont assurés.

En amour, pour vous, c'est la loyauté et la stabilité qui priment. Vous prenez donc tout votre temps pour vous décider, mais lorsque vous vous engagez, c'est pour la vie. Votre famille est pour vous le cocon où vous vous sentez le mieux, et vous savez la préserver.

Ascendant Tigre

Téméraire comme le gros félin qui vous représente, vous n'avez peur de rien. Votre persévérance, votre intelligence, votre ambition et votre sens de la gestion des ressources humaines font de vous un être que rien n'arrête; au contraire, plus les obstacles s'accumulent, plus il y a de défis à relever, plus vous êtes heureux.

En affaires, les conventions ne vous embarrassent pas; vous êtes autonome et vous agissez à votre guise. Vous avez le don des affaires, de gagner de l'argent, car votre vision d'ensemble de la situation est optimale. Par contre, l'argent file aussi vite de votre porte-monnaie qu'il y rentre.

En amitié comme en amour, avec vous, c'est tout ou rien. Vous recherchez un partenaire que vous pouvez idéaliser, car vous vous enflammez aussi rapidement que vous pouvez vous éteindre. Pour vous apprivoiser, votre conjoint devra déployer tous ses atouts: être brillant, vous surprendre, vous stimuler et même vous suivre dans vos nombreuses aventures.

Ascendant Chat

Courir les réceptions, les mondanités, les cocktails, c'est vraiment ce que vous aimez le plus. Vous êtes une personne sociable qui adore voir des gens, toutes sortes de gens. Bien sûr, dans de tels événements, vous pouvez déployer votre charme et briller, ce que vous adorez. Votre pouvoir de séduction est tout simplement phénoménal. On remarque votre élégance naturelle et toutes ces belles choses que vous portez si bien. Vous avez aussi le don de la parole, vous savez comment parler aux gens, comment les convaincre, et vous êtes un habile négociateur et surtout un fin diplomate. Néanmoins, les affrontements directs ne vous plaisent pas du tout et vous font même fuir. Malgré votre envie de plaire, vous conservez un certain côté conservateur qu'on perçoit tant dans votre façon d'agir que dans celle de mener vos affaires.

Sur le plan affectif, c'est le romantisme qui marque vos relations. Vous aimez plaire, charmer et ronronner. Vous déployez toute votre séduction, tout en demeurant sur vos gardes; vous craignez beaucoup qu'on vous fasse du mal, car les critiques et les éclats de voix vous traumatisent.

Ascendant Dragon

Flamboyantes, les personnes ayant un ascendant Dragon possèdent un magnétisme indéniable; elles ne passent jamais inaperçues. Vous n'êtes pas très patient et aimez que les choses se déroulent rondement, sans perte de temps. Par contre, vous donnez l'exemple en étant un travailleur acharné, aux grandes ambitions, et vous réussissez souvent à atteindre vos buts grâce aux nombreux efforts que vous déployez. Vous avez du talent et de la détermination, ce qui vous donne une grande confiance en vous et en vos capacités. En affaires, aucun obstacle ne vous rebute, vous les surmontez haut la main; l'argent et la réussite sont au rendez-vous. Mais comme les richesses sont faites pour circuler, elles ne restent jamais bien longtemps à dormir dans votre coffre-fort.

En amour, vous êtes également très exigeant envers vous et votre partenaire, par le fait même. Vous demandez la perfection, rien de moins, et c'est la raison pour laquelle vous ne vous précipitez pas sur la première personne venue. Avant de rencontrer la personne parfaite que vous avez en tête, vous briserez bien des cœurs, car votre magnétisme est puissant. On vous aime plus que vous, vous n'aimez.

Ascendant Serpent

Clairvoyance, sagesse, perfectionnisme, esprit de décision, prudence et intuition phénoménale sont vos principaux atouts, et vous n'hésitez jamais à vous en servir. Pour vous, tout doit être clair et net; vous cherchez à atteindre la perfection. Dans vos loisirs comme en affaires, vous réfléchissez abondamment, vous êtes très avisé, et on ne vous surprend pas facilement, car vous ne prenez aucune décision à la légère. Bien sûr, vous vous fiez à votre raisonnement, mais votre instinct occupe une grande place quand vient le moment de faire les bons choix. Vous êtes déterminé à atteindre l'aisance et vous y arriverez; comme, en plus, vous êtes économe, parcimonieux même, vous vous mettez largement à l'abri du besoin.

Votre charme est puissant; néanmoins, vous n'êtes ni tendre ni romantique; en amour, vous vous montrez même possessif avec votre partenaire. Par contre, lorsqu'il est question de vous, vous vous permettez de batifoler à droite et à gauche et vous devenez volage. Néanmoins, une fois le conjoint idéal trouvé, vous devenez loyal, et on peut compter sur vous.

Ascendant Cheval

Vif comme l'éclair, rapide comme le vent: ces qualités se retrouvent tant dans votre état d'esprit et votre caractère que dans vos agissements. Avec vous, pas de temps pour le surplace; il faut que ça bouge, et vite! Brillant causeur, vous avez des reparties rapides et percutantes, ce qui vous permet de faire bonne impression en public et vous rend de bons services en affaires.

La routine n'est décidément pas pour vous. De toute façon, lorsqu'elle semble s'installer, vous vous étiolez. De nouveaux défis, de nouveaux visages à rencontrer, de nouvelles cultures à explorer, tout suscite en vous le dynamisme. Populaire et sympatique comme vous l'êtes, vous attirez de nombreuses personnes autour de vous. Mais rien n'a plus d'attraits que la liberté à vos yeux.

Puisque vous êtes quelqu'un de rapide, vous tombez très vite amoureux, car en plus vous possédez un pouvoir de séduction et un charisme enjôleurs. Mais vos amours ne sont bien souvent que des feux de paille. Lorsque vous vous sentez coincé, bridé dans vos aspirations, vous n'avez de cesse de briser vos liens pour courir crinière au vent. Votre conjoint devra respecter ce trait de votre personnalité pour vous rendre heureux. Dès lors, vous serez attentif et généreux.

Ascendant Chèvre

Doux, raffiné et conciliant, vous attachez aussi beaucoup d'importance à la beauté. On pourrait toutefois vous reprocher votre légère indécision qui vous empêche souvent d'agir. Vous n'êtes parfaitement à l'aise qu'au sein du noyau familial. Votre vie intérieure est probablement plus riche que votre vie au quotidien et en société. En fait, vous êtes un être inspiré, mais vous avez peu confiance en vous. Vous rêvassez, au détriment de l'action.

Sur le plan des finances ou du travail, vous trouvez toujours un collègue, un associé ou un subalterne qui saura vous aider et vous stimuler, car vous avez besoin qu'on vous pousse un peu dans le dos.

Sur le plan sentimental, votre émotivité est très forte, et vous êtes également rêveur. Vous cherchez un partenaire compréhensif, qui saura vous épauler en tout temps et, en plus, qui vous gâtera. En effet, les cadeaux et les petites attentions vous font fondre, et vous aimez autant en donner qu'en recevoir. Comme vous avez beaucoup de charme, vous trouverez certainement cette perle rare.

Ascendant Singe

Avec vous, c'est presque tous les jours la fête. Vous êtes fantaisiste, rempli d'originalité et débordant d'humour. En plus, vous êtes curieux et vous vous intéressez à tout. Grâce à votre mémoire d'éléphant, vous parvenez même à épater de purs étrangers. Bref, vous êtes très sociable et vous recherchez sans cesse les contacts humains, probablement dans le but inavoué d'épater la galerie.

Votre capacité de travail est étonnante, et vous pouvez mener plusieurs projets en même temps, grâce surtout à votre solide discipline et à l'énorme potentiel qui vous anime.

Vous êtes aussi très convaincant. Sous vos dehors clownesques sommeille un négociateur redoutable qui ne perd pas de vue ses propres intérêts. Vous savez même embobiner les autres tout en n'en laissant rien paraître.

Sur le plan sentimental, votre nature enjouée et curieuse fait en sorte que vous vous emballez vite et que vous vous lassez tout aussi vite. Possédant un caractère plutôt versatile, vous êtes conscient de votre nature fuyante, et il est assez rare que vous vous engagiez à fond. Il vous faut un partenaire qui sera aussi votre complice, qui saura vous amuser, vous surprendre, vous faire rire et qui, en même temps, renouvellera votre quotidien.

Ascendant Coq

Vous avez de l'entregent, vous êtes un bon communicateur, vous aimez briller en société, et en plus vous avez un certain charisme. Donc toutes les qualités qu'il faut pour vous faire de nombreux amis. Mais, même si vous êtes un beau parleur, vous ne vous ouvrez jamais totalement; vous gardez votre part de mystère et vous restez un tantinet sur la défensive.

Votre principal objectif étant de toujours faire mieux, votre perfectionnisme en devient tatillon. Vous vous perdez dans les détails sans importance. Heureusement, votre détermination, vos dons de planificateur hors pair et votre agressivité constructive compensent ce petit côté un peu trop minitieux. Côté argent, vous êtes prévoyant et sage.

Comme vous attachez une grande importance à votre apparence générale, vous plaisez beaucoup, mais vous êtes si exigeant avec vous-même et avec les autres qu'il est bien difficile de vous plaire. Vous cherchez un conjoint loyal qui vous admire et que vous serez fier de présenter à vos amis. Par nature, vous vous montrez un peu jaloux.

Ascendant Chien

Voici l'idéaliste généreux et intègre type. Votre nature est foncièrement loyale. Votre principal point faible est votre tendance à demeurer constamment sur le qui-vive, à être sur la défensive, à toujours voir le côté noir des choses et des gens. Bref, vous souffrez parfois d'anxiété et vous vous inquiétez souvent inutilement.

Vous êtes énormément touché par la souffrance humaine, et cela vous pousse à consacrer de nombreux efforts au service d'une cause humanitaire au détriment de vos propres intérêts. Honnête et franc, vous préférez toutefois garder vos pensées pour vous, car vous savez que vous avez la critique très facile.

On vous trouve attachant. Pourtant, on arrive difficilement à bien cerner votre caractère, car vous êtes plutôt renfermé. Sous cette carapace se cache cependant un grand sentimental qui a toujours peur d'être blessé. C'est d'ailleurs cette grande insécurité et votre manque de confiance en vous qui risquent de peser sur votre vie de couple. Votre conjoint devra vous sécuriser.

Ascendant Cochon

Vous avez gardé votre âme d'enfant; vous êtes sans malice et vous accordez facilement votre confiance, trop peut-être. On apprécie votre grande générosité et votre tolérance proverbiale. Vous n'êtes cependant pas très à l'aise avec des inconnus et préférez rester entouré de vos meilleurs amis. Vous êtes rempli de gentillesse et de gaieté, mais ce n'est pas chez vous une faiblesse de caractère. Au contraire, vous savez ce que vous voulez et vous faire changer d'idée relève parfois de l'exploit. Par contre, si vous sentez venir le vent de la discorde, vous n'hésitez pas une seconde à vous ranger à l'avis de votre interlocuteur, même si vous n'en pensez pas moins et que, de toute façon, vous n'en ferez qu'à votre tête.

Vous êtes plutôt naïf et crédule, mais, en affaires, on ne vous roule pas facilement dans la farine. Vous savez comment gagner de l'argent. D'ailleurs, une partie de tous ces sous servira à choyer votre petite famille et ceux que vous aimez. Tandis que l'autre partie sera investie pour avoir un certain confort qui vous rendra la vie bien plus agréable. Vous aimez les bonnes choses de la vie et vous êtes un excellent amoureux. Votre conjoint doit cependant démontrer que vous pouvez lui faire confiance, car vous êtes un tantinet possessif et jaloux.

Ils ont le même signe chinois que vous

Rat

Doris Day, Linda de Suza, Marie Denise Pelletier, Wayne Gretzsky, Clark Gable, Carol Burnett, Nana Mouskouri, Pierre Bertrand, Nancy Martinez, André Philippe Gagnon.

Buffle

René Simard, Daniel Lavoie, Jean Coutu, Charles Trenet, Walt Disney, Michel Louvain, Carole Laure, Jean-Pierre Coallier, Peter Gabriel, Corey Hart, André Gagnon, Bruce Springsteen.

Tigre

Marie-Michèle Desrosiers, Jerry Lewis, Louise Portal, Martine St. Clair, Olivier Guimond, Félix Leclerc, Charles Dutoit, Claude Poirier, Marilyn Monroe, Andrée Boucher, Tina Turner.

Chat

Brian Mulroney, Billie Holiday, Sylvie Bernier, Bob Hope, Guy Lafleur, Renée Claude, Michel Rivard, Sting, Roger Moore, Sandra Dorion, Frank Sinatra, George Michael.

Dragon

Richard et Marie-Claire Séguin, Jean Drapeau, Marie Philippe, Serge Laprade, Pierre Lalonde, Bing Crosby, Christian Dior, Faye Dunaway, John Lennon, Gino Vanelli.

Serpent

Jacques Brel, Sylvie Tremblay, Claude Barzotti, Marjo, Nicole Leblanc, Greta Garbo, Marc Favreau, Grace de Monaco, Martin Luther King, Francis Cabrel, Pierre Labelle.

Cheval

Barbra Streisand, Michel Fugain, Janet Jackson, Jean-Paul II, Paul McCartney, Geneviève Bujold, Edith Butler, Lise Watier, Janis Joplin, Martine Chevrier, Aretha Franklin, Samantha Fox.

Chèvre

Suzanne Lévesque, Tino Rossi, Denise Filiatrault, Michel Tremblay, Louise Forestier, Lise Payette, Alys Robi, Andrée Lachapelle, Daniel Lemire, Mick Jagger, Angèle Arsenault.

Singe

Elizabeth Taylor, Diana Ross, Céline Dion, Joan Crawford, Claude Blanchard, Yves Corbeil, Claude Léveillée, Julio Iglesias, Mike Bossy, Dalida, Mario Tremblay.

Coq

Simone Signoret, Janine Sutto, Joan Collins, Jean-Paul Belmondo, Michel Jasmin, Bette Midler, Clémence DesRochers, Joe Bocan, Dolly Parton, Robert Bourassa.

Chien

Liza Minnelli, Patrick Norman, Brigitte Bardot, Madonna, Michael Jackson, René Lévesque, Prince, Michèle Richard, mère Teresa, Jean-Pierre Ferland, Elvis Presley.

Cochon

Claude Dubois, Danielle Ouimet, Jean Lapointe, Jean Duceppe, Luciano Pavarotti, Ronald Reagan, Fred Astaire, Dudley Moore, Elton John, Irene Cara, Lucille Ball, Arnold Schwarzenegger.

Bibliographie

LUKAS, E., *L'extraordinaire pouvoir de la Lune*, Paris, Éditions de Vecchi, 1989, 192 p.

CHALIFOUX, Anne-Marie, D.N., *Mon cours d'astrologie*, Montréal, Communication Véga, 1991, 452 p.

L'illustration de la carte du ciel de 2004 a été réalisée à l'aide du programme *Win*Vega3*, en vente au Pentogramme.

L'astrologie vous intéresse?

Nos cours sont faciles, amusants et abondamment illustrés. Ils ont été conçus pour ceux qui n'ont jamais fait d'astrologie, et vous pourrez les suivre à votre rythme, chez vous.

Pour obtenir des renseignements sur nos services entre autres sur nos *Cours d'astrologie par correspondance,* il suffit de nous faire parvenir une enveloppe préaffranchie, sur laquelle vous aurez indiqué votre nom et votre adresse.

Postez le tout par courrier régulier à :

**Bureau d'Anne-Marie Chalifoux
738, avenue Bloomfield, bureau 8
Outremont (Québec) H2V 3S3**

Imprimé au Canada